JN183512

Hinaus mit allen Störenfrieden!
Einheit der Jugend in der
Hitlerjugend!

轟く太鼓

ヒットラーは、大人よりも少年たちを信用していたことは、たしかである。なによりも少年は、ヒットラーを裏切らない。

少年は、いつも精神と肉体のアンバランスの中にいる。少年は、いつもモヤモヤしている。だから、一つの方向をあたえられた時、純粋になる。

ヒットラーは、この肉体のからくりを利用して組織化した。この少年たちにむかって、ナチスは宣伝の大綱を張った。一九二六年には、三百名だった団員は、一九三二年には十万、一九三六年には、国法化され、一九三九年には、義務制となった。その数、七百七十二万八千余。

キャンプの番兵

ヒットラーは、十歳から十八歳までの男女青少年をひっさらった。十歳から十四歳までの少年は「ドイツ小国民団」DJ、少女は「少女団」JM。十四歳から十八歳までの少年は「ヒットラー青年団」HJ、少女は「ドイツ女子団」BDM。ヒットラー・ユーゲントはこれらの総称である。

少年少女たちは、とりわけ恰好のよい制服をあたえられ、総統誕生日前夜の入団式で、彼等は誇らしげに叫んだ。

「私はヒットラー総統に忠実に自分を捨てて仕えることを誓います」

入団の誓い

山路を行く

ヒットラーは、彼等に制服をあたえ、太鼓をあたえた。太鼓は、野性の谺にも似て昂揚感をあたえるが、少年の心を一束にするための道具でもあった。そしてその轟きの音にのった都市の少年たちへ、野や山の自然をふんだんにあたえた。少年たちは、自然に接して歓喜したが、当然その背後の牙に気づくはずもなかった。

古城を眺める

太陽と白い雲

真水のおいしさ

ヒットラーは、夏休みの三週間、テント生活を少年へ義務づけた。野外キャンプは、ドイツでおこったワンダー・フォーゲル精神の悪用化であり、政治化である。少年たちは、美しい自然の中での共同生活の体験によって、国家のために一束の存在になる練習をすることになる。少年たちは、健康であることの空洞性に気がつくはずもない。ナチスの宣伝は、彼等を洗脳しきっていた。

テントへ帰る

ヒットラーは、少年が、遊びの王様であることをよく知っていた。

ナチスの飛躍が、政権獲得、独裁にまで発展したのは、工業化され都市化した人々の抑圧を、「土と血」の思想に結びつけて、解放すると思わせることに成功したからである。

テント生活を、農村の少年少女よりも、特に青少年労働者へチャンスをあたえたのは「土と血」の思想の徹底のためであり、その際ナチスの教育宣伝方針は彼等へつねに遊びの気分をあたえることに留意した。

ギターで憩う

戦争ごっこ

ヒットラーは、知的教育よりも、スポーツ青年をと望んだ。なまじのこうるさいへ理屈をこねるインテリを育てるよりも、健康で規律に忠実な人間のほうが、支配しやすいからである。

少年が、戦争ごっこと機械いじりが好きなことも、ヒットラーはよく知っていた。スポーツで健康を鍛え、闘争心と団体精神を訓練し、遊戯本能を利用したが、それはそっくり知らぬまに軍事訓練にもなっていた。

木に登って斥候

乗馬の快感

オートバイの快感

ヒットラーは、少年たちが、乗り物を好むことを知っていた。それはスピードを好むということでもある。

スピードは、戦争によって進歩し開発されてきた。スピードへの夢は、人間の抑圧からの解放につながるが、つねに戦争とともにあるという不幸につきまとわれている。

ヒットラーは少年たちに馬をあたえ、オートバイをあたえ、グライダーをあたえた。それは、のちにナチスの電撃作戦の基礎となった。

よく狙って撃て！

ヒットラーは、銃をもって射撃することが、どれほど少年の心を興奮させるものであるかも知っていた。

危険として、少年には、銃をもつことを禁止するのが世の慣いだが、あえて国防スポーツとしてヒットラーは、ユーゲントに握らせた。銃の操作には、機械いじりの快感があり、飛ぶ銃弾には、スピードの快感がある。優秀者にはバッヂがあたえられ、五万二千の少年が「射撃徽章」をもち、軍事能力の基礎を叩きこまれた。

ニュルンベルグ党大会を目指して徒歩行進

野を越え山を越えついにニュルンベルグの街へやってきた

ヒットラーは、党大会での少年たちの行進の閲兵を、目を細めて喜んだという。それは、「アドルフ・ヒットラー行進」とよばれたが、ドイツ各地から約二千のエリート青年が、徒歩でニュルンベルグへ参集した。ベルリンからでも四週間を要した。ヒットラー・ユーゲントの創始者であり、教育総監でもあったシーラッハは、へぼ詩人でもあった。

僕らの旗は先頭にひるがえって行く
僕らの旗は新しい時代だ
旗は僕らを不滅に導く
さうだ、旗は死以上のものだ。

ストリートを分列行進

隊旗を高らかに会場を一周する

整列を終える

ヒットラーは、重い旗をかついで、場合によっては九百キロを徒歩行進してきた、もはやドイツ中を歩きまわるサンドイッチマンである「宣伝人間」の少年たちにむかって、獅子吼する。

「諸君は、余の前に、傍にそして後ろに立って、吾々の旗を高々と掲げねばならないのである」

少年たちにとっては、感激の一瞬である。だが、彼等がかついできた旗は、あまりにも重く大きい。この「重く大きい」旗は、ナチスの計算でもあり、一つの目的にむかう「しるし」であるばかりでなく、その重さ大きさに耐えているうちに誇りを覚え、その誇りが頭を空洞にさせることを計算していた。

ヒットラーは叫ぶ

シーラッハとドラムの少年たち

「ハイル・ヒットラー!」

「青年時代は愉快なものです。……何故かと言うと、わが総統よ、われわれに冠されている閣下の御人格と直接に結合しているという感銘です」

親分のシーラッハは、党大会で青少年たちの心を先取りして、こう宣誓した。彼等は、ことあるごとに、「ハイル・ヒットラー」を叫ぶ機械人形となった。

親分シーラッハを囲んで

戦場へ

一九三九年、ポーランドへの侵入を皮切りに第二次世界大戦がはじまる。敗色濃くなってからは、単に兵士の予備軍ではなく、戦場にも駆りだされるようになる。来るはずもない敵機がドイツの各都市を破壊し、その後片付けに奉仕しなければならない。ベルリン陥落寸前、戦うユーゲントの勇士たちは、目の落ち窪んだヒットラーから、勲章をさずかった。

敵機来襲の後始末

傷ついた少年・泣きだす少年

「無垢なる機械」である少年たちは、最後まで戦った。最後には実戦経験のない少年までが、間にあわせの銃をもって敵兵に突進した。ソ連兵は、それをみて「そのままにしておきましょうか、それとも射撃しましょうか」と指示を求めた。

降伏！
ヒットラー・ユーゲントの終末

少年たちは、勇敢に「ヒットラーのため」に戦って死んでいったが、捕虜になるものもいた。

「ついさっきまで激しく射撃していたばかりなのに、いまは腰をおろしいかにも若者らしく、けげんそうに、好奇心さえもってあたりを見まわしている」とソ連軍の女性通訳は、捕虜になったヒットラー・ユーゲントを観察している。

写真は、レーマゲンでの激戦の末、アメリカ軍に手をあげて降伏した少年たち。ハイル・ヒットラーは「片手の挙手」であったが、降伏の時は「醜くも両手を挙手」しなければならなかった。

絶対の宣伝 2

ナチス・プロパガンダ

宣伝的人間の研究
ヒットラー

草森紳一

文遊社

目次

民衆の孤独を撃つ

——アドルフ・ヒットラー『わが闘争』——

第一巻　民族主義的世界観

あれはもう大部分は古くなってしまっている、と政権獲得後のヒットラーは、側近のシュペールに洩らしていたらしいが、ナチの宣伝をいろいろな角度から個別的に処理していく前に、やはり『わが闘争』を読んでおいたほうがよいだろうと思い立った。私が参考書としてつかうのは、黎明書房版（平野一郎・高柳茂訳・一九六一年刊）である。これは、第一部民族主義的世界観十一章、第二部国家社会主義運動十五章より構成されている。これらを章ごとに逐一、宣伝の見地から見ていこうというのが、私の試みであり、それは、ゲッベルスの『勝利の日記』、『伯林奪取』と同様に読書記の形式をとることにする。

人を説得するのは、話し言葉である

この『わが闘争』は一九二四年、政治犯としてレヒ河畔にあるランツベルクの要塞拘置所で禁錮刑に服していた時、エミール・モーリス、ルドルフ・ヘスを相手に、ヒットラーが口述筆記したものである。なぜ彼は執筆しなかったのか。ゲッベルスなどとちがって、政治にとびこむ前に、文学の毒を受けていなかったせいもあるだろうが、ヒットラーに言わせるならば、一つの根拠があった。「人を説得しうるのは、書かれたことばによるよりも、話されたことばによるものであり、この世界における偉大な運動はいずれも、偉大な文筆家にでなく、偉大な演説家にその進展のおかげをこうむっている」から、口述筆記をとったのだと言うのである。だから、この口述筆記は、文章が下手だとか、執筆の暇がないということ以前に、宣伝的発想のもとに意志的に選ばれた方法だということがわかる。たとえ、それが言訳にすぎないのだとしても、彼の主張には、宣伝の考えかたが含まれている。

説得とはなにか。論理でないことはたしかだ。論理などというものは、説得の中のほんの一部分しか荷わない。文章の説得などというものは、しゃべくる力にくらべれば、まったく心もとないものがある。説得とは、相手を納得させるものであってみれば、他人をまったく意識したもので、文章などは、たとえ他人を意識したとしても、書いているうちに、そんな意識はふっとんでしまうことが多いばかりでなく、不特定多数の他者を説得するのであるから、そもそも目の前に他者が見えないことが、どうしようもない障害となる。だから文章の力というものは、説得などという地平でのみ語ることのできない別のものなのである。

説得における文章の限界

しかしヒットラーにとっては、文章も演説もすべて説得の手段なのであり、そうだとすると文章は、演説にかなわないのである。しゃべくる力とは、内容の論理一貫性とさして関係はない。しゃべくるさなかの身ぶり・手ぶり・容貌・声の質なども重要な役割を分担する。時には支離滅裂なしゃべくりこそが、暴力的な力となったりする。しばしば私たちの周辺にも、話していると面白いが、文章はちっとも面白くないという人がいる。その逆の人もいる。話の達人は、しばしば文章を苦手とする。彼の話をそのまま筆録しても、けっこうな読物になり、あたかも筆録の結果、そこに文体とみまごうものさえ生れていることがある。だが、彼は自分がしゃべくるように文章を綴っていくことはできないのである。別なメカニズムが働いている。

しゃべり言葉の対面性

しゃべくる力には、対面性というべきものがあるわけだが、文章が印刷に附されることによってもつ広範な普及力をもっていない。たとえば、演説では、数千人しか相手にできない。もっとも、ラジオなどというものがあり、またテレビなどというものがあるのだが、この『わが闘争』を口述していたころは、そのどちらも利用するにいたっていない。ラジオはのちに大きく利用されることになるが、それはずっとあとのことである。ということばかりでなく、『わが闘争』のように長時間を要する内容のものは、かりに放送機関を自由に駆使できたとしても、不可能だということである。

そこで、しかたなしにヒットラーは、自説をまげて執筆にとりかかったのかといえばそうではなく、口述の方法にでたのである。多忙な売れっ子の小説家はしばしば、時間の節約を計るために、口述をする。口述したあと、手をいれて、文章の体裁をととのえるのである。だが、これは、あくまでも文章をつづることがたて前になっている。文章の代理である。ヒットラーの口述は、そうではない。やはり彼のしゃべくる力への限りない信頼のうえにたって、口述をはじめているのである。しゃべくる力の余韻が、活字にのりうつるようにしているのである。『わが闘争』の読みづらさは定評のあるところだが、それはしゃべくる余勢がたもたれているからであり、またそれが迫力ともなっているとは言えるだろう。

口述の威力。しゃべくる力を活字にのりうつさせる

だが、ヒットラーの思惑通り、この『わが闘争』は、口述の威力を発揮して、読者を説得するに至ったか。当初なかなか売れない本だったが、政権獲得後は、ベストセラーになった。各国にも飜訳された。ベストセラーになるというのは、その本が買われたということなのだが、買われるとは、かならずしも読まれるのと等しくはない。その意味では、口述の威力を発揮しえなかったわけだが、しかしその本は「もの」として、新たな宣伝価値をもった。幹部でさえも読了していないということの本を手にもつことそのものが、ヒットラーそのものを信じるしるしとなったからである。

『わが闘争』を読ませることでなく、手にもたせることに宣伝価値がある

ベストセラーとは、大衆を動員したということだが、この『わが闘争』をその大衆が読み、その内容の説得を受けたとしたら、ここに含まれている彼の大衆論を読者は拒否するだろう。その大衆論は、見くびるまでに的を射ていて、それは人を不快にしただろうからだ。ヒットラーは、おそらくこの本の半強制的な手段による爆発的売行きによって、内容による説得よりも、本という「もの」そのものがもつ説得力のおそろしさをあらためて思い知っただろう。

ガキ大将は、弁舌の才を鍛える

弁舌の才とは、暴力の才である

第一章　生家にて

ヒットラーは、ガキ大将であったと言っている。「戸外でのバカげんかや学校へのまわり道や、特に母にしばしばたいへん心配させた非常にたくましいこどもたちとの交友が、へやに閉じこもってばかりいるこどもとは、まったく違ったものに、わたしを成長させた」と言い、「当時すでにわたしの弁舌の才は、わたしの友人との多少とも迫力のある弁論の中で訓練されたと思う」とのべている。

いったいガキ大将は弁舌の才があったろうか、と思いかえしてみる。私はガキ大将の経験はなく、むしろ泣かされ専門であったのだが、弁舌で泣かされたということはない。ただ彼らは、淀むところを知らないとうとうたる弁舌家ではなく、ただ言葉の効果、脅迫としての言葉を吐くタイミングというものを、もっていたとは思う。やくざ的である。「学校では……そのころ非常によく勉強したが、かなり取扱いにくいガキ大将になっていた」と回想しているが〈勉強ができて、ガキ大将〉というタイプであったことを、自慢げに言っている。弁舌の才とは、一種の暴力の才であり、ともに人を黙らせ征服する力をもっている。弁舌とは、喧嘩なのである。

征服といえば、祭儀の人を呑む力を、ヒットラーは、このころにすでに認めているところがある。「わたしは暇なときにラムバッハ修道院で歌を習っていたから、非常にきらびやかな教会の祭典の厳粛な点に、しばしば陶酔する絶好の機会をもった」と。彼は少年聖歌隊員であった。修道院長になることがわが理想に思えた時期があったのである。修道院長ハーゲンの家紋は鉤十字《ハーケンクロイツ》であった。

税関吏であるヒットラーの父は、息子を官吏にしたてようとした。「自由のない人間として、いつかどこかの事務室にすわることを許され、自分の時間をもつことができず、全生活の内容を書式どおりに書きいれることに強くなければならないということは、考えただけでも、アクビがでるほどいやなことだった」とヒットラーは言っているが、こんなことはなにも彼にかぎったことではないだろう。比較的安全な道を選ぶか選ばないかの問題であって、だれだってきまりきった「書式どおり」の生き方を好むものはいない。

ともかく、「学校の勉強はこっけいなほどやさしかったので、わたしには暇な時間がうんとあった」。たしかに小中学では、さして勉強もしないのに、試験になるとなんとなくできる少年というものがいる。こういう少年は、ガキ大将と学習との両手の花を握ることが多かった。

この『わが闘争』を書いた時点では、まだヒットラーはドイツ中を席捲しているところまでいっていないどころか、牢獄の中だが、彼の自信は過信と思えるほどで「もしも今日わたしの政治的反対者が、愛情深くご親切にもわたしの生涯を、当時の青年時代までせんさくするならば、この『ヒットラー』という男は、若いころにがまんのならぬいたずらをしていたのだろう、ということをはっきり確認するかもしれない」とうぬぼれている。

あたかも「英雄」となることが決定しているかのごとき発言をしている。「野原と森が当時の戦場であり、そこでいつもおこる『口論』を解決させたものだ」と夢見心地であり、いっぱしの成功者としての回想をとくとくと洩らしている。政治とは喧嘩であると心得ている風さえある。ガキ大将の大半は、後年、おとなしくなるのがふつうだが、彼の言うとおりヒットラーがガキ大将であったなら、成年後もそれを持続させたことになる。しかし口論上手のワンパク小僧は、ガキ大将になれないように思えるから、彼が言うほどガキ大将でなかったかもしれない。ヴェルナー・マザー流に言えば、この率直な告白は、「自分の幼年時代と少年時代について、政敵が不都合な〈暴露〉をすることを防ぎたい」と思ったからだと言うが、すこしうがちすぎである。この自前の暴露防止も

政治とは喧嘩である

ただの優等生ではなかったという、自己宣伝

きわめて宣伝的処置であるが、むしろガキ大将であることが自己宣伝になっていて、自分の貧窮をことさらに言うのと同じように、優等生でないことは、英雄伝説の上において重要であることを彼は知っていたとみるべきだろう。

十二歳の時、官吏はいやだという感情に対置するものをみつけたかのように、画家になろう、芸術家になろうとした。戦争は芸術である、政治は芸術である、宣伝は芸術であるという考えかたは、この時、芽生えたのだと言ってよい。父の反対はあった。成績が悪くなれば、希望をいれてくれるだろうと、怠けるようになる。そういう要素もあったであろうし、この口述の段階で、父子の相克をドラマ化し、ヨアヒム・フェストの言う如く「理解のない父親の圧制的要素にもはっきり打ち勝った」という伝説作りをした面もあったろう。それ以後「わたしの成績がまず目にみえて落ちたことは確かだった。自分の好きなもの、なかでも自分で画家として必要だと考えたすべてのものを学んだ。この点で無意味と思うものや、その他、心をひかれないものをわたしは徹底的になまけた」ということになる。こういう偏向性への突進というものはどういうことなのか。マイネッケの「すべてを単純化するおそろしい人」という生きかたは、彼が芸術家になろうとした時に、すでに進発を開始していたのか。

少年時代の伝説作り

実際はそうでもなかったらしいが、彼の成績は、図画、地理、歴史がよかったと自ら言う。少年時代、彼の生まれたイン河畔のブラウナウは、オーストリアとドイツの境に位置していた。国はオーストリアであったが、ドイツに近かった。彼が両国家の再合併、正しくはドイツ系オーストリア民族の古い国への再合併を考えたのは、一つの必然がある。このような境界に位置どりするものの思考は、曖昧に自らを裂くことがある。ヒットラーは、「すべてのドイツがビスマルクの国家に属する幸福に浴していない」ということに「内心で嫉妬を感じた」というが、この疑問が、地理、歴史

への興味を駆ったというより、彼はその葛藤の中で、自らを裂かずに、自らの力で統御を企てたことは重要である。それは「わがドイツ・オーストリアの故郷に対する熱烈な愛と、オーストリア国家に対する深い憎悪」というかたちの上に立っていた。少年時代、このような徹底した偏向をみせた時代を、ヒットラーは、「第一に、わたしが国家主義者になったこと。第二に、わたしは歴史を、国家主義的意味で理解し、解釈することを学んだこと」だと評価している。もっともヴェルナー・マザーは、「彼の成績はどれも才能、興味、即興性によって左右された」として、指導者になってからの性向と一致させて見ている。

国家主義者になるということは、偏向することなのかもしれない。もっとも主義者はみな偏向である。だがこの偏向は、ものの単純化とどうつながっていくのか。単純化とは、やはり偏向の動力を必要とするものなのか。偏向の軸から、すべてを単純化することなのか。彼の宣伝術が、あのような単純化をはたすことができたのは、国家主義者という偏向を全身に塗りこめることができたからなのか。

偏向した主義者は、つねに物事の単純化をはかる

ヒットラーは、少年時代に人間形成はすべて終るという考えをもっていた。言語闘争について触れながら、少年の資質というものをつぎのように観察している。

ヒットラーの少年論

若者の心を知るものは、かれらこそ最も喜んでかかる闘争の叫びに耳をかすものだ、ということが理解できるだろう。またかれらはいろいろの形でかれら独特の方法やかれら独自の武器で、この闘争を行なうのを常とした。かれらは非ドイツ的な歌を歌うことを拒み、人びとがドイツの英雄の偉大さを忘れさせようとすればするほどいっそう陶酔する。食物を節約したわずかの金をおとなの闘争資金に集める。かれらはドイツ人でない教師に対しては信じられないほ

ど耳さとく、同時に反抗的である。自国民族の禁止された記章をつけ、そのために罰せられたり、なぐられたりすれば、誇らかに喜ぶ。このようにかれらは小さいながらも、おとなの映像である。

子供は「小さいながら、おとなの映像である」大人は「大きいながらも、こどもの映像である」

このヒットラーの少年論をきいていると、その通りだと思うとともに、彼はこの少年論を、「ヒットラー・ユーゲント」の組織に適応させたばかりでなく、そのまま大人に向っても応用したのではないかと思う。「小さいながらも、おとなの映像である」と言っているが、むしろ、「大きいながらも、こどもの映像である」と大人を認識しなおしたところに、ヒットラーの宣伝の秘密があるように思えるのである。すなわち、ヒットラーの宣伝の才能とは、大人の幼児化にあったはずなのである。

彼自身、旧オーストリアの民族闘争に幼時から参加したらしく、その時、連盟のために献金したり、「矢車菊や黒赤金の旗によって精神を強調し、〃ハイル〃（＝バンザイ）というあいさつをし」、「世界に冠たるドイツ」を歌ったりしたと言う。「ハイル、ヒットラー」の原形はすでにここにある。それら少年の闘志をかきたてる装飾的手段は、すべて、ヒットラーが、ドイツの大衆にむかって道具立てとしたものばかりなのである。ヒットラーの行動は、すべて少年時代を模擬拡大しているにすぎないとさえ、言えるほどである。もっとも、そういう少年は、ドイツにたくさんいたにちがいないが、ヒットラーは、現実化しえたということである。

ワグナー崇拝も、後天的なものではない。「十二歳のときにわたしははじめて『ウイリアム・テル』を見た。それから二、三カ月後『ローエングリン』を見たのが、わたしがオペラを見た最初である。わたしは一度でひきつけられた」と言っている。画家志望と、彼の歴史と地理を通しての政治意識は、どう結合していくのか。このころは、まだ彼の政治意識は、政治家になることへ向っていないが、のちに芸術と政治は、対立するものとしてでなく妙な結合をはじめる。ワグナーへの感激は、むしろ画家たらんとする感受性の線上にあるものだが、それはまもなく彼の中で一つになっていく。

第二章　ウィーンでの修業と苦難の時代

デザインは、征服の力学である

芸術家になることに反対する父が死に、母の承諾をえて美術学校の試験を受けるため、彼は、オーストリアの首都ウィーンへやってきた。しかし彼は画家としての才能よりも、図案家もしくは、建築学に対する才能のほうがまさっているのではないか、という自己懐疑に浸蝕されはじめる。図案も、建築も、ともにデザインの世界であり、絵画よりもはるかに実用と芸術が併居した世界である。そしてデザインとは、終局的には征服の力学にほかならぬ。

十五、六歳のころ、彼はすでにウィーンへ旅行したことがあった。その時、帝室博物館の絵画室へ行ったのだが、彼の目をひきつけたのは、それらの名画群ではなかった。帝室博物館そのものなのである。そして市内の名所を見物していても、彼をとらえるのは、歌劇場や議事堂であり、環状道路なのである。「千一夜物語の魔法」にかかったみたいだと彼は言っている。リンツにあったころ、彼は、とつぜん食事中に建物やアーケードのスケッチをはじめたという証言もある。このころ「リンツの都市改造計画の無器用な構想に熱中し、劇場、豪華な邸宅、博物館、あるいはドナウ川にかける橋の設計図を描いた」とヨアヒム・フェストは言う。(『ヒトラー』・赤羽龍夫他訳・河出書房新社・一九七五年刊)

入学試験は、彼の確信にもかかわらず、不合格であった。コンラート・ハイデンによると、「絵

ヒットラーは絵画より建築の才がある

絵画より建築のほうが、はるかにデザインが支配する

画の試験に不合格なものおよび試験を受ける資格のなかったもの……アドルフ・ヒットラー、イン河畔ブラウナウ出身、一八八九年四月二十日生、ドイツ民族、カソリック、父は上級事務官、実科学校第四学年、才能、貧弱。入試絵画、不可」という記録がのこっていると言う。ヒットラー研究家は、ここまで足をのばして、それをたしかめているのである。

ヒットラーは、校長に談じこんだ。なぜ不合格なのか。彼は自分の絵をもっていってみせた。校長は、画家よりも建築家の才能がまさっていると断言した。この校長は、本気にそう思って言ったのか、彼をていよく追払うために思いついた口実にすぎなかったのかもしれないが、彼はそのことを本気にした。建築家になるのだと思うようになりだした。

だがすぐに壁につきあたった。「美術学校の建築科へ行くためには、技術の建築学校をでていなければならなかった。さらにそこへはいるためには、その前に中等学校の卒業試験をすませておかなければならなかった」のである。ヒットラーは正規の卒業をせずに、美術学校を受けようとしたのである。

にもかかわらず、母の死後、ヒットラーは、三たびウィーンへやってきて、建築家を目指す。「以前の強情がふたたび出てきた。そして決定的に自分の目標をめざしたのだった。わたしは建築家になろうとした」と言い、このころの強情によって、のちの自分をつくりあげる「抵抗の意志が成長し、そしてついに意志の勝利をおさめたのだ」と自己宣伝している。父も母も失った彼の貧困時代がはじまる。補助労働者として働き、また「絵はがき、肖像画、水彩画、……靴、コルセット等々の広告用図案、看板などを描いて」（ヴェルナー・マザー『ヒットラー』村瀬興雄・栗原優訳・紀伊國屋書店・一九六九年刊）、生計をたてた。ヒットラー流に言えば、「図工兼水彩画家として一本立ちで生活していた」ということになる。彼は、食に直結するデザイナー、イラストレーターの道を歩んでいる。

空腹はわが友
建築とオペラと本

空腹は当時わたしの忠実な用心棒であった。それはいっときもわたしから離れないただ一人であり、すべてにおいて忠実にわたしの分け前にあずかった。わたしが本を買うごとに、その関心が起った。歌劇場へ行けば、数日にわたって空腹がわたしの相手をした。この無情な友との戦いがつづいた。けれどもわたしはこの時代に、かつてないほど勉強した。建築学と、食物を節約してオペラへ行くことをのぞけば、書物だけが唯一の友であった。

建築家をなおめざしているような言い方をしているが、どうもおかしい。どういう方法を通してめざすつもりなのか。独学で建築家になろうとしたのだろうか。宮廷オペラ劇場の舞台装置主任のアルフレート・ロラーに母の縁故で逢う機会をもったらしいが、はかばかしいチャンスはもたらさなかった。彼の目は、もっぱら「デザイン」に向っている。ウィーンの住宅難を解決するために勉強にきたとうそぶいたのもこのころだが、それは建築家としてであるのか、はたまた政治家としてであったろうか。

しかし、再度の美術学校の受験も拒否され、この時期になめた貧困生活が、建築家志望から、政治家にむかって転進する契機となるのである。浮浪者たちと一緒に生活することによって社会的関心、政治的関心が深まっていく。労働者の運命を考え、社会的活動とはなにかを考え、その改善の道を思慮し、国民的誇りがあまりにも人びとに欠けていることに気づく。ブルジョアジーの罪を考え、労働組合問題を考える。そしてその果てにユダヤ人というものが大きくよこたわっているのをみるのである。また文化破壊者としてのマルクシズムにぶつかるのである。社会民主主義の指導者もユダヤ人であり、マルクス主義者もユダヤ人であり、新聞、芸術、文学、演劇の分野にユダヤ人がいるのをみるのである。

建築家としていつか名をなすことにくらべれば、政治は「一般に理性のあるすべての人間の自明の義務」として受けとめていたものが、いつか逆転して、その政治に彼の建築的直観はすべて奉仕するようになる。「建築の領域でのおびただしい印象にとらえられ、自己の運命の重圧におしひしがれて、最初のころは、この巨大都市の民族が、内在的にどんな分類構想をもっているかについて、見る目をもっていなかった」のが、まもなくもっぱらそのほうへ視線が注がれるようになる。しだいに国家主義の立場から、すべてのものがみえてくるような「一方性」を、ヒットラーは確立しつつあったのである。そういうパンの飢えの中で、大衆の心理をもつかんだ。

大衆の心理は、中途半端なものを苦手とする

大衆の心理は、すべて中途半端な軟弱なものに対しては、感受性がにぶいのだ。女性のようなものだ。かの女らの精神的感覚は、抽象的な理性の根拠などによって定められるよりも、むしろ足らざるを補ってくれる力に対する定義しがたい感情的なあこがれによって決せられる。それゆえ、弱いものを支配するよりは、強いものに身をかがめることを、いっそう好むものである。大衆もまた哀願するものよりも支配するものをいっそう好み、そして自由主義的な自由を是認するよりも、他の教説の並存を許容しない教説によって、内心満足を感ずるものなのである。

大衆は、私をどうかわかってくれと、あれこれ自らの複雑さを分析してみせたものよりも、ついてこいと強引にひっぱっていくものに弱いのだと言うのだ。大衆をひきつけるには、女を口説くの

大衆をひきつけるのは、女を口説く要領である
ヒットラーの政治とは、女たらしの政治である

とおなじ方法でよいというのが、ヒットラーの発見であったわけである。女は、よい人を好かない。悪い奴ほどよくもてるという俗言があるが、大衆は、危険な英雄を、選びとってしまうのかもしれない。ドイツの国民は、ヒットラーに熱狂しながら、悪い予感を感じていたのかもしれない。だからこそその熱狂は、より熱狂を加えていったのかもしれない。結局、ヒットラーの政治とは、女たらしの政治だったと言ってよいのである。すくなくともホモセクシァルな政治だったといえる。

この時代に、彼は、自分の世界像と世界観が形成されたと言っている。

わたしは今日、一般にすべての創造的思想というものは、青年の時代に原則として現われるということを固く信じている。わたしは長い生活経験の結果として、非常な根本性と用心の中にいるおとなの英知と、無尽蔵の豊かさで思想と理念を注ぎ出し、その数が多いため消化されえない青年の創造性とを区別する。青年の創造性は、建築材料や未来の計画を供給し、そこからより賢明なおとなが石をとりだし、切り、そして建物を建てるのである。それはおとなの英知が青年の創造性を窒息せしめないかぎりである。

英知と創造性とは、ちがうというのである。青年は創造性であり、大人は英知であるという。創造性は、英知によって完成を待つというのである。この言いかたには、やはりヒットラーの自負がみちている。生い立ちを含めたこのウィーンの修業時代を、「無尽蔵の豊かさで思想と理念を注ぎ出し、その数が多いため消化されえない青年の創造性」とみなしてはばからないのである。大人になったいま、その無尽蔵に奔出した青年時代の創造性を、英知をもって、「石をとりだし、切り、そして建物を建てるのである」と言っている。

建築家志望から比喩としての建築家へ

ここでは、建築という言葉をつかっている。それは、比喩としての「建築」である。「世界像と世界観」の建築である。この比喩としての「建築」に至るために、彼は建築家になろうという横道を歩きかけたのかと思えるほどだ。民族主義国家を「建築」するために、彼は芸術家を志望し、画家たらんとし、建築家たらんとする道草を喰ったのだ、ということをあたかも言おうとしているかにみえる。この発言の裏に、なおそのものずばりの建築家に拘泥する痕跡をなんらみいだすことはできない。

そのかわり、終始、政治を芸術であると考える、そしてそれをやってのける萌芽も、すでに青年時代に蒔かれていたのだと言えるが、ナチス史家の大半が言うように、ヒットラーを、あまり「芸術家くずれ」とみなすことはまちがっているだろう。彼は、はじめから政治家になるためにその道程を踏んだにすぎないのである。芸術は、踏んでいくべきプロセスであった。

この章は、「マルクシズムというユダヤ的教説」に触れ、「ユダヤ人がマルクス主義的信条の助けをかりてこの世界の諸民族に勝つならば、かれらの王冠は人類の死の花冠になるだろうし、さらにこの遊星はふたたび何百万年前のように、住む人もなくエーテルの中を回転するだろう。永遠の自然はその命令の違反を、仮借なく区別するであろう。だから、わたしは今日、全能の造物主の精神において行動すべきだと思う。同時にわたしはユダヤ人を防ぎ、主の御業のために戦うのだ」と陶酔的なおごそかさで宣言している。

「全能の造物主」は、しかし、いつかはナチスを仮借なく罰してしまうとは、ヒットラーは考えていなかったし、この地点では、まだ彼の構想は、世界制覇に向っていなかった。いったい彼の言う「全能の造物主」とは、なんなのか。この遊星に住む人もなくなる可能性は、いまはもっと深刻になっている。

建築の中に政治を見る

第三章　わがウィーン時代の一般的政治的考察

ヒットラーは、建築のために建築を見るのではなく、建築の中に政治を見るようになっている。オーストリア帝国の腐蝕の先端にあるものが議会であるとするなら、その議事堂の中に政治の腐蝕を見るようになっている。「デンマーク人ハンセンが、新しい民衆代表の大理石建築に最後の破風をつけ終ったとき、かれは装飾を古代芸術から借りてくる以外に方法がなかった。ローマやギリシアの政治家や哲学者がいまではこの〈西欧的民主々義〉の劇場の建物に美をそえ、そして象徴的な皮肉ともいえるものは、両院の上に四頭立ての馬車が東西南北の四方の天空に向かって引っぱりあい、これによって当時国内で行われていたことを、外部に最もよく表現していることである」と言い、「この壮麗な建物へはじめて行き、見物人として、傍聴者として衆議院の会議に出たとき、わたしはこのうえもなく不快な感情につつまれた」と告白し、これは、ヒットラーが、建物の政治的効果を考えはじめていることでもあるだろう。この議事堂は、彼がウィーン時代、水彩画にものして、生活費を得たところのものであった。

この章において、ヒットラーは「世論」とはなにかについても考えている。

われわれがつねに『世論』といっているものは、自分でえた経験や個々人の認識にもとずくものはごく小部分で、大部分はこれに対して、往々にしてまったく、際限なく徹底的に、そして持続的にいわゆる『啓蒙』という種類のものによって呼びおこされるものである。

つまり、世論などというものは、この世にありえないと言っているのである。個人経験と認識の総

世論とは大衆の心の総和ではありえない

啓蒙によってのみ、「世論を作りだす」ことができる。つまり啓蒙とは教育宣伝であり、新聞が最大の武器である

新聞は、大衆の味方のふりをすることができる。それが新聞の最大の驚嘆すべき魔法である

和としての世論などというものはありえないのだ、とヒットラーは看破している。政治家は、「世論を反映させて」などとしばしば言う。それは「啓蒙」という種類のものにおいてだ、という。つまり、世論とは、大衆の心の総和ではありえないから、当然反映できるものではなく、即ちそれは政治家が作りだすものだということになる。啓蒙によって世論を作りだすわけだが、それは「宣伝」といったほうがぴったりだとも言っている。つまり啓蒙とは、政治への教育宣伝であると言っている。

「その啓蒙」宣伝で最も強力な力を示すのは「新聞」にほかならぬとも言う。この新聞の機能は、「おとなに対する一種の学校」であり、ここで世論というふたしかなものを、なんなく実在幻想としてつくりあげてしまうのである。世論調査などをやるのは、いつも新聞である。新聞社は自ら蒔いた種をもとに、擬似社会科学的質問状によって人々の可否を言わせる罠を使って、大衆の味方ぶる。しかし新聞社はつねに大衆の味方ではありえないし、むしろ権力と糸をつないでいる。もっとも大衆の味方でありえようとしたところで、そういうことは不可能なのであり、大衆などという曖昧なるものにむかって、味方になるといくら言いはっても、どうにもならないのだ。それが、近代の新聞の機能でもあると言いたげで、国家は、そういう新聞がつくりあげた世論らしきものを、手に握りしめ、「世論を反映する」といい子ぶるのである。ヒットラーのこの着目は、当然、国家が新聞そのものを掌握することに向かっていくことは必然である。

……わたしはすでに若いころウィーンで、この大衆教育の機関の所有者や精神的な製造者を正しく知る絶好の機会をもった。わたしは始めは、国家の中にいるこの不快な大勢力が、一般のものがしっかりといだいている内心の願望や観念をまったく作り変えようとするときに、どうしてそんな短期間で、一定の意見をつくることができるのか、と驚いた。

ヒットラーは、この驚嘆の魔法は、新聞であり、その術のつかい手こそ、ユダヤ人であることをさぐりあて、「……なにもないところから名前がつくり出され、その名前に公衆の信じられぬほどの希望が結びつけられ、さらに実際にすぐれた人物でもしばしばかれの全生涯においても与えられないような人気をつくろうとするのだ」と、虚像づくりに超爆発的な力をもつ新聞を認識し「そのさい、一カ月前にはだれも聞いたことのないような名前で、一方では同時に国家生活やその他の公的生活で古くから定評のある人々が、最も健全でありながら簡単にその時代社会から抹殺されてしまうか、あるいはかれらの名前が、やがてまったく下劣で無頼なシンボルになるように脅迫する悲惨な誹謗を浴せかけられるのだった」とすっぱぬく。

だが、この「盗賊騎士」たちであるユダヤ人が支配している新聞の国家宣伝としての怖しい能力に、ヒットラーは、「研究しなければならない」と警告を発していながら、ヒットラーが政権獲得にのりだしていってからのやり口は、まさにその研究の成果をあげ、彼にとって憎むべきユダヤ人と同じやり口をやってのけたのである。もっと徹底して。彼は、ユダヤ人の宣伝に学んだのである。世論は「つくりあげる」ものであることを。ただ新聞の利用にあたって、ナチはユダヤ人支配の新聞がまきちらしていた「ジャーナリストの義務」とか「議会主義という愛の神」といういおまじないは、根こそぎ粉砕、駆除していった。

「聴衆に対する最大の直接の集会場は、議事堂の講堂ではなく、公開民衆集会である」とここでヒットラーは述べている。啓蒙教育宣伝には、たかが数百人の議会での演説よりも、大衆集会の影響力を、新聞とともに認めていた。ことばの魔力こそが大衆を動かせるとヒットラーは言った。

言葉の魔力こそが大衆を動かす

――おおぜいの民衆はなによりもまず、つねに演説の力のみが土台となっている。そして偉大な――

運動はすべて大衆運動であり、人間的情熱と精神的感受性の火山の爆発であり、困窮の残忍な女神によって扇動されたか、大衆のもとに投げこまれた放火用たいまつによってかきたてられたかのような心情吐露によってではないのである。

ペンの力は、革命を理論的に基礎づけるだけだと言っている。新聞もペンの力のはずで矛盾しているようだが、新聞の文章についてはまたちがう考えをもっていたようだ。そして、「大衆がもっている途方もない力」を見失うことは、すべての政治の失敗につながると考えていた。その民衆を「作る」ことによってのみ、途方もない力になると考えていた。「作る」とは、民衆の注意を分裂させず、唯一の敵に集中させることであり、それが「偉大な指導者の独創力」だと言い、大衆は動揺すると、客観的になって疑い深くなるからであり、それ故、「内的には異っている敵をいつも一つにまとめねばならない。そうして自分の支持者たる大衆の目には、ただ一つの敵に対してだけ闘争がなされているのだというように、まとめねばならない。これが自己の正義に対する信頼を強め、正義を攻撃するものに対する憤激を高めるのである」として、ここでも単純化の理論がでている。この説は、彼個人の生きかたにむしろあてはまるという論もある。

「内的に異っている敵をいつも一つにまとめねばならない」

第四章　ミュンヘン

一九一三年五月、ウィーンからミュンヘンへやってきた。やはり絵を売って生活していた。この章では、宣伝形式の有効性について考えているので、みてみよう。

当時、ドイツでは、学校、新聞、漫画などによって、イギリスを攻撃し、悪感情を植えつけるようにしていた。宣伝の天才ヒットラーは、それがいかに間違った方法であるかを言っている。だいたいがヒットラーはイギリスびいきであり、敵にまわして戦っていながらも、のちにアジア戦線で同盟国の日本軍にイギリスが大敗した時、いまからでも、飛んでいって助けてやりたいと口惜しがったという逸話があるくらいなのである。

ともかく、それらの宣伝媒体が、人々に、イギリス人を過小評価していくような成果をあげていったのであり、「イギリス人が老獪であると同時に、人格的にもまったく信ぜられぬほど、卑怯な商売人だと固く信じたほどそれは深かったのである」と言う。ヒットラーに言わせれば、それはむちゃだと言うのだ。「イギリスほどの大きな世界帝国が忍びや陰謀やペテンだけでは簡単にできあがらないのだ」ということが、わからないのかと痛罵する。

このことを、ミュンヘン時代に感じたのかどうかはあやしい。ともかく第一次世界大戦に出兵し、フランドル地方で、イギリス歩兵とぶつかった時、ドイツ兵たちが、マンガや学校で教ったイギリス人とはちがうのにめんくらったのだ、という経験を通して言っているのである。

日本の国家は、「鬼畜米英」をスローガンとした。たしかに敵愾心を植えつけるには、この一方的に単純化した宣伝はよいかもしれない。だが、戦場に赴いた日本兵たちは、米英の兵とぶつかった時、はたして「鬼畜」に思えたかどうかはあやしい、という論法がヒットラーにはあったわけだ。

ヒットラーの言おうとしていることは、国民に植えつけるのは、簡単だが、それがあとで逆効果になっては、とその有効性を考えたのだ。だが第二次世界大戦に入った時、彼はその有効性をはたして実行しえたかは別として、宣伝は効果があがればよいというものではなく「悪効果」というものがあることを指摘している。その一例として、またイギリスに範をとってこう言っている。「人間は決して経済のために一身を犠牲にしない、すなわち人間は商売のために死ぬものでなく、ただ理想のために死ぬものだということである。イギリス人が民衆の心を認識するうえで心理的にすぐれていることは、かれらが戦うばあいに与える動機づけを知ること以上によく示してくれるものはない。われわれがパンのために戦っているのに、イギリスは〈自由〉のために、それも自国民のためでなく、そうだ、小国の国民のために戦ったのだ。われわれはこの鉄面皮を笑ったり、それについて立腹したりしたが、それこそドイツのいわゆる政治が、戦前からいかに無思慮で愚昧であったかを示しているのである。男子が自由な意味や決意から死におもむくことができる力の本質について、ほとんど考えてもみなかったのだ」。戦争は、ほとんど経済戦争である。だが、大義名分が、経済であっては、個人個人に見返りする時、人は死を代償としえない。ヒットラーは、この教訓から、血と土の思想をのちに用いるわけである。だが、今では、もはや「自由」のために死ねないということを、ベトナム戦争が証明してしまった。「自由」という大義名分のうしろにあるものはやはり経済侵略であることを人々は知ってしまっているからである。

第五章　世界大戦

戦争

青年時代のいらだたしい気持からの救済

「青年時代のいらだたしい気持からの救済」として大戦勃発を受けとり、バイエルン連隊へ、ヒットラーは歓喜と感謝の心をいっぱいにして入隊した。

「感激は陶酔でありその状態でずっと維持すべきだ」

人々は、感激というものが一度くだけたら、もはや必要に応じてめざめさせることができないことに、すこしも気づかなかった。感激は陶酔であり、そしてその状態でずっと維持すべきだ。人々はこの感激の力なくしては、人間として考えられるかぎりの最も巨大な要求を、国民

——の精神的本性におくこの戦争に、どうして地歩を維持すべきだろうか。——

たしかにヒットラーの言うとおりだが、たとえ宣伝によってその気になることはあっても人間の力でもって、感激という陶酔をずっと維持することができるものかどうか、そのことにヒットラーは気づいていない。疑ってもいない。彼自身どこまでドイツ国民を陶酔させつづけることができたかと言えば、やはり失敗しているのである。しかしヒットラーは人々の感激を沸騰させるためには『美的』な高揚では鉄を熱しておくために必要な火をかきおこすことができない」と言っていて、それはほんとだろう。

ここで言う彼の美的高揚というのは、大戦中、ドイツの新聞がとった態度であった。「ドイツ兵の勇敢さと雄々しい勇気は、まったく自明のことだ。だから人々がそれについてあまりにも歓喜の爆発によって分別なく感激させられすぎるのはよくない、外国のためにも静かな品のある喜びの形式のほうが、法外な歓呼等よりもお気に召すだろう」と新聞と政治を握る知的ドイツ人は考え、勝利があっても、大々的に報道することはしなかった。この「心づかい」は、無用だというのである。「正気の沙汰」ではなかったと非難している。ヒットラーは、この戦争のイロハをのちの大戦で実行するのだが、しかしこの高揚の術も、結局は持続の問題であり、実際の敗北や兵の倦怠は、いくら意志をふるいおこしても、どうにもならぬものであることを、彼は知らされることになる。

事実、彼自身、一年一年とすぎていくうちに「戦争のロマンチシズムにかわって戦慄がやってきた。感激は次第に冷たくなり、熱狂的な歓呼も、死の不安によって窒息させられた」と言っているのであり、ドイツの自由のために戦うという「義務意識が勝利を得る」のは、ヒットラー個人であって、長びく戦争というものは、あらゆる宣伝術を粉砕するところがある。

憎むべき相手のやり口から、自分のやり口をつかむ

類稀なナチの宣伝は、模倣によって、類稀になった

宣伝には形式が必要である。しかし美学的に処理しすぎると、宣伝にならない

政治に興味をもちだしてからというもの、ヒットラーは、宣伝ということにたいし関心を深めていった。ヒットラーの才能の一つは、憎むべき相手のやり口から、自分のやり口を感覚的につかみとり、それを薬籠中のものとして拡大することである。相手を憎むためには、相手を叩きおとすためには、憎むべき相手のやり口があるわけだから、それを研究するという勤勉な能力である。

新聞のもつ力を、ユダヤ人から看破し、のちに自らの手口としたように、戦時宣伝については、「社会主義的＝マルクス主義的組織が老練な技倆で支配し使用することを知っていた道具を、見た」のであり、また、「キリスト教社会主義運動」が、多くの成果をあげているのを見たのだ。宣伝の創始者は、キリストであると言われているように、宗教は、布教の実践と信仰による人心征覇のために、宣伝術はたくみであったのであり、また新しく勃興しつつあったマルクス主義は、その思想の浸透のために宣伝を重要視していたのである。類稀なナチの宣伝の萌芽は、キリスト教会とマルクス主義者たちの方法を学んだときからはじまっていた。

もちろん、第一次世界大戦において、ドイツが、戦時宣伝を怠っていたわけではない。さきにあげた対イギリスへの国内宣伝のようにあったわけだが、ヒットラーに言わせれば宣伝のうちにはいらないわけであり、「この方面で現実に企画されたすべてのことは、はじめからふじゅうぶんで、間違いだらけだった。それは少しも役に立たないか、しばしば害をおよぼすぐらいであった。形式はふじゅうぶんであり、本質的には心理的に誤っている」としている。

宣伝はつねに手段である。ある目的に達するための手段である。第一次世界大戦は、ドイツにとって「わが民族の自由と独立、将来のための食糧の確保、そして――国民の名誉」を確保するために、戦ったはずだ。それが目的であったはずだ。この目的に達するための手段としての宣伝の用いかたにおいてまちがえていたというのが、ヒットラーの考えなのである。宣伝の方法をあまりにも、美学的に処理しすぎていたというのが、宣伝のうちにはいらないと非難するヒットラーの理由であった。

民族がこの遊星の上で自己の生存のために戦うならば、したがって生か死かの運命の問題が国民に近づくならば、ヒューマニティとか、美とかの考慮は無に帰してしまう。というのは、これらの観念はすべて宇宙のエーテルの中に浮んでいるのではなく、人間の幻想から生じたものであり、人間と結びついているからである。人間が、この世から分離すれば、概念もまた無に消えさってしまう。

これらの美やヒューマニティの概念は、民族の興廃をかけている時において、これほどたわけた美学はないとし、もし美やヒューマニティがあるとするなら、そういう美学を廃し、戦争における「残酷きわまる武器も、それがより迅速な勝利を条件づけるならば、人道的であった。そして国民に自由の尊厳を確保するのを助ける方法のみが美であった」とし、美学や人道主義を宣伝の方法論とすることを否定し、ただ勝利の結果のみが、美にも人道にもかなうと言うのだ。「識者の手にあれば真に恐るべき武器」なのが宣伝なのだがドイツにはその一人の識者がいなかったというのだ。

さて、そこで宣伝は、いったいだれにむかってすべきなのか、という問題をヒットラーは提出する。

そして「宣伝は永久にただ大衆にのみ向けられるべきである」と言いきる。宣伝は、学問ではないからだ、というのがその理由になる。インテリを相手にするなと言うのである。インテリにかぎっ

「宣伝は永久にただ大衆にのみ向けられる」

宣伝は、学問ではない。インテリを相手にすべきではない

インテリたちが、顔をしかめる宣伝方法こそ、まさに宣伝である

ポスターの技術

て、宣伝にさえも美学や人道をもちこんでそれを受けとり、それを判断し、それを人に押しつけようとする。インテリは、ごみほどの大衆の数からくらべれば、ごみほどわずかしかいなく、このような人間たちが、大衆動員という宣伝操作をできるはずがない。このような少数のインテリ階級を納得させることを目的とするような宣伝をやっていては、大衆を支配することはできない。インテリたちが、顔をしかめるような宣伝方法こそ、まさに宣伝なのだ。あたかもそうヒットラーは言いきっているように思われるのだ。

　いったい、インテリと大衆をどうみわけるのか、ヒットラーは言っていない。私は思うに「大衆の一人として」などという風に、大衆認識のあるものは、みなインテリであろう。インテリとは、自己判断欲にみち、学問的権威、美的感性を喜ぶものたちを言うのであろう。そしてそれらを否定する者をも。「ポスターがその表現自体芸術でないのと同じである」と、ヒットラーは、断固として宣伝がインテリたちの美的判断の犠牲となることを否定する。「ポスターの技術は、形や色によって大衆の注意をひきつける企画者の技倆にある。芸術展覧会のポスターはただその展覧会の芸術に注意をうながすべきである。これが達成されればされるほど、ポスターそれ自体の技術は偉大になる。ポスターは大衆に展覧会の意義についての観念を広く伝えるべきである。しかし決してここに出品されている芸術の代用品であってはならない」としつこく言う。

　ヒットラーは、芸術を否定しているわけではない。芸術鑑賞の目の高さを自認していたのだし、ただ宣伝の目的を芸術的判断で進行させていくことに反対したのである。宣伝は芸術なりとも、たしかに彼は言っていて、矛盾しているようだが、宣伝を芸術的意識でやることにたいして否定していたのであり、宣伝の効果、宣伝の成功した姿だけが、芸術であるという、虫のよい考えだったのである。ただ宣伝対象として埒外におかれるインテリたち、少数であるが、ごたくをならべること

宣伝の対象とならないインテリたちは彼等の根拠である学問によって支配できる

によって世の支配層の位置についているインテリたちを、それではほっておけばよいのかというと、そうではなく、彼等への宣伝は不用だが、「学術的教化」という方法があるという。大衆は宣伝によって洗脳できるが、インテリには、彼等の生きる根拠となっている学問にたいし、おなじ学問でもって支配することができるとしているのだ。

かくして「宣伝はすべて大衆的であるべきであり、その知的水準は、宣伝が目ざすべきものの中で、最低級のものがわかる程度に調整すべきである。それゆえ獲得すべき大衆の人数が多くなればなるほど、純粋の知的高度はますます低くしなければならない。しかし戦争貫徹のための宣伝のときのように全民衆を効果圏に引き入れることが問題になるときには、知的に高い前提を避けるという注意は、いくらしてもじゅうぶんではありえない」という結論を、彼は宣言する。

ヒットラーは、大衆を愚鈍ではないが、知的受容能力に限界があり、それだからこそ女のような力を発揮しうるのだと考えているわけだから、そこで多様性を宣伝の中から、はじきだすことをまず考える。

「重量をうんと制限して、そして、これをスローガンのように利用し、そのことばによって、目的としたものが最後の一人にまで思いうかべることができるように継続的に行なわれなければならない。この原則を犠牲にして、あれもこれもとりいれようとするやいなや、効果は散漫になる」と言い、表現の線を多様に割れた支線にせず、一本の太い線を押しだし、大衆の記憶能力を補うことを主張するのだ。知的水準などというものは、曖昧なものだが、ヒットラーは「最低級」とまで言っている。小学生ぐらいを彼は基準にしてちょうどよいと思っていたのかもしれない。インテリは、このような裁断に対して多様性、個別性を言い、あげくに理想の高さを言うのだが、彼は思い切って捨ててしまっている。

マンガによる宣伝の欠点。その嘲笑性が、弱点となる

ここで、ふたたび、ドイツが第一次世界大戦でとった漫画宣伝の弱点についてふりかえっている。その漫画は、「嘲笑」を基準においた。たしかにこの「嘲笑」による線は細すぎるのである。たしかに「嘲笑」ということにスローガンを絞り、的を縮め、それを徹底したから、かなりの大衆浸透力をもったのだが、この「嘲笑」という的そのものがいけなかった。ヒットラーが否定するのは、その「嘲笑」の姿勢であろう。嘲笑の心理とは、なお優越感を持して相手を、田舎もんと見くびっている姿勢から生まれる。しかしドイツは民族の興廃をかけているのだから、もはや「嘲笑」などしていられる時ではなかったのだ。ヒットラーはこの「嘲笑」の中に、インテリの弱さを動物的にかぎとっている。いざ相手と戦ってみた時、イギリスは嘲笑すべき、虫けらのごとき弱兵ではなく、てごわかったのである。ドイツの兵たちは、宣伝にだまされたと感じ、その不快感は闘争欲を減退させ、気おくれをあたえた。そういうことをヒットラーは自ら戦場で弾丸をくぐることによって経験した。

これにたいして、米英の戦時宣伝はどうであったか。

かれらは自国の民族にドイツ人を野蛮人、匈奴だと思わせることによって、個々の兵士に前もって宣伝が、恐怖に対する準備をし、幻滅をおこさせないように努力していた。いま自分に向けられたどんな恐ろしい武器も、かれらにはただ、かれらにいままで与えられた啓蒙が正しかったことを、確認した以上には感じられず、他方、極悪な敵に対する怒りと憎悪の念を高めると同時に、政府の主張が正しかったという信念を強めたのである。

日本軍は「鬼畜米英」というスローガンをたて、その宣伝ポスターも漫画も、鬼か畜生のように

敵をみくびらせる戦術より、敵に対して恐怖を抱くように前宣伝したほうがよい

宣伝とは速決勝利のための技術である

非宣言的人間＝学者・美学青年・インテリ

描いた。たしかに、相手を見くびらせる「嘲笑」の方法と、前もって敵を野蛮人化し、恐怖感をさきにあたえて免疫としてしまう方法とでは、はるかな戦術の差がある。日本の宣伝弘報は、米英の例をとったのか、米英から逆どりして、第二次世界大戦に突入したナチをならったのか、それとも独自のものなのか、わからない。

だが、たしかに相手をとてつもない野蛮人化するほうが、宣伝心理として有効であっても、もう一つの弱点をもっている。いざ戦争に突入した時、それが短期速決の勝負である時はよいが、それが長びいた時、この相手の野蛮人化も効果を薄めていくからである。戦場で戦う兵たちの間に、たがいに「生身の人間」だという感慨が流れあうからである。この「生身の人間である」という感情は、大衆、この場合、兵たちにとって、酷薄になりがちなインテリには、想像もつかぬもっとも強い絆になり、その野蛮人宣伝も、膠着状態の中では、水の泡になりがちであり、そうなると、物量戦術のほうが、勝利のきめ手になってくる。

日本は「鬼畜」宣伝をしながらも、敗れたのである。日本のパイロットが、いくら米軍のパイロットを、たとえ鬼、畜生に思い、ファイトを湧かしても、飛ぶべき機がなければ、平地で地団駄を踏むしかなかったのである。宣伝は、じょじょに人々の心を啓蒙していくことができる。だがその目的に近づいた時は、速決的効果をあげなければ、ただちに失敗となる。「宣伝は目的のための手段である」という正論も、空虚におちいるのである。宣伝とは「速決勝利のための技術」である。長い伝統と信用につちかわれ、ひとりでに人々の心を支配して、それが結果的に宣伝の効果と似たものを示していたとしても、それは宣伝ではない。

多様性を分析し、それを表現にまでもちこまないではいられない「学者」、耽美性をもちこみがちな「美学青年」、ヒューマニズムを言わないではいられない「インテリゲンチャ」を宣伝活動の毒源と断じたヒットラーは、つづいて、「宣伝は、絶対的、主観的、一方的であらねばならない」と主張する。彼がインテリを否定したのは、彼等の理論性、つまり客観性が、宣伝にとって邪魔になると確信していたからだ。絶対性、主観性、一方性は、多様性または分析性をもたないから、電光石火のスピードの思想であると言える。

宣伝は、絶対的であり、主観的であり、かつ一方的でなければならぬ

「たとえば人々が、ある新しい石鹸を吹聴しようとするポスターについて、そのさいまた他の石鹸も良質であると書いたら、人々はなんというだろう」という卑近な例をあげながら、これに似たあきれたことが、第一次世界大戦でのドイツの政治宣伝では、平気でおこなわれていたのだとし、「戦争の責任について、ただドイツだけがこの破局の勃発に責任があるのではない、と論ずることは、この観点からすれば根本的に誤りであった。かえって実際には、ほんとうの経験はそうではなかったとしても、事実そうであったように、この責任をすべて敵に負わすことが正しかったであろう」と言う。ものごとを客観的に探求し、それを公にする「愚」を、ヒットラーは、宣伝の仇敵であると考えている。

客観性は宣伝の仇敵

ある意味で、彼の言っていることは、今日では、ほとんど常識化し、つぎの段階に進んでいる。大衆社会のレベルアップということもあり、宣伝は知的になっている。その知的な宣伝策も、すでにぼろをだし、第一次世界大戦のドイツ国民のように、大衆が不安でいらいらしているとするなら、つぎはなにかという問題の時、やはりナチスの台頭を決定づけた、「人間はすっきりしたがっているという生理」を巧みに利用する宣伝の才であろう。

永遠の宣伝の要諦　人間の、すっきりしたがっているという生理をいかに利用するか

私たちの通念の中に、ドイツ人はなにごとにつけ、物ごとを論理的に合理的に思考する民族であるというのがあって、だからヒットラーのような存在を生みだしたドイツをみる時、それは私たちの偏見であったのかと惑うのであるが、ヒットラー自身も、やはりこれに似た通念をドイツにたいして持っていたのであり、ドイツ人は「客観性気違いだ」と言い、「自分の民族や国家のこのうえなき重荷や破滅の危険をおかしても、敵に対して不正なことをしないように、すべてのものが努力するからである」と皮肉っている。

大衆は、女性的素質である

民衆の圧倒的多数は、冷静な熟慮よりもむしろ感情的な感じで考え方や行動を決めるという、女性的素質をもち、女性的な態度をとる。しかしこの感情は複雑ではなく、非常に単純で閉鎖的である。このばあい繊細さは存在せず、肯定か否定か愛か憎か正か不正か真か偽かであり、決して半分はそうで半分は違うとか、あるいは一部分はそうだがなどということはない。

客観的気違いであれば、このような分析をはてしなく掘りつづけるのである。こういうことが、宣伝にとって、いかにむだであるかをイギリスは「真に天才的に知っていた」とし、ほめたたえている。「大衆の感情の幼稚さをすばらしく知っていた」とする。

客観的な目とは、ヒットラーにとって「内面的なあいまいさ」の証左であり、無効とすべきものであった。しかし彼の言う主観性とはなんだろう。それは、一人の宣伝的天才がいればよいということであり、その天才が発するすべて、つまり主観性が、その宣伝をゾッとする傑作にするという確信である。イギリスの天才ぶりを彼がいうことは、もはや自分の宣伝的天才を誇示することそのものなのでもあった。宣伝にけっしてたずさわってはいけない人間として、彼は二つの人間タイプを指摘する。「耽美主義者」と「鈍感なもの」である。

宣伝にけっしてたずさわってはいけない人間——耽美主義者と鈍感なもの

前者からは、その内容が形式上、表現上において、大衆に通ずるかわりに、その魅力が文学的お茶の会向きになってしまい、後者は独特な新鮮な感情が欠けているがゆえにいつも新しい刺激を求めてくるからこの点に配慮して警戒しなければならない。これらの人々はすぐに、すべてのものにあきてしまう。

繰返しの堅忍不抜さを要諦としているヒットラーにとっては、そのような人種を宣伝にたずさわらせることは、内に敵を飼うことなのであり、なおも口をきわめて非難し、「かれらは変化を望み、かれらのようには冷淡でない同時代の必要とするものを、かれらの身になって考えるとか、理解しようとか、決して考えない」と言う。そのあげく批判の力だけはいっぱしだから、宣伝をみて、「あまりに陳腐な、さらにあまりに時代遅れな等にみえるその内容の第一の批判者である。かれらはいつも新しいものを欲し、変化を求め、かくしてすべての効果的な政治的大衆獲得の真の敵になる」と痛烈である。私などは、自分のことを言われている気がして、ギョッとする。戦時宣伝家は、新しい情報や感覚の供給者であってはならない、と彼は言うのである。

第七章　革命

ビラの叙述形式は、いつも不変であるべきだ

ヒットラーは、戦場で敵のばらまく宣伝ビラを手にいれた。その叙述形式がほとんどいつも不変であるのを発見した。その内容はつぎのようなものであった。

ドイツの窮乏はますます大きくなり、ますます勝つ見込みがなくなるのに、戦争はいつまで続くかはてしがない。それだから故郷の民衆はまた平和にあこがれている。しかし軍国主義と皇帝がそれを許さない。それゆえ全世界は決してドイツ民族に対して、戦争をしているのではなく、むしろもっぱら唯一の責任者、すなわち皇帝に対して戦っているのだ。したがって戦争は平和な人類のこの敵が排除されるまでは終らないだろう。自由主義的・民主主義的国民は戦争の終結後、ドイツ国民を永久世界平和同盟に加えるだろう。それはプロイセン軍国主義の殲滅の瞬間から確立せられるだろう。

家族から戦場に送られる手紙は、悪宣伝と同じ結果をもたらす＝検閲

はじめ兵士たちは、それを読んでもあざ笑って棄てていたが、笑うたびに、彼等の言分がそらんぜられるようになるのであり、しだいに、いや待てよ、そうであるかもしれない、と思えてくるようになったのだと言う。そして、なんのために俺は命をかけて戦争をやっているのか、という不信が育ってくるのである。まもなくバイエルン兵のいる戦区では、プロイセンへの抵抗がはじまった。これでは、相手の思う壺にはまったのである。ドイツ軍の複雑な民族組織を狙いうちし、その離間をはかって、戦意を喪失させようというイギリスの効果があがりはじめたのだと言うわけだ。

また、この章では、戦場に送られる手紙のおよぼす影響について述べている。ドイツは、検閲の手段をこの時とらなかったものとみえる。検閲は悪評の高いものであるにしろ、国家宣伝の立場からすれば、そうしなければ、戦場の兵士にあたえる悪影響は大きい。家族の手紙そのものは、宣伝文でありえないが、書かれる内容によっては、悪宣伝をなしてしまうのである。家にいる家族の悲惨な状態は、すべて兵士たちに知らされ、敵の仕組んだビラがまかれなくても、その同じ内容を味方がまきちらすのと同然のことになってしまった。政府の鈍い処置とドイツ婦人の無感覚な手紙が「数十万の男の生命を浪費させた」とまでヒットラーは言いきっている。家族の手紙というものが、兵士たちを鼓吹する力をもつものだとすれば、その逆に消沈させる力をも持っているわけで、この

ユダヤ人の天才的宣伝トリック。一般の注意を自分からそらし、他人に向ける

「手紙の処置」は、国家宣伝にとって痛しかゆしのものであり、それには「検閲」の法しかないとすれば、国家宣伝を必要とする戦争そのものがもつ不孝ということであろう。

大戦のさ中、バイエルン人とプロイセン人との間に争いがおこった。この煽動者を、ヒットラーは、ユダヤ人と見た。そしてつぎのような結論を下した。「一般の注意を自分からそらし、他人にむけるユダヤ人の天才的トリックを見ることができた。バイエルン人がプロイセン人に対してののしっている間に、ユダヤ人は革命を組織し、バイエルンとプロイセンを同時に倒したのである」と。この観測の結果は、即ち「一般の注意を自分からそらす」という宣伝術は、のちにヒットラー自身のものとして咀嚼されることになる。

ドイツは敗れる。共和国になる。「その時倒れた二百万の死もムダだった」とヒットラーは考える。「祖国の不幸にくらべれば、個人的な苦悩というものがすべてなんと小さいものか」という考えに至る。「こんな土台の上に家を建てようなどとは、笑わずにおれようか?」と建築家の夢を棄て、ユダヤ人という敵を見つけだして、政治家になろうと決意したということになる。

第八章　わが政治活動の始め

政治家になろうと決意するに至ったヒットラーは、いわゆる成功する政治家、つまり議員になることによって成功とみなす、そんな政治家になる気はなかった。方法よりも、まず目標を確立させる綱領立案者となる政治家が、彼の理想であった。まず、そういうやりかたは、なかなか世の中は受けいれないだろうという見通しの上に立ってはじめている。そこには、いささかの強弁と牢獄の声という割引きをして見なければならぬにしても、負け犬の遠吠えでない遠い見通しの上に立っているように、のちの成功を見ているためか、思わぬわけにいかぬ。

> ずっと後の時代にも価値と意義を持つそのような目標を遂行することは、そのために戦うものにとって、たいていほとんど報いられず、そして大衆に理解されることはまれである。先を見通した将来の計画は、ずっとその後にやっと実現されうるのだし、そして一般にその利益は後世にはじめて役に立つのであるから、そんな将来の計画よりも、ビールやミルクの値下げのほうが、最初はよくわかるのである。

「世間ばなれ」

大衆が、ビールやミルクを値下げする力をもつものこそ、よき政治家たる証しと考えるのは、いつの世もかわらない。だから、たいていの政治家は、彼等の「一時的同情を失わないために、ほんとうにむずかしい将来の計画からはいっさいはなれている。その場合、こうした政治家の成功の意義は、もっぱら現代にあって、後世のためには存在しないのである。小さい人間はいつもこれにいささかも気がねしないものだ。かれらはそれで満足しているのだ」とし、ヒットラーが目指す綱領立案の政治家は、「世間ばなれ」の汚名を蒙り、「彼は現代の承認を得ることをほとんどつねにあきらめねばならない。しかしそのかわりに、かれの思想が不滅である場合には、後世の栄誉をうるのである」としている。

この後世意識はきわめて古い芸術家意識にも似ているし、マルクスを綱領立案者とすれば、そうだとも言えるが、しかし十年もたたぬうちに、その綱領は、大衆の承認をえてしまうのである。自分が首相の座につくのがわかっていたなら、けっして『わが闘争』のごとき内容のものを書かなかったであろうとヒットラーが洩らしたことはよく知られているが、この未来に生きると宣言した彼の目標はなんであったか。

われわれが闘争すべき目的は、わが人種、わが民族の存立と増殖の確保、民族の子らの扶養、血の純潔の維持、祖国の自由と独立であり、またわが民族が万物の全造主から委託された使命を達成するまで、生育することができることを目的としている。

この目標に向って、ナチスの世界征覇は、その「世間ばなれ」を早くも実行する段階にまもなく進んでいくのである。

第九章　ドイツ労働者党

第一次世界大戦から帰ってきたヒットラーは、政治への考察から一歩すすめて、活動を開始する。「インチキな団体マニア」と見なしはしたものの、既存の政党にない新しい運動のあこがれを秘めているドイツ労働者党にはいった。党員番号は七番であったと彼は言うが、実際は五十五番目、党員番号は五百から数えるから五百五十五番というのが、ほんとうであったらしい。ヒットラーの宣伝の才が、その場をえて実行にうつされていくわけなのだが、この才を開花させた原動力は、彼のインテリに対する強い反発心にあったように思える。宣伝が、インテリジェンスといかに無縁であるかを発見させたのは、その反発心によるものであろう。

彼が最初尊敬の念をもって眺めていたフェーダの講演を聞き、自由討論になった時、ある教授の発言にむかって挙手し、演説をぶつ。「私が話をしているとき、人々は驚いたような顔で聞いていた」

という時、彼は演説の快感とタイミングを摑んだように思われる。あるいは、ガキ大将時代の口論のタイミングと快感が甦えったのだろうか。

第十章　崩壊の原因

ヒットラーが、新聞が世論をでっちあげることにいかに大きな力をもっているか、つまり国家宣伝にいかに貢献するものであるかをのべていることは、すでに第三章で紹介したが、この章でも新聞についてなおのべている。「新聞の意味はなんといっても、じつに巨大なものである。新聞は一般的にいって、いくら高く評価しても過大評価されるということはありえない。なにしろそれは現実に相当に年輩になった人々に対し、教育の延長という働きをするからである」と。「大人に対する一種の学校」という考えをここでも繰りかえしているわけだ。

彼は、新聞の読者を三つにわける。

第一は、読んだものを全部信じる人々。

第二は、もはやまったく信じない人々。

第三は、読んだものを批判的に吟味しその後で判定する頭脳をもつ人々。

新聞が巨大な力をもつのは、第一に属する人々が圧倒的に多いということによる。第二、第三のグループは、ともにけた外れに少数である。

「読んだものをすべて信じる」といった新聞へ盲信的なフェチシズムをもった人々がけた外れに多いということは、自分たちのまわりをみまわしてみても、すぐにその通りだと肯けるだろう。新聞に名前のでるものはみな偉いなどと思っているものがいかに多いことか。新聞に死ぬまで一度でい

新聞の読者は、「読んだものを全部信じる」ものでほとんど成立している

いから名がのりたいと思っているものも多い。この場合、読む以前に新聞を信じこんでいる。ヒットラーは、この第一のグループをつぎのように判断している。

自分で考えるだけの素質もなければ、そのような教育も受けない人々はみなこのグループに入る。そしてかれらの一部は無能から、一部は無知から白地に黒く印刷して提供されたものを全部信じるのである。さらに、たしかに自分の頭で考えることができるものだが、それにもかかわらず、単なる考えることの無精さから、他人は必ず正しく頭を働かしたに違いなかろう。とつつましく仮定して、その他人がすでに考えたことをありがたく全部そのままもらってしまうような、無精者もまたこのグループに入る。

このような「他人からの外的影響に還元できる」これらの人々に対して、新聞による「かれらへの啓蒙が、真剣に真理を愛する方面から企てられるならば有利であるだろうが、しかしなお人間のくずや、嘘つきがこれに手を出す場合には害悪となる」と言っている。ヒットラーは、この場合自分自身を「真剣に真理を愛する」側においているのであり、害悪なものとしての「人間のくず」や「嘘つき」の手に新聞がわたることについては、ユダヤ人を想定しているのだ。そしていざ彼が新聞を利用する段になった時、「真剣に真理を愛する」などというおまじないの側にたって運用したかと言えば、もちろんそうではなく「嘘つき」の側にたったのである。

この嘘の方法論は、だから当然ヒットラーは、彼の想定した「ユダヤ人」から学んだと言える。第一次世界大戦の敗北の原因を国民に対してルーデンドルフ将軍一人に押しつけたのは「ユダヤ人およびかれらのマルクス主義的闘争組織のすべて底の知れぬ嘘」だとし、彼等が、「うそが大きければ信じてもらえる一定の要素がつねに存在する」という原則を彼等が知り尽していたからだとしている。大衆はなぜ大きな嘘には、ひとたまりもないのか。ヒットラーはつぎのように心理分析してみせる。「国民大衆の心は本質的に、意識して、故意に悪人になるというよりも、むしろ他から容易に堕落させられるものであり、したがって、かれらの心情の単純な愚鈍さからして、小さなうそよりも大きなうその犠牲になりやすいからである。というのは、かれら自身、もちろんしばしば小さなうそをつくのだが、しかし大きなうそをつくのはなにしろあまりにも気恥ずかしく感じてしまうからである。そのような大きなうそはかれらの頭にはとてもはいり込めないし、したがって不名誉きわまる歪曲をするような、まったく途方もない厚かましさは他人の場合でも可能だなどと信じえないだろう」

大衆はなぜ大きな嘘には、ひとたまりもないのか

また第二のグループには、「きわめて取扱いがむずかしい。かれらはそれゆえ、あらゆる積極的な仕事に対してはだめな人間である」とお手あげで、「真実に対してもつねに疑ってかかるだろう」と観測する。このグループの発想は、むしろヒットラー自身がモデルになっているとも見えるし、彼の主張の拠り所である「真実」も、彼等の前には無に帰してしまうというおそれもまた同じ根からでている。だが、あくまでも少数派だという安心感がある。

多数がすべてであるような時代

第三のグループは、この分類を企てたヒットラー自身、これに属しているという前提にたってのべていて、第二のグループでもありうることは告白していない。だが「残念なことは、このようなすぐれた人間の意味が、まさにかれらの知能にだけあるにすぎず、その数にはないことである」と言い、「多数がすべてであるような時代における不幸を言うのである。大衆の投票用紙があらゆることに判決を下す今日では、決定的な価値はまったく最大多数グループにある。そしてこれこそ第一のグループ、つまり愚鈍な人々あるいは軽信者の群集なのである」と結論づける。

ヒットラーはのちに「多数がすべてであるような時代」をとっぱらった大衆支配をするにいたる。愚鈍な人々を、より一層無知化し、機械化してしまうのである。政権獲得後にこの『わが闘争』は、ドイツ国内で、空前のベストセラーになったのであり、ベストセラーになることは、彼の言う愚鈍な人々も買ったからそうなったのだが、彼等はこの書の中で自分たちが面罵されていることに、どう思っていたであろうか。それとも彼等は、読みもしないで買ったのか。読んでも自分のことを言っているとは思わなかったのか。おそらく読む気もなく買ったのだろう。この本を刊行した当初は、かかるベストセラーになるとは、ナチスの宣伝書の目的をもっていながらも、思いはしなかったであろうし、事実、ベストセラーになる時は、読みもしない大衆がその購買層になるという予定調和をはからずもなしていたといえる。読むよりも、「もつ」ことの意味を大衆にあたえたのであろうし、大衆もまた言われずとも、そうしたはずである。

「国民の大量毒殺」としての新聞

ヒットラーは「自分達の将来は国際連盟に任せてよいとまで信じこむようになったのも、このドイツ新聞のせいではなかったか？　わが民族をみじめな風紀退廃へと訓育するのに、新聞は協力しなかっただろうか？　道徳や風紀は新聞によって笑いものにされ、時代遅れで、偏狭固陋なものと説明されなかっただろうか？」と疑問符を連発して、新聞が大衆を信じこませるその力を言い、それを「国民の大量毒殺」だとまで言ったのち、こんどは「新聞の自由」についてものべている。これこそ西欧民主主義の捏造した狡猾な思弁であるとでも言いかねない勢いだ。

「新聞の自由」はデモクラシーの狡猾な思弁

この罰せられることのない国民欺瞞と国民中毒化の不正を、人々は新聞の自由と呼んでいる。したがって、人々はこの暗殺行為に対して断固たる手段を取ることをためらうが、実際、かれらがそのようなことをすれば、直ぐにも『上品』な新聞を自分の敵に廻すようになることを怖

「この原則だけを弁護したい」という手段のミソ的効果

れなければならないのであり、その怖れもじゅうぶん理由を有するのだ。なにしろ、これらの悪徳新聞の一つに断固たる手段をとろうと試みるが早いか、ただちに他のすべての新聞がそちらに味方するだろうからである。けっして闘争のやり方を是認するためではない、とんでもないことだ——ただ新聞および言論の自由の原則を問題にするだけだ——ただこの原則だけを弁護したい、かれはこんな風にいうのである。この叫び声を聞いたのでは、非常な強気の男達でも弱くなってしまうだろう。

このヒットラーの発言は、なにかしらおそろしげである。それは言論の自由などは、いかにまやかしであるかということを私たちも知っていて、ヒットラーの言に賛成したくなる気分に襲われるからでもあるが、このまやかしの自由が喪失して、すべてが国家統制のもとに封じられた時のことを考えると、やはり慄然としてこないわけにはいかないからである。事実すでにここでヒットラーは、新聞が国家のもとに統制されるべきものであることを予言しているのであり、ユダヤ人に支配されている新聞の「横暴に結末がつけられさらにまたこの教育手段が国家に奉仕させられて、もはや国民と関係のない国民の敵の手に任せられなくなるとすれば、きっと自分達の新聞で大いに騒ぎ立てることだろう。しかしながらわたしが思うに、この大騒ぎは、昔われわれの父祖を悩ましたほどには、われわれより若いものを悩ましはしないだろう」と言いきっているのである。それは、まもなく実行される。ユダヤ人の新聞を「国民に関係のない国民の敵の手」と言っているが、ナチは、「国民と関係のある」手という思いこみのもとに、新聞の魔力を、ケタ外れに多い新聞の活字を盲信するものたちにむかって、まもなく彼の言うユダヤ人以上に徹底して牛耳るにいたる。

さて、ヒットラーは、この章で、梅毒の問題、売春の問題、結婚の問題を、人権の問題にかかわ

梅毒克服の宣伝

らせながら語っている。その中で梅毒の克服についての提案をしているのだが、それがきわめて宣伝的なのには驚かざるをえない。

あらゆる宣伝の補助手段を利用して、梅毒の問題は国民の真に唯一の課題であると思えるように示すべきであり、けっしてそれも一つの課題だなどと思い込まれるように示してはならない。この目的のためには、梅毒の害悪がもっとも恐るべき不幸であるということを、十分にしかもあらゆる補助手段を利用して、全国民が、まさしくこの問題の解決に、すべてのことが、つまり自分たちの未来も、破滅もみんなかかっているという確信に到達するまで、人々の頭にたたきこまなければならない。

この宣伝的思考というものは、国家の存亡はまさにそれしかないのだというところからでているのである。それは、いかに問題を単純化するかというヒットラーの宣伝理論が、ある目的に到達するための手段として以上の意味をもってきていることを示しているのである。宣伝そのものが政治理論なのだというところにまでいたっている。だから、ヒットラーはつぎのようなことを平気でいうのである。

唯一の課題への集中「生死がかかっているかのように」宣伝せよ

唯一の課題への集中、不可能に見える必要や、課題を満すことが問題である場合には、例外なく、民族の全注意を、ただこの一つの問題に限って、統一しなければならない。しかも、その解決に実際、生死がかかっているかのように、注意されなければならぬ。ただそのような場合にのみ、一民族は真に偉大な仕事や、労苦を喜んで引き受け、また、それを行うこともできるに違いない。

この操縦法はかなりの困難が予想される。「その解決に実際、生死がかかっているかのように注意されねばならぬ」と言ったところで、そうたやすく生死がかかっているように人はなかなか思えるものではないからだ。

そこでヒットラーは、そうさせるだけの技術が必要だという。それは努力させる技術を彼等にあたえることである。努力は、個人の意志の問題である。努力するのになんで技術もあるものかと思えるのだが、足並みそろえて大衆を一つの努力にむかわせるには、やはり技術がなくては、かなわないようにも思えるのだ。集団的な耐乏生活という事例は、しばしばみかけるものだが、これなどは努力させる技術によって集団催眠をかけることなしにはできない。個人個人の意志に還元されてしまえば、努力などは途中でたちまち水泡に帰してしまう。

集団に努力を強いるには、彼等に一定の目標をあたえなければならないだろう。それには、「一つの課題」などという選択性のあるやりかたではだめで、つねに「唯一の課題」という非選択性でなければ、だめだというわけだ。その目標のあたえかたについて、つぎのようにヒットラーは言う。

集団催眠

大衆はある一定の範囲では目標に注意するだろうが、その行程はただ小さな区間だけ見通すことができるに過ぎない。それはちょうど、旅の目的地は同様によく知っており承知しているが、しかし、果てしない道を区分して、その一つ一つをあたかもそれぞれがまったく望む目標そのものであるかのように思い込んで前進した方が、よりうまくその行程を克服できるような旅人に似ている。ただ、そのようにしてのみ、かれは絶望せずになおも前進できるのだ。

唯一の課題への集中には、里程表をあたえねばならぬ

唯一の課題への集中がよいからといって、ただそれのみを言っても、なるほど努力すべき目的地は、はっきりするが、どう目的地にむかって進むべきなのかわからない。それでは、途方にくれてしまって、努力のしようもない。もっとこきざみな里程標ともいうべき目標をあたえて、その目標が努力によって届きやすいようにし、しかもその目標が「まったく望む目標そのものである」かのように思わせて、痴愚なる大衆をひっぱって、絶望させることなく、たえまなく努力を継続させるのが、国家なのだ、というわけだ。こんな風にヒットラーの政治論は、すべて宣伝技術論であると言っても過言ではない。

ヒットラーは、ドイツ帝国の崩壊の原因として、国民精神の売春化をあげている。すなわち文化の低下をあげている。

それは芸術のボルシェヴィズム化とつなげて彼は考えている。「われわれが今世紀になってからキュービズムだとかダダイズムといった総括的概念でもって知り合いになっている精神錯乱的、頽廃的人間の病的な奇形が、それらの国で国家的に公認された芸術として賛美されているのがみられるだろう。この現象はバイエルンの労働者委員会共和国の短かい期間にあってさえ、もう現われたのである。すでに、ここに人々はあらゆる公の広告だとか、新聞の宣伝図案などが、どれほどはっきりと政治的頽廃だけでなく、文化的頽廃そのものをも表わしているかを知ることができた」。

ダダイズムやキュービズムにたいするヒットラーの見解は、まちがっているものとは思えない。かなり適確でさえある。なぜなら、キュービズムやダダイズムの精神錯乱性や病的な奇形性は、そのまま時代の錯乱と奇形をいわば告発しているからである。ヒットラーは、そうなってはならないとして否定しているわけだが、ダダイストが時代の中に見抜いていたものと、ヒットラーが時代の中に見抜いていたものは、まったく同じものであったと思うのだ。ヒットラーがこれらを否定する

のは、芸術的保守性からというより、ダダイズムの背景にあるような社会の存在そのものを、ただ否定するだけでなくこの世からなくしてしまわねば人間はだめになる、という考えが土台になっている。キュービズムやダダイズムの芸術が台頭した時、その反国家的な振舞いにもかかわらず、ヒットラーの言うように国家的に公認されてしまった。芸術家たちも、公認されてはならないことを一つの反逆としてなしているにもかかわらず、その公認を受けいれてしまう。反芸術は芸術の裏返しであってはならないはずなのに、そのままぬくぬくと居坐ってしまう。もしくは居坐らされてしまう。

「時代遅れ」のおどし文句＝ボルシェヴィズムの策略

これにかんして、ヒットラーは、「わが国民の一部にこのさい、再び現われてきている臆病についても触れなければならない」と言い、「かれらはその教養、および地位からして、この文化的恥辱に反抗すべき義務があったと思われる人々である。自分たちの創作の精華を認めようとしてくれない人間をこの上ない激しさで攻撃し、時代遅れの俗物だとレッテルをはる、ボルシェヴィズムの芸術使徒連中の叫び声に対する恐怖だけから、人々はあらゆる真剣な抵抗をあきらめ、やむをえないと思われるものに適応したのである。人々はこれらの半バカや、山師どもから無理解をとがめられるのがまったく怖かったのである」とあからさまに文化信奉者の恥部をえぐりとってみせる。

文化信奉者＝無理解をとがめられるのが怖い

ヒットラーが痛罵するような文化信奉者の手をはらいのけなかったところにダダイストたちの性こりぬ芸術根性の悲惨さがあったのだと思う。これら「無理解をとがめられるのがまったく怖かった」文化信奉者のわかりたがり屋は、国家の中枢に根城するのであり、政策として、その危険な文化を、危険でない文化として丸がかえし、そのことによってその毒を抜きとろうとするのである。国家というものは、徹底的な弾圧にでられなかったならば、それを理解者づらして保護の手段にでるのである。これはいつの世でもおこなわれる政治の芸術にたいする際のイロハである。

骨抜きされたダダイズムとキュービズム

「頽廃芸術」
芸術は国家および文化理念へ奉仕することのみに存在する

そして、否定すべきものの政治的受容がいったんなされると、国家の忠僕である広告なども、ダダイズムやキュービズムを、この世の風俗と感覚として抱きこみ、ヒットラーの言う「あらゆる公の広告だとか、新聞の宣伝図案」に吸収されて、ぬけぬけとあらわれてくるのである。私はそのことを当然の現象だと考えるから否定はしないが、ヒットラーは「政治的頽廃だけでなく、文化的頽廃そのものを表わしている」と嘆くのである。「われわれはいたるところで、われわれの文化を遅かれ早かれ、破滅させるに違いない病的なこぶの始りとなる徴候にぶつかる。これらの病的こぶの中にも、われわれは次第に腐っていく世界の没落現象を見ることができる。この病気をもはや克服できないような民族に災いあれ」と呪いをかけることになる。

事実、それらの芸術は、ナチスが政権獲得後に頽廃芸術として血祭りにあげられる。「演劇、芸術、文学、映画、新聞、広告、陳列窓は、腐敗している世間の諸現象によるよごれを洗われて、倫理的な、国家および文化の理念に奉仕するものとされなければならない」とこの時すでに述べていて、この言葉は、のちにすべて実行されることになる。

世界の没落現象は、いまなお私たちの中にある。ナチスの勃興は、その没落現象にむかって、ドイツ国家主義の地点から、救いとらんとするところがあったことは、認めなければならないだろう。しかし、ナチスは滅亡したし、ナチスのような存在が突然現れでたところで、世界の没落現象はどうにもならないところへきていたことを証明したにすぎなかった。むしろ没落現象につかりつづけるという延引の方法によって、地球の滅びる日を待つよりしかないのだ、ということを思いしらされただけなのかもしれない。

それはともかくとして、旧ドイツ国の崩壊とその罪は、救われるかもしれぬ手だてをいっさい講じなかったことであるとし、それはヒットラー得意の宣伝論にむすびつけられていく。「政府の権威ある地位の人々は、宣伝の価値と本質については、ほとんどなにも知らなかったのだ。宣伝を賢明に、継続して使用すれば、国民自身に天国を地獄と思わせることができるし、逆に、きわめてみじめな生活を極楽に思わせることもできる。このことは、ユダヤ人だけが知っていたのであり、かれらはそれに即応して行動もしていたのだ。ドイツ人、より適切には、ドイツ人の政府は、その点について、ぼんやりした予感すらも、もたなかったのだ」ということになる。ここで誤解のないように言っておきたいことがある。ヒットラーの「天国を地獄と思わせる」とか「みじめな生活を極楽と思わせる」の言葉である。これは、宣伝のもつ力を言ったものだが、それは、『マインカンプの研究』（一九四四年刊）の石川準一郎のいうように宣伝とは嘘を言ってもよいのだという意味ではないということだ。

宣伝を賢明に用いれば、天国を地獄と思わせることができる。逆も可である

ヒットラーは、よく人間の力というものを知っているのである。対立するものはかならず循環することを知っているのである。つまり、たとえば、みじめな生活も、他人が見てそう思えても、本人はなにもみじめでないことがある。その場合、それはもはやみじめな生活だとはいえないと言うことだ。このようなことは、みな個人の考えかたの問題である。宣伝は、そういう人間の強さというものに、つけいって、しかも個人的にではなく、大量に一挙に人さらいしてしまう力をもっていることを言おうとしている。だから天国も地獄となり、地獄も天国となるのである。ある目的にむかって信念をもって進んでいる時、他人の目からみて、みじめなことも、本人にとってむしろ愉悦であることが多いからである。

都市は工場所在地であってはならない

この章では、記念的公共建物の重要性について述べている。かつての大都市は、つねに芸術所在地であったのに対し、今日ではつまらぬ工場所在地に堕落していることを非難している。

古代都市の特徴は私有建築物の中に見られるのではなく、短い時代を目的としているのではなく、永遠の目的のために建てられたと思われる公共の記念物の中にあった。なぜなら、その記念物によって、個人的所有者の富が反映されるのではなく公共の偉大さと意味とが反映されるべきであったからである。

記念碑的建築と英雄崇拝

今日、われわれが古代の世界の廃墟や荒廃した野原の中に、わずかではあるが、なおそびえている巨大なものを見て、驚嘆するのは、昔の営業のための立派な建物ではなく、寺院や国家の建築物であった。つまりその所有者が公共であったような建築である。晩年のローマの華美でさえも第一の地位を占めたのは個々の市民の別荘や立派な邸宅ではなく、国家の、したがって全国民の寺院、浴場、競技場、円形競技場、水道、公会堂などであった。

有言実行の書としての『わが闘争』

このような意見へ耳を傾けていると、彼はその観念をすべて第三帝国において実行しようとしたことがわかる。その意味では、『わが闘争』は、有言実行の書だったと言える。

「国家で第一にりっぱな建築物・国会議事堂には、ほとんどその半分も議会で同意されなかったのだ。いやそればかりか、内部を装飾する議案が大詰にきた時は、国会は石材の使用に反対投票して、壁を石膏で上塗りするよう命令した」と皮肉っている。「永遠」という時間の観念と「記念物」というシンボル観念が、建築物に対して、強くせせりでている。だが、ヒットラーの理念が、実行に移されたものとして在るナチス建築が、戦災を免れて、どれだけ遺物として天を摩しているかは知らない。残っていても悪夢の記念物として保護されているだろう。彼のいうローマの建築物も、永遠というよりは、悪夢として遺された経過をもつものなのかもしれない。もちろん、このヒットラーの記念碑的建築への志向には、英雄崇拝がひそんでいるのであり、「貨幣の神の下では、ヒロイズムに対する感受性など、ほとんど残っていないことに驚くこともない」と言っている。ヒロイズムはいつでも永遠を望むのである。

第十一章　民族と人種

この章には、宣伝にかんする部分をほとんどふくまないが、ユダヤ人にたいするヒットラーの憎悪の論理をみるには、よい章である。また相対して彼の「唯一の人種」たる人種優良論を聴くこともできる。「あらゆる世界史的事件は、よかれあしかれ人種間の自己保存衝動の表現にすぎない」などというのちの自らの行動を予言するような字句があちこちにちりばめられている。ただしここでは、ヒットラーが日本について考えていたことのみを引用しておこう。この部分は、戦前出版の飜訳書では省略されていたところである。悪宣伝の個所として官憲にチェックされたからだ。

「ヨーロッパの科学と技術が、日本の特性によって装飾された」

日本は自分の文化にヨーロッパの技術をつけ加えたのではなく、ヨーロッパの科学と技術が日本の特性によって装飾されたのだ。実際生活の基礎はたとえ、日本文化が――内面的な区別なのだから外観ではよけいにヨーロッパ人の目に入ってくるから――生活の色彩を限定しているにしても、もはや特に日本的文化ではないのであって、それはヨーロッパとアメリカの、したがってアーリア民族の強力な科学・技術的労作なのである。これらの業績に基づいてのみ、東洋も一般的な人類の進歩についていくことができるのだ。これらは日々のパンのための闘争の基礎を作りだし、そのための武器と道具を生みだしたので、ただ表面的な包装だけが、徐々に日本の存在様式に調和させられたに過ぎない。

今日以後、かりにヨーロッパとアメリカが滅亡したとして、アーリア人の影響がそれ以上日本に及ぼされなくなったとしよう。その場合、短期間は、なお今日の日本の科学と技術の上昇は続くことができるに違いない。しかし数年で、はやくも泉は水がかれてしまい、日本的特性が強まっていくだろうが、現在の文化は硬直し、七十年前にアーリア文化の大浪によって破られた眠りに再び落ちていくだろう。だから、今日の日本の発展がアーリア的源泉に生命を負っているとまったく同様、かつて遠い昔にもまた、外国の影響と外国の精神が当時の日本文化の覚醒者であったのだ。その文化が後になって化石化したり完全に硬直してしまったという事実は、そのことをもっともよく証明している。こうした硬直は、元来創造的な人種の本質が失われるか、あるいは、文化領域の最初の発展に動因と素材を与えた、外からの影響が後になって欠けてしまう場合にのみ、一民族に現われうる。ある民族が、文化を他人種から本質的な基礎材料として、うけとり、同化し、加工しても、それから先き、外からの影響が絶えてしまうとまたしても、硬化するということが確実であるとすれば、このような人種は、おそらく「文化支持的」と呼ばれうるが、けっして「文化創造的」と呼ばれることはできない。

日本人は文化支持的民族に過ぎない

日本を非難する時の常套の説と思いつつも、この予言的口調は不吉である。

大衆の国民化は、ヒステリーに駆り立てることによって可能になる

民衆の大衆化——大衆の国民化

ヒットラーは、大衆の国民化がいまのドイツにおいて必要だと考えた。それには彼等の心の扉を開かねばならない。「信念は知識よりも一層動揺させることがむつかしく、愛情は尊敬よりも変化をこうむること少なく、怨恨は嫌悪よりも永続的である。この地上でもっとも巨大な革命の原動力は、どんな時代でも、大衆を支配している認識にあるというよりは、むしろかれらを鼓舞している熱狂、また往々かれらを駆り立てたヒステリーの中にあった」。つまり大衆を熱狂させ、ヒステリーにするところまでもっていかないかぎり、大衆の国民化は不可能だと考えた。「大衆は自然の一部分に過ぎず、かれらの感情は、敵同士であることを望んでいると主張している人々の間のお互いの握手を理解しはしない。かれらが望んでいることはより強力なものの勝利とより弱いものの絶滅、あるいは弱いものの無条件の隷属である」と大胆にきめつけてかかるようになっている。角川文庫版では「自然の一部分」が「本能のかたまり」に改訳されている。

そしてその熱狂は、宣伝の内容と形式において大衆を適合させることであるとする。

もし、宣伝が素朴な表現法をやめたとすれば、大衆の感覚に通じる道を失ってしまう。それに反して、宣伝が言葉や身ぶりに大衆の感情や言辞のもつあけすけさを用いれば、いわゆるインテリから野卑で月並だと受けつけられないだろう。今日は道路清掃夫、錠前屋、溝掃除人を前に語り、明日は大学教授や、学生の聴衆の前で必要上同じ思想内容の講演をして、同じ効果をうることのできるような人間は、いわゆる雄弁家の中でも千人に十はおそらくいまい。

ヒットラー自身は、もちろんこの千人に十人のうちにはいるという自信をもっているのである。さらにその枠をせばめて、「だが、錠前屋と大学教授を同時に前において、両方の理解能力に一致

するだけでなく、両方を同じく効果的に感動もさせ、あるいは万雷のような拍手の嵐をまき起こすまでも酔わせるようなやり方で語り終えることのできる人間は、千人の雄弁家の中にもおそらく僅か一人しかいないだろう」といい、千人のうちの一人に自分のはいることをほのめかしているのである。

そして人間には発明はなく、発見しかできないという見解に立つヒットラーは、敵の教えから学ぶという告白をここでもしている。「社会民主党のみならず、マルクス主義運動全体に通じる強力な宣伝力は、大部分がかれらが呼びかけた聴衆の単一さと、それにともなう一面性に基づくものである。その場合、かれらの主旨が見たところ乏しければ乏しかったほど、いや固陋であればあったほど、それだけ一層容易に、その知的水準が主張されたことからの水準に対応していた大衆に受け入れられ、同化されていったのである」というわけだ。その発見からヒットラーはつぎのような結論を導きだす。「宣伝は内容と形式において大衆に適合されねばならず、その正しさはもっぱら有効な成果でもって計られなければならない」と。さらにキリスト教が偉大であったのは、自己の教義の厳格な、熱狂的告知とその弁護に基づくという彼自身の観察と発見を強力に押しすすめていくのである。

そうなるとヒットラー自身が、自らを神であるかのようにしむけざるをえなくなってくる。「あらゆる人間的なものの価値は、人物の価値の中にあること、またあらゆる理念およびあらゆる仕事はある人間の独創力の産物であること、さらに大立物に対する崇拝はただこの人物に感謝の意を表わすことだけに終わるのではなく、一つの帯でもって、感謝している人々を結んでしまうこと――以上のようなことをこの運動はけっして忘れてはならない」といい一種の宗教国家的な匂いがたちこめはじめている。

七人のメンバーではじまった国家社会主義ドイツ労働者党の集会は、はじめは惨憺たるものであったが、ビラから招待状、そして新聞広告へと伝達の方法をかえていくことにより、つまり複製の技術を借りて「十一人から十五人へ、遂には十七人、二十八人、三十四人」の聴衆へとわずかずつ増加していった。二百人、四百人と越え、そしてついに一九二〇年二月二十四日の大衆大集会には二千人の聴衆を集めるにまでいたった。

集会の予告は、ポスターとパンフレットで行なわれた。それらはつぎの観点のもとでつくられた。

ポスターの色は、敵を刺激するため赤を選ぶ

大衆への影響を考えること、少数の点に集中すること、同一のことを絶えず繰り返すこと、教義のテキストを疑いのない主張の形式にまで、自己に確信をもちまた自負心をもって要約すること、普及には最大の堅忍さをもち影響の期待には忍耐をもつこと等であった。色は原則として赤が選ばれた。赤はもっとも刺激する色であって、われわれの敵をもっとも烈しく憤慨させ、挑発し、そのことによりいずれにしても、われわれをかれらに知らせ、記憶させるに違いなかった。

このうちポスターは、官憲の手によって干渉を受け、禁じられてしまったのだが、「ホールは満員になるだろうか」という彼の杞憂ははずれ、第一回の大衆大集会は立錐の余地もなかった。「七時三十分きっかり開会の予定だった。七時十五分にわたしはミュンヘンのプラッツルにあるホーフブロイハウスの宴会場に入ったが、心臓はほとんど喜びのために破裂しそうだった」とその感激を語っている。

第二巻　国家社会主義運動

第一章　世界観と党

ヒットラーは、「民衆」なるものは、この世にあることは信じていたようだが、「大衆」は信じていないように思われる。「民衆」と、「大衆」の日本語としての差異も、感覚的にしか感じられないが、ドイツ語の概念としては、どうなのだろう。ヒットラーは、民衆の存在を認めているが、大衆を虚構の存在として考えているように思われる。しかし、ともかく彼は、民衆とその代表である議員を、きわめてカリカチュアライズして見ている。たとえば、議員に対しては、こうだ。

四年後、あるいは議会の解散がふたたび間近かになった緊張した数週間がつづくと、紳士方にはにわかに制御しがたい衝動が襲ってくる。地虫がこがね虫に変る以外に方法がないように、これら議会の毛虫どもは、大きな共同の人形の家を去って、羽をはやして親愛なる民衆のもとへ飛んで行く。……かれらはふたたび選挙民に演説し、自分がどんなに活躍したかをならべたて、他のものの悪意ある頑迷さについて語る。しかし無理解な大衆からは感謝の拍手のかわりに、しばしば乱暴な、実に憎悪にみちたことばを浴びせかけられるのである。民衆のこの忘恩がある程度まで高まったときには、唯一の手段だけが残る。

すなわち新たに政党に磨きがかけられる。綱領は改善される必要があり、委員会は新たに息を吹きかえさねばならないのだ。そしてまたはじめからペテンがくりかえされる。われわれは

民衆は、つねにペテン師を選ぶ

人間の度しがたい愚かさをみれば、その効果について驚くにあたらない。新聞にあやつられ、新しい魅惑的な綱領に目をくらまされて、〈ブルジョワ〉たると〈プロレタリア〉たるとにかかわらず、その無定見な選挙人は、またまたもとどおりになってそしてもとのペテン師を選んでしまうのだ。

民衆とは「度しがたい愚かさ」と「無定見」の存在である。この民衆を「大衆化」するのが、宣伝の力である

このヒットラーの観察は、ほとんど日本の国会議員と選挙民の関係にあてはまるだろう。民衆は、あたかもペテン師しか選ぶことができないと言っているかのようである。彼にとって、民衆は、「度しがたい愚かさ」と「無定見」の存在であるかのようである。こういう民衆を大衆化していこうという意識が、この観察の果てにある。実際は、この地点では、ほとんどその大衆化に成功せず、むしろ失敗しているのだが、ヒットラーは敗北の中に、かえってはっきりとそのことを確認しているところがある。

同志から大衆化していかねばならない

かくして議員と選挙民のいたちごっこから脱却するには、「政治的生活に一つの新しい選挙のスローガンを強要するのではなく、原理的な重要性をもった一つの新しい世界観が先頭に立っているのだという神聖な信念を、はじめから同志の心の中に目ざめさせることが必要である」という発想が生まれる。綱領主義の選挙スローガンよりも、新しい世界観を！　というわけだ。それも、民衆の大衆化からはじめるのではなく、まず同志の大衆化からというわけである。これを実行に移すには、宗教的ムード、信仰の魔術が、大きな力を発揮することをほとんど確信している。宗教と人間関係に留保をつけながら、彼はこう言う。

「疑いを許さぬ信仰の合法的な力を得ない間は、これらの個々の人々の批判的吟味のもとにあり、したがって肯定あるいは否定という動揺状態にあるものである。この疑いを許さぬ信仰こそ、まず

その手段として、「疑いを許さぬ信仰」をあたえる宗教的魔術がある

漠然たる神秘感ではだめである。「かたち」のある神秘感を演出しなければならない

団結とは、一つの信仰である

第一に、宗教的な根本的理念を認めることに突破口を開き、道をつくってやる闘争の原動力なのだ」

その信仰の対象にヒットラーは「民族主義」をもってきたわけだが、これを確固とさせるには明瞭な「形式」が必要であるとし、漠然たる神秘感の演出をほとんど否定しさっている。この形式をつくりあげ、同志をその中にはめこんでしまうには、「戦闘組織を軍事的権力手段という形で獲得したとき」だと言う。ヒットラーの「かたち」への意識と志向は、ここですでにはっきりしている。

さらに彼は言う。

この真理を自分一人では多少ともはっきりと感じており、一部のものはおそらく理解している数百万の人々の群の中から、一人の男があらわれて、疑問を許さぬ力で大衆の動揺している観念界から確固たる原則をつくりだし、自由の波のまにまにただよっている精神界から統一的な信念と意志をもった固い磐石のような団結が生じてくるまで、この原則の無比の正当さのために闘争をつづけなければならぬ理由がここにあるのだ。

団結とは、一つの信仰である。「疑問を許さぬ力」がそこに働いている。その力に「かたち」の所在の必要をヒットラーは見抜いているのであり、したがって、そこから民衆を大衆化させる発想が生まれてくる。

一般的世界観の範囲のきまらない、形のない素材の中からその中核理念を抽出し、それを多少ともドグマのような形に鋳直し、この明確に限定されたものによって、それを信奉している人びとを統一的にまとめていくことにとくにわたし自身の使命があると考えたのだ。いいかえ

「今やプロパガンダあるのみ！」――初期ヒットラーの宣伝活動――

のんびりデモ

ヒットラーがドイツ労働者党に入るや、それまでの手書きの会合通知を、タイプの案内書に変え、さらに新聞広告で大衆集会の予告をするまでに発展させた。彼は、十月のホーフブロイハウス酒場での集会で、十二人の観衆の前で初演説した。この集会では寄付金を募ったが、その後の集会からは入場料をとることを思いつき一九二〇年二月の集会では、二千人の聴衆を集めるに至った。そして四月には党名を国家社会主義ドイツ労働者党に変更し、ハーケンクロイツを党のシンボルとして採用した。

写真右はミュンヘンのビヤホール、シュテルンネッカーブロイにあったドイツ労働者党事務所。一九一九年。左はナチスの前身、ドイツ労働者党の一九二〇年一月のデモ。

初期のナチスはビヤホールの「シュテルンネッカーブロイ」の党事務所にはじまり、「エーベルブロイ」、食堂の「ドイッチェス・ライヒ」、「ホーフブロイハウス酒場」という風に、飲食店を集会の会場とした。場所と費用が無かったせいもあるが、大衆がくだけて憩う場所を会場化したことは、ヒットラーの宣伝の手柄だった。それは、政治集会の娯楽化をも意味していた。クローネ・サーカス場の大集会は、それをさらにスペクタクル化したものである。写真右は一九二三年十一月、ミュンヘン一揆のおこったビヤホール「ビュルガーブラウケラー」の演説会場。

髪は六四のヒットラー

暴力行進

一九二〇年のホーフブロイハウスの大集会は政敵との乱闘騒ぎとなったが、以来、暴力はナチスの大きな看板となった。一九二一年八月には「体育スポーツ局」という場内整理の暴力団を作り、まもなく突撃隊と改名された。無名を有名にするスキャンダリズムであった。同年秋には、テゲレンゼー街道上をトラック行進した。軍隊感覚の導入である。一九二二年十月には警察の禁制を破りユーブルク市街を八百名の突撃隊員が示威行進し、共産党と乱闘になった。一九二三年のミュンヘンでのナチス旗祭の時には、党員は一万人に膨れあがっていた。

テゲレンゼー街道のトラック行進（一九二一年）。

ユーブルク城頭の突撃隊員（一九二二年十月）。

ミュンヘン市内でのナチス旗祭（一九二三年春）。

ミュンヘン市内をデモ行進する突撃隊員（一九二三年春）。

血染めの党旗

ヒットラーとナチス党旗

ヒットラー自筆のスケッチ

突撃隊の制服は、一九二三年、ゲルハルト・ロスバッハとヒットラーがデザインしたものとされている。制服という隠れ蓑を着ることによって、突撃隊は、一段と強力な暴力組織となった。党旗、隊旗は一九二一年に採用されていたが、ミュンヘン一揆で血染めとなった党旗は、以後、同志の血によって浄められたるものとして、神聖視するようになる。

ミュンヘン一揆の失敗

一九二三年十一月八日、勢いとあせりの中にあったヒットラーは賭けにでた。ミュンヘンの郊外のビアホール、「ビュルガーブロイケラー」では、ライバルの政治集会が開かれていた。フロック・コートに拳銃を握ったヒットラーは会場に殴りこみをかけ、天井に向けて発射したあと、「革命が始まった」と叫んだ。ビアホールは、六〇〇名の突撃隊が包囲していたが、ことははかばかしく進展しなかった。ヒットラーは、「今やプロパガンダあるのみ!」と叫び、翌日、ルーデンドルフ将軍や党員とともに、将軍廟に向って行進した時、警官隊と衝突し、乱射を受けて、ヒットラーは逃げた。まもなく政治犯として逮捕され、ミュンヘン一揆は失敗に終り、十六名の党員が射殺された。写真上は突撃隊員に拘留された共産党市会議員。中央の鉄カブトにひげの男はヒットラーに似ているが違うらしい。「これで終りだ」と覚悟したヒットラーは同志たちと「ドイツよ、高き誉れに」を歌って行進を続けた(下)。

れば、国家社会主義的世界観の基本的思想の中から、本質的な根本特質をとりだし、実際の現実、時代、既存の人材および人間の弱点を顧慮して、そこから政治的信条をつくりあげたが、この信条はいまやそれ自身、大衆をできるかぎりがっちりと組織して把握することによって、民族主義的世界観の闘争を勝利に導く前提を形づくっているものなのだ。

大衆という素材を「多少ともドグマのような形に鋳直す」

ヒットラーの世界観とは、混濁して煮えくりかえった既に在る世界を一つの見地に立ってみる目から生れるのではない。

世界はまさしく彼にとって素材である。その素材は、「きまらない、形のない」ものであって、だから神人の傲慢をもつヒットラーはその素材、つまり大衆を、「多少ともドグマのような形に鋳直し」、一つの世界をつくりあげると主張する。

その素材の鋳直しにあたって、彼に必要なことは、「現実、時代、既存の人材および人間の弱点を顧慮」することである。

ヒットラーの政治的信条とは、宣伝的信条と言いかえてもよいものであったのだが、この信条をきいていると、宣伝とは、大衆にむかってその技術を駆使するところに、その要諦があるものとして前提することを、ヒットラーはしていない。はじめから大衆元素ともいうべきものは、「きまらない、形のない」ものとして、あるにはあるのだが、それにかたちをあたえ、鋳直し、でっちあげたものが、「大衆」である、と言いたげだ。かかる「かたち」でとらえる物の考えかたは、のちにゲッベルスが忠実に実行していく。

つまり「大衆」とは、つくりあげられたものであり、そうであるからには操作されるものである。だから大衆は「ドグマのような形に鋳直す」ことができるわけであり、すなわちそういった大衆とは、ヒットラーの言うがままになるロボットである。ヒットラーにしかつかいこなすことのできないロボットである。

そのロボットは、「人間の弱点」を素材にしてつくったのであり、その弱点が操作されることによって、強力なエネルギーを吐くロボットに変ずるのである。だから「ロボットつかい」とも言うべきヒットラーやゲッベルスがいなくなったらば、たちまち「大衆」はどろどろに融けてしまうわけである。

ということは、もともと「大衆」なるものは、どこにもいないということであり、存在しているものではなく、存在させられる影のようなものだ。私たちがいくら「大衆の一人だ」と威張ってみたところで、「大衆」ではないのである。

そういうロボットにむかってする政治宣伝は、操作の技術を忘れず、油をさすことを忘れないかぎり、必勝不敗のものとなる。

弱点で合成されている大衆人間

人間の「弱点」で合成されたこれら大衆は、まさにおのれたちの弱点を、操作されるものによって、気分よく撫でまわされることになるわけであり、それは、いい気持なので、従順なる犬になってしまうわけだ。政治宣伝とは、人間の弱点を攻撃することだ、という認識がヒットラーにはある。

この弱点攻撃を効果あらしめるためには、ばらばらに人間を野に放っておいてはだめなのであって、つまり民衆のままに放置してはだめであり、「大衆化」して、「できるかぎりがっちり」と組織化する、つまりロボット化して格納庫に整備しておくことが必要になってくる。その餌が、戦闘性である。このことを、さらにひっくり返して言うならば、ヴィルヘルム・ライヒの言うつぎのようなことになるだろう。

この大衆の組織化を成功させた理由は、大衆自身にあるのであって、ヒトラーの才能ではない。かれの宣伝が大衆内部に根をおろせたのは、民衆の、解放を恐れる権威主義的な構造のためである。この結果、ヒトラーの社会理論の重要性は、かれの個性にあるのではなく、かれが大衆から与えられた意味にある。問題は、ヒトラーが大衆を握った事実によっていっそう尖鋭的になる。大衆はかれの帝国主義の完成に協力したし、かれはかれで大衆を軽蔑していた。ヒトラーはぶしつけにこう云っている。〈民衆の気分は、いつでも上から与えられる世論に注がれるもののはけ口にすぎない〉(『ファシズムの大衆心理』平田武靖訳・せりか書房・一九七〇年刊)

第二章　国家

そういう世界観をもっているヒットラーにとって、国家は「まさしく内容ではなく形式である」、「国家は目的のための手段である」ということになる。つくりあげるもの、ドグマチックにつくりあげるものなのである。

その目的はなんにあるのかと言えば、「同種の人間の共同社会を肉体的および精神的に維持し、助成することにある」と言うのだ。つまりアーリア人種の世界をつくりあげるという幻想を行なうことが彼の目的であった。

とすると、ヒットラーがロボット化をはかった大衆の素材はまさに、アーリア人種であり、純粋ゲルマンをさすことになるわけか。彼は、どのような人種にも彼の宣伝の魔術が同時にかかってしまうこと、つまり雑煮になることをおそれていたということになる。

「もちろん、大群集はこうして形成されうるかもしれない。群居動物を人びとはつくりあげることができるだろう。しかし、文化担当者としての、なおもっと正しくいえば、文化の基礎をつくるもの、文化を創造するものとしての人間は、決してこういう混血からは生じないのだ」という極論に達するのであり、混血のロボットは、彼にはいらないということになる。そのためにも彼は血を純粋に保つなどという虚妄を狂言的に進行させていくのである。

青年は、もっとも秀れたロボットの素質をもっている

ヒットラーは、とりわけ青年たちに訴えかけていく。〃大衆〃をつくりあげていくには、青年たちはもっともよきロボットの素質をもっているからである。つまり弱点を強烈にかかえているのが、青年である。

われわれはなによりもまず、力強いおおぜいのわがドイツ青年に呼びかける。かれらは偉大な転換期の中で成長しており、かれらの父たちの怠惰と無関心がおかした罪に彼自身で挑戦するのだ。ドイツ青年はいつか新しい民族主義国家の建設主になるか、最後の目撃者として、ブルジョア社会の完全な崩壊、終末を体験するかであろう。

青年をまずたらしこむこと

ヒットラーは、青年をまずたらしこむことの重要さを知っているのである。かくして、青年の教育原則をうちたてる。「一般に精神的能力の前提が人種的な質という所与の人間の素質にあるように、また個人においても教育は、まずなによりも肉体的健康が注意され、助長されねばならない。というのは、一般的に考えれば、強壮な精神はただ健全で強壮な身体にのみ宿るからである」まるでクーベルタン男爵のようなことをヒットラーはぬけぬけと言ったあと、「天才が往往にして肉体的に不完全だったり、その上病身であるという事実は、この主張をなんらさまたげない。これは例外であって――どこでもそうであるように、例外なき規則はないのだ。だがもし一民族が大部分肉体的に頽廃しているならば、こういう沼からは、真に偉大な人物はまずでてこないだろう」と言訳めいたことを述べている。

いったい、ヒットラーは自分自身をどう考えていたのだろう。彼の姿はどう見たって、健全で強壮な肉体の持主だとは思えない。もっとも例外はあると言っているのだが、自分を正当化するためにそういい直したのではないかと、思われぬ節もないではない。

そうだとしたら、彼は自分を天才だと自認していたことになる。この『わが闘争』を書いていた時点では、天才を自認するだけの閃きを、まだしめしているとは思えないのだが、思うことの自由からすれば、すでにそう思いこんでいたのかもしれない。

健全な肉体に宿る精神は、暗示にかかりやすい

だが、大衆としての「青年像」を考える時、まさに健全な肉体に健全な精神は宿るなどと言わないわけにはいかないだろう。なぜならここでいう健全な肉体は、知識になど惑わされていない肉体をつくることであり、そこに宿る精神は、純朴であり、狡智なるナチスの手にかかっては、ひとたまりもない。すれていない心の持主を、スポーツ教育によって製造しなければならないのだとすると、ぶつぶつ理屈をいう青年たちは、ヒットラーの野望にとってまったく困りものとなる。つまり健全な肉体と精神をもつ青年とは、暗示にかかりやすい青年ということなのかもしれない。「疑問を許さぬ力」を実験できるのは、青年たちこそである。かくしてヒットラーはつぎのような結論に達する。

「民族主義国家は、これを認めて、全教育活動をまず第一に、単なる知識の注入におかず、真に健康な身体の養育向上におくのである。そのときこそ第二に、さらに精神的能力の育成がやってくる。だがここでも、その先端には人格の発展、とくによろこんで責任感をもつように教育することとむすびついている意志力と決断力の促進があり、そして最後にはじめて学問的訓練がくるのだ」。

「運命を決する困難な闘争」では、知識のあるものは、かならず敗れる

そのばあい、民族主義国家は、次の前提から出発しなければならない。すなわち、実際に学問的教養はさしてないが、肉体的には健康で、善良で堅固な性格をもち、欣然とした決断と意志力にみちた人間は、才智にめぐまれた虚弱者よりも、民族共同体にとってはより価値があるということだ。物識りからなる民族は、もし彼らが、そのばあい肉体的に堕落し、意志の弱い、卑怯な平和主義者であるならば、大空を征服することはもちろん、この地上に生存を確保することもできないだろう。運命を決する困難な闘争においては、知識のないものが敗れることはほとんどなく、かえっていつも知識があるために最も弱気の結論をひきだし、その結論をいやいやながら実行にうつすものが敗れるのだ。

ここでも、ヒットラーの知識への呪いがあいもかわらず繰り返されているのだが、彼は知識そのものを否定しているわけではないだろう。知識が肉体の行動におよぼす腐蝕性を否定しているのだろう。これから彼が支配していこうとする青年たちの精神と肉体に、この知識の毒がまわっていくことは、彼にとってまさにタブーであったのだ。知識をかれらがもつことは支配の敵になることなのだ。彼が称揚する「肉体的には健康で、善良で堅固な性格をもち、欣然とした決断と意志力にみちた人間」とは、まんまとヒットラーの思うがままに、機械のように忠義を尽す青年たちのことなのである。催眠術にかかりやすい青年たちのことなのである。

とはいえ、ふとこんな疑いがよぎるのだ。からっきし健全そうにもみえない肉体の持主であるヒットラーや、ぎすぎすのゲッベルスをみて、彼らの「腐った肉体は輝かしい精神をふきこんでも、まったく美しくならない」などという演説を、青年たちはそのまま信じることができたのであろうかと。そんな疑いをさしはさむ余裕をあたえぬほどに、彼らの催眠術は完璧だったのであろうか。多分、

ヒットラーの「ボクシング論」

そうにちがいない。

民主主義国家では、学校教育において、「身体的鍛錬のためにずっと多くの時間をさかねばならない」と言ったあと、ヒットラーは妙なボクシング論を展開する。

これぐらい攻撃精神を助長し、電光石火の決断力を必要とし、肉体を鋼鉄のように鍛えるスポーツはない。……

二人の若い人びとが意見の相違を……拳で争って結着をつける方が粗野でないのだ。攻撃をうけたものが、その攻撃者からにげ出して警官のところで非をならすかわりに、みずからを拳でまもることは、下品でない。……

だが若い健全な少年はまず第一に、打たれるのをたえることを学ぶべきである。

……男性たることを自負する男子とこういう男を世に送りだすことのできる女が、民族主義国家の理想なのだ。……

わが全上流知識階層が、ずっと前から上品な礼法の習得ばかり教えられず、そのかわり徹底的にボクシングを学んでいたならば、娼婦のヒモや逃亡者やこれに類したならずものによってドイツの革命がなされるということはけっしてありえなかったであろう。

彼のボクシング論は、人間が失いつつある攻撃本能をみがくことをすすめているようなところがある。かえって逡巡狐疑の動揺をあたえがちな知識こそが、その本能を鈍磨すると言いたげだ。

ヒットラーはドイツ軍の教練の成果にたいし、やたら好意的に見ようとしている。

「自己の優秀さに対する暗示的信念」

肉体的に丈夫だという確信があると、いかに自己の勇気が助長され、攻撃精神がわいてくるかは、軍隊をみればいちばんよくわかる。軍隊にもともと英雄ばかりいたわけではない。普通の平均の人間がいたのだ。だが、ドイツ兵の平時におけるすぐれた教練がこの巨大な組織全体に、われわれの敵でさえ信じられないぐらいに、自己の優秀さに対する暗示的信念を植えつけたのだ。……

一九一四年盛夏から秋にかけての数ヵ月間に、掃蕩しながら前進するドイツ軍を不滅の攻撃精神と攻撃勇気に導いたものは、長い長い平和の時代に、しばしば弱い肉体をもっているものの中から信じられぬぐらいの能力をひき出し、最大の激戦のすさまじさの中でも失なわれない自信を養成した、倦むことなき教育の結果だったからである。

などと自らの実戦の経験の中から、そんな意見をひきだしている。教練における肉体教育こそが、「自己の優秀さに対する暗示的信念を植えつけた」と言うのだ。自信をもつという自己暗示こそが、弱い肉体をさえ強い肉体に思わせるのだから、まして強い肉体にはじめから鍛えておけば、自己暗示はより一層の力となってはねかえるだろうと言うわけである。

それゆえにヒットラーはつぎのような結論にやすやすとたどりつく。「今日、崩壊して他国の人びとの蹂躙に委ねられているわがドイツ民族こそ、自信の中にある暗示力を必要とするのだ」と。肉体さえ健全であるなら、自己催眠は楽に可能であると言うわけである。「自信をつける」ということを、ヒットラーは「自己暗示」と解釈しているのである。だからヒットラーにとって、自信をもつにいたった青少年こそ、赤子をひねるように手玉にとることができる絶好の素材となる。ヒットラーが暗示にかける前に、むこうでさきにかかっているのだから、彼の催眠術は完璧なものとな

青年では遅すぎる。幼児から暗示にかかりやすい肉体に鍛えておかねばならぬ

る。ヒットラーの貧しい肉体に言行不一致として疑問をさしはさむものはいないだろう。そういう暇をあたえないのである。

その自己催眠をより完璧ならしめるためにも、青年の肉体教育は必須のものになってくるわけだ。「この自信は、すでにこどもの時から若き同胞に引き入れねばならない。すべての若い同胞の教育や訓練は、自分たちが他のものより絶対にまさっているのだという確信を与えるようにはからればならない」と青年どころか、幼児からの自信をうえつけるための訓練の必要を彼は主張するのだ。

この肉体教育につづいてヒットラーが重要視するのは、人格的訓練である。

誠実、献身、沈黙の三つをあげている。

こどものときから苦しみや侮辱をも黙って耐え忍ばねばならないときがいつかはあるのだ、ということを教えるのを教育が忘れたならば、後日の危機に対して、たとえば、いつかその男が前線に行ったときに、すべての文通がおたがいにただ愁訴哀泣の手紙を助長するのに役立ったとしても、驚くにあたらないのだ。

ドイツの少年たちが、学校で知識をつめこまれるよりも、そういった自制心を学んでいたならば、第一次世界大戦でドイツは敗けることはなかったとさえ言う。

しかしながら、こういう言いかたをきいていると、ヒットラーというのは貧乏性なんだな、と思わないわけにはいかない。というのは、たしかに強い人間、苦難にも耐えぬく人間はできるかもしれないが、こういう人間には余裕がない。いつでもピリピリと緊張していなければならない。緊張というのは、肩は凝っても自己充溢であるが、その糸が切れた時、それこそ無惨なものとなる。

ロボット青年の画一化された性格

「誠実・献身・沈黙」

「意志と決断力」

「責任感」

ファシズムの敗北の根は、人間の神経の緊張を操作しすぎたところにあったとも言えるのである。いずれ人間は、その緊張に耐えられなくなる。緊張の爪は糸を切って、地上の泥水の中へ落下する。

人格的訓育として、「誠実・献身・沈黙」の他に「意志と決断力の養成」「責任感の養成」をあげ、学校教育の原則として頭脳の過重負担はいけないことをしきりに強調する。ヒットラーは、自分自身をかえりみて、そう強調しているのかもしれない。ヒットラーがもし優秀な学生であったら、けっしてこのようには、ざっくりと知識の愚昧性を見抜く力などもてなかったかもしれない。

さらに人格的訓育の一環として忘れずに言っていることは、人種問題である。人種意識は青少年の時から注入されねばならぬと言うのだ。

民族主義国家・全陶冶・教育活動は、その頂点を教育に委ねられた青少年の心と頭脳の中で、人種的意識と人種的感情を、本能的にも知性的にも燃やすことに見いださねばならない。男児たると女児たるを問わず、血の単一性の必要と本質について最終的な認識を得ないで学校を出してはならない。

というのである。ニグロが弁護士になったという奇蹟的調教を知って驚き、人間の平等の理論の正しさを信じこむような教育をけっしてしてはならない、というのだ。ホッテントットが知的職業にまで調教されたとしても、知識などというものは芸にすぎないのだから、プードル犬に芸を仕込むのと大差がない。こんなものに感心してもなんにもならない。この知識の芸には生命がない。不毛の知識を叩きこんだだけのことであり、そんなものは「犯罪者的荒唐無稽さ」だというのである。

当然、ヒットラーは、青少年の服装についても言及している。服装が、「疑問を許さぬ力」に寄与するもの大であることを知っているからだ。

青年のばあいこそ、服装もまた教育に役立たせねばならない。夏に長いタイト・ズボンをはき、首まで上衣をきこんだ青年は、そんな服装をするだけですでに身体の鍛錬に対する動因を失っているのだ。

服装は青年の支配に役立つ

というのは、野心——おだやかにいうなら——自負も、引き入れられねばならないからだ。これは、誰でも買いうるというのではない美しい服装へのうぬぼれではなく、すべてのものが形成に助力してできる美しい均整のとれたからだに対するうぬぼれである。

ここには、すこし嘘がある。「美しい均整のとれたからだに対するうぬぼれ」からではないように思われる。服装があらゆる人間の個々の肉体を隠しこみ、一つの均一性の中に欠点を隠しこみ、それが自信と野心をひきおこし、自他ともに「疑問を許さぬ」状況へ投げこむ力を服装はもっているからである。

そして学校教育の総仕上げは、軍隊ですべきであると結論する。また知識が、いかに意志力や決断力の敵であるかをヒットラーはしつこくここでも言っている。

世界大戦に対する政治準備や技術的軍備は、わが民族の教養のすくない頭脳の持ち主が統治していたからではなく、むしろ知識と精神はいっぱいつめられているが、健全な本能に欠け、エネルギーと大胆さに欠けていた、教育のありすぎる人が統治者であったがために、不足したのだ。わが民族が哲学する弱虫の政府のもとで生存をかけた闘争をたたかわねばならなかったのが、一つの悪運だったのだ。

ヒットラーの大衆のドグマ化は、肉体の単一化に向うから、スポーツ原理が適用されるのは、当然だとも言える。知識は、迷いの種だということになる。この知識排除は、大衆化を企てるヒットラーの宣伝術にとって、最大の温床となる。

だが知識をヒットラーは、完全に否定しているわけではないようだ。「民族同胞の全体の中から最も能力ある頭脳の持主を引き抜いて、そして官職や高官につけることが課題なのだ」とも言っているからである。「創造的な仕事自体は一般に能力と知識がいっしょになったときにできるものである」と考えているからである。この「創造的な仕事」というものは、具体的にどのようなものをさすのか曖昧なのだが、そういう人間を引き抜いて育ててこそ「死せる知識の代表者の層から国民の独創的指導層が育成しうる」と言うのである。

それでは、そういう独創的指導層とは、いったいなになのか。ヒットラーの小型版の育成ということなのか。一握りの幹部だけのことか。彼の原理で言えば、たいていの青年には知識よりも肉体を要求するわけだから、それらの青年たちを、思うがままにエネルギーにかえる力をもつヒットラーのロボットこそが、独創的な指導層、つまり能力と知識をいっしょにすることのできる層ということになるのであろう。

第三章　国籍所有者と国家の市民

第四章　人格と民族主義国家の思想

あらゆる発明は、「人間の生存闘争を容易に行なう補助手段」であると彼はみなす。人間には発明などというものはないとヒットラーの言葉に反するようだが、いわゆる物質的発明と区別しているのだろうか。「まったくただ一人の人間が作りだしたものと思えるのである。大衆が発明するのではない。そして大衆が組織を作ったり、考えたりするのではない。あらゆることにおいてつねにただ個々の人間、個人がなすのだ」とヒットラーは言う。だとすると、別に物質的発明のみを語っているのではないらしい。こういう矛盾は、ヒットラーのおハコであって、それを指摘することは、愚かなインテリ以外のなにものでもないというわけか。

民族共同体という組織の最高の課題は、このような発明者を「大衆の上におき、大衆をそういう人の下に従属させようとする努力の具体化したものだ」と彼は断言する。ヒットラーは、大衆の個々の力を認めないにもかかわらず、その代りエリートの存在を認めていたことがわかる。つまり才能主義である。

そのばあい人類に対する祝福は、決して大衆の中にあるのではなく、創造的な頭脳をもつ人びと、したがって実際に人類の恩人ともいえる人にもとづいているという根本原則から出発しなければならない。

ヒットラーが、この「創造的な頭脳」をもつ一人であると自認していることは言うまでもないのだが、さてその大衆に君臨する頭脳の持主は、どのように選抜されるのか。いわば、これはジャングルの思想である。このジャングルの思想に、彼の天才理論が結びついているのである。

政治的頭脳の持主もまた突然に『発見される』ものではない。ずば抜けた天才のばあいは普通の人間とは話がちがう。……

多数決はなく、ただ責任ある人物だけがある。……もちろんすべての人びとには、相談相手というものはある。だが決定は一人の人間だけがくだすのである。……

峻厳な生存闘争自体が行なうのである。多くのものは挫折し、没落し、……少数のもののみが最後に選ばれたものとして現われるのである。

第五章　世界観と組織

ヒットラーにとって兵士とは、なにか。

厳格な規律を守ることや、自己の本分たる正義と力を熱狂的に確信することや、そのために完全な態度をとることを教育されている人間素材である。

それ故に教育とは、ヒットラーにとって「正義と力を熱狂的に確信する」素質を兵たちに附与することなのである。「ある軍隊の個々の兵士が教養や見識だけをとってみたばあい、例外なく将軍

兵は、大衆化の最終的「かたち」である

なみであったならば、役に立たないだろう」というわけだ。あくまでも兵は、ロボットのように教育されねばならない。

兵は大衆であると言いかえてもおなじである。兵は大衆化の一つのかたちである。

組織の本質には、最高の精神的指導者に、数多くの非常に感激しやすい大衆がつかえるときにのみ、成立しうるということがある。まったく同じ知的能力をもつ二百人の人間の団体は、百九十人の知的に劣った能力をもつものと、十人のより高い教養をもつものからなる団体よりも、結局は、訓練することがいっそう困難だろう。

とヒットラーは言うが、この「非常に感激しやすい大衆」へと仕上げていくのが、政治宣伝であり、その宣伝効果をあげるには、下地としての教育が肝腎なのだということである。ヒットラーは、自分の言葉で語ること以上に、指導者と大衆の関係の意味を官能的なまでに知っていた。たとえばヴィルヘルム・ライヒの次の分析は、彼の官能の中に呑まれてしまっている。

重要なのは、大衆の成員と〈指導者《フューラー》〉の同一視である。人間が無力感を育てるにしたがって、かれと指導者との同一視の程度を強化し、ついには幼児のような無力感が、指導者との一体感情をつくりだすに至る。この同一視傾向は、民族的な自己愛、すなわち〈国家の偉大さ〉との同一視に根ざした自信の心理的基盤である。反動的な中産階級の人間は、おのれの内的なる指導者を発見し、権威主義的国家を信じて疑わない。この同一視の上に立って、自分こそ〈国家〉の守護者であると錯覚し、さらにはこの同一視の上に立てばこそ、かれが個人主義的態度を育てた〈大衆〉を軽蔑できるのである。かれの経済的・性的貧困が、〈指導者〉という刺激的な観念と指導者精神に溺れきってしまう。つまりかれがお人好しのつまらない無批判的信奉者にすぎないのを忘れさせてしまう。

こういう分析は、ヒットラーと民衆の行動の前にはいつも無力であり、後の祭りである。

第六章　初期の戦争——演説の重要性

ヒットラーは、集会活動の主な負担をほとんど一人で引き受けていた。一九一九年一一月一三日から一九二〇年一一月二四日の間に開かれた四八回のナチス党集会のうち、彼は三一回しゃべり……。

とヴェルナー・マザーは『ヒットラー』の中で報告している。大衆集会の彼の計画にたいしては、党は否定的だったが、それをあえて押し切った彼としては、ひとりしゃべりまくらねばならなかったという事情もあっただろう。

この時から、きちんと入場料さえとっているが、聴衆の二〇%から三〇%は、女性であったらしい。ヨアヒム・フェストの『ヒットラー』によれば、彼が演説の魔力を知ったのは、一九一九年十月十六日の党最初の公開集会の時からであるらしい。

ヒットラーはこの三〇分間の演説のときに内面での激しい力、つまり勝ち誇るような自己開放が行われて発汗し、陶酔し、そして虚脱する状態をはじめて経験したのであった。……ヒットラーはこの自己実証欲にかられて何度も演壇に登り、かつて経験した激しい充足感を求めたのである。

どうやら、ヒットラーは、人を自分の演説によって感動させるよりも、むしろまず自分が陶酔する魅力を発見することから、出発したとみえる。

演説家としてのヒットラーは定評のあるところだが、はじめからうまくいっていたわけではなかった。演説の中で、ヴェルサイユ条約を批判しようものなら、群衆は、猛烈な野次をとばし、演説者は立往生しなければならなかったらしい。

大衆は次から次へと、声がかれるか、演説者がついに説得することをやめるまで、わめくのだった。こういう群衆に対しては、絶望のあまり頭を壁にうちつけてしまいたいぐらいだった。

とヒットラーは泣き言めいた回顧をしている。どうしてこのような野次がおこるかと言えば、「マルクス主義的破壊工作と毒化宣伝が、これらの人々からあらゆる理性をとりさっていた」からである。人々は、平和条約による民主主義の成果が今日の平和だと考えていたから、この条約を否定するヒットラーたちの演説は、受けいれられずに、むしろ相手の毒化宣伝の成果に押しつぶされてしまう場面にしばしば出喰わしたのである。理性は、ヒステリーとは乖離するはずだが、どうやら敵に対しては、民衆に理性を保ってほしいらしい。

ここで壁にぶつかったヒットラーの考えたことは、つぎのようなことであった。

> 原理的問題について全体の世論が誤った態度をとっているばあいには、人気だとか憎悪だとか、あるいは闘争とかを顧慮せずに、いつでも世論に抵抗する態度をとってきた。国家社会主義ドイツ労働者党は、世論の捕吏であってはならず、世論の命令者にならねばならなかった。国家社会主義ドイツ労働者党は、大衆のしもべではなく主人になるべきなのだ。

という確認である。

世論の命令者

この当時、ヒットラーの判断によれば、優勢な反対者であるマルキストが「かれの誘惑技術によって民衆を狂気のような決断や、あるいは誤った態度をとらせることに成功」していた。その誘惑技術というのは、彼等の政治宣伝であったわけで、ヒットラーはまざまざと政治宣伝の力を目の前にみたわけであり、それに対抗するには、自分たちの党の運動がその「人工的に煽動された一般的潮流に入りこまないために、あるいはもっとよくいえばこの潮流に押し流されないために、このうえもないエネルギーが必要であった」。

もっとエネルギーを　マルクシズムの誘惑と狂気の技術にまさる人工的煽動を!

そのエネルギーとは、やはり、なにかと言えば、彼等の人工的煽動を凌ぐだけの新たな人工的煽動をつくりだすことであったのだ。毒には毒は、彼の論法である。ヒットラーの党を粉砕しようとかかる「民衆の狂気に対立したのだ」と彼は広言してはばからないが、結局は新たな民衆の狂気をつくりだしたということである。

> 二時間にわたり、二千から三千人に対して？　かれらがいままで確信していたものから引きあげてやり、一撃一撃とかれらのいままでの認識の基礎を破壊し、そしてついにかれらをわれわれの信念や世界観の土台にまで導いてやることがわたしの仕事であった。

ということは、新たな民衆の狂気を作りだす作業にとりかかったことにつながっていくのである。つまり、ヒットラーの演説は自己陶酔は別として、対他人への効果としての演説そのものは、最初から暗礁にのりあげたところから出発している。演説をもって聴衆を納得させることよりも、演説そのものを妨害されることではじまっていたのであり、その妨害をどうとりのぞくかということのほうが急務であったのだ。

その妨害のありかたが、一定のルールにしたがっていることを、まず彼は見抜く。

「われわれの相手は、特に討論する演説者のばあいには、一定の脚本をもってあらわれる。そこにおいてはわれわれの主張に対する反駁がくりかえしてなされる。この過程がいつも同じなのは、目的を意識した統一的訓練があることを示しているのだ。実際にそうだったのだ。われわれはここで、相手の宣伝が信じられないぐらいに訓練されていることを知ることができた。この宣伝を常に無効にしたばかりではなく、ついには宣伝の首魁すらもたたきつける手段を発見したことを、わたしは今日でも誇りに思っている」と言うにいたる。妨害することも宣伝であり、その妨害を破ることも宣伝であると考えていることがわかる。そこでその妨害宣伝を無効にする具体的な手段とはなんであったか。それはこうである。

妨害することも宣伝である。相手の妨害を破ることも宣伝のうちである

どんな演説のときにも、討論のさいにでてきそうな相手の異論の内容や形式を想定して、まえもってはっきりしておき、そしてこれをさらに自分の演説の中で、手まわしよく、残るくまなくやっつけることが重要であった。でてきそうな反駁自体をいつもただちにあげて、そしてその根拠の薄弱さを示すことが、そのばあい有効であった。聴衆は、たとい教えこまれた異論でもっていっぱいつまっていても、その他には正直な気持がでてくるものであるから、かれらの記憶にきざみこまれた疑念をまえもって解決しておくことによって、比較的容易にかれらを獲得した。かれらにたたきこまれたものはおのずから論駁され、その注意はますます演説に引きつけられたのである。

さてそれでは演説の内容は、どうあるべきか。これまた大衆というものをどうとらえるかにかかってくる。

大衆は、自分の望んでいるものが書いてある本しか手をださない

大衆というものは不精なもので、古い慣習の軌道にはまって動こうとせず、そして自分の信じているものに応じなかったり、自分の望んでいるものを書いていなかったりすると、自分自身からは好んで何か書かれたものに手を出さないということがある。それゆえ、一定の傾向をもった書物は、たいていはすでにこの傾向に属している人によって読まれるだけである。

この言草は書物がいかに宣伝に効力をもたないかの力説であり、ブルジョアジー陣営のやり口が、演説によって煽動的な活動をすることなく、文筆活動にのみ没頭し、大衆への影響力を失ってしまっていることへの侮蔑でもあった。演説者は、聴衆の顔からその反応をうかがうことができるのに対し、文筆では読者の顔を想定することができず、そのため論述も一般的にならざるをえない。ヒットラーの論法でいけば、大衆は女性なのだから、具体性を帯びて、はっきりと「かたち」のないものはだめなのである。そこでこう言う。

――パンフレットかポスターがその簡潔さによって、意見の異なる人々のばあいにも注意を一瞬――

パンフレット・ポスター・フィルムの宣伝的一撃性

間ひくことを考えることができる。フィルムを含めたあらゆる形式の像が、もっと大きな効果をもつものである。それゆえ多くのものは、相当に長い書物を読むよりも、むしろ具象的な表現を受けいれる用意ができているのである。像というものは、人間に、かれが書かれたものについて長いことかかってやっと読んだものから受けとる解明を、ずっと短時間に——一撃でといってもいいぐらいに——与えてしまうものである。

演説も影像効果である

しかしここで彼は、活字よりも影像の力を強調しているのだとばかりとらないほうがよいだろう。それはその通りなのだが、「像」というものの強さを言う時、ポスターやフィルムのことばかりをさしているのではなく、演説についてもいっているのだと言うことである。

演説は、像なのである。書物の執筆のように、一般性にむかって言葉が語られたりしないために、本人の像がうしろへ退却してしまうことはない。演説はいかに一般性をその言葉にこめようとも、どうしたって演壇には一人の人間の像が立っているのであって、人々はその言葉だけをききとることはなく、その言葉を吐くその人そのものの像も受けとめざるをえないということなのである。

偉大な天才的な民衆の演説者であるならば、同じ主題や同じ題材を二度と同じ形式でくりかえさないであろう。その時々の聴衆の心に降るために必要なことばが、その場で感情に合して流れ出すように、つねに大衆によって動いていくに違いない。けれども、かれがもし少しでも間違っているならば、いつでもかれの目前にはいきいきした訂正があるのだ。

このようなことが可能なのは、演説する彼自身が聴衆にとって像であるからであり、彼の面前にも聴衆という像があるからである。
像は思考を許さないで、そのままずばりと人々のふところにとびこんでくる。だから聴衆は間髪いれずにその像への好悪を決定するより、しかたがない。この直截性を生かした演説者は、自らの像を「好悪」のうちの「好」にのみ集中的に変換させなければならない。それが演説の技術である。聴衆の像が、眼前にみえるのであるから、秀れた演説者であるならば、自在にわが像を好転させることができるだろう、とヒットラーは言っているのではあるまいか。聴衆の表情について、彼はつぎのようにいう。

演説者は、自らの像を、観衆の「好悪」のうちの「好」にのみ集中させなければならない

演説者は聴衆の表情によって、かれが第一に自分がいったことを理解したかどうか、第二にかれらが全体についてくることができるかどうか、そして第三にどの程度まで提議したものの正しさについて確信したか、ということを読みとることができる。

これは、演説者が、聴衆を目の前にすることができるからである。もっとも、このような読心術は、演壇の前にいる聴衆の顔を熟視することからは生まれないだろう。読心術とは、気配を読みとることである。これならば、自己陶酔していても、読みとることができる。自己陶酔は一種の盲目状態だが、気配を読みとる目は活動をつづけていることはできる。つまり気配とは、その人そのものの全体をふくむものであって、心も肉体もその全体としての中にあるのであって、それらが分離しているわけではない。だから、そういう分離をおこなわせないという意味で、読心術は、たよりになる。精神と肉体を腑別けしたところから、ようやくおもむろに結論を下す心理学は、このような演説会ではまにあわない。それではその大衆の気配を感じとったヒットラーは、つづいてどのよう

聴衆の顔を読む、つまり気配を読む

な処置にでるのか。

第一に——かれは、聴衆が自分のいったことを理解しないと見たならば、かれは、最も劣等なものでさえも理解できるにちがいないぐらいに、その説明を単純に平易にするだろう。第二に——かれは、聴衆が自分についてくることができないと感じたならば、みんなの中で最も頭の弱いものすらとりのこされない程度に、自分の思想を注意深く徐々に組みたてる。そして第三に——聴衆が自分の提議したものの正しさを納得していないように思えるかぎり、これをたびたび、つねに新しい例をくりかえし、また口に出さないまでも感じとれる聴衆の異論は、自分からもち出して、ついには最後まで反対するグループさえも、かれらの態度や表情によって、自分の論証の前に降服したと認められるまで、反駁し、粉砕するのである。

演説の内容は、最も劣等なもの、最も頭の弱いものの理解を基準に置く

切り換えの術

このヒットラーの態度切り換えの論をきいていて思うことは、その執拗さである。だいたい人間というものは、なまじ相手の気配を読みとってしまったりすると、かえって弱いものである。その読みとった気配に、ひきずられていくものだからだ。したがって、何も要求してもいないのに、自ら縄をかけて相手のまえにあらわれ、相手にむしろ共調し、共調しつつその中に自分をまぎれこませるといった中途なものになりがちである。ヒットラーは、そのような切り換えのぶざまさを、けっして演じない。自分へ、自分の党のほうへと専らにひきずりこむため、その切り換えを計る。執拗に敏活にだ。

なぜこのようにも執拗で、しかもその切り換えが敏活であるのか。敏活でなければ、聴衆の情に押しきられてしまうからである。演説は破産に瀕するからである。

人間というものは、知性に根拠をもたず、たいていは無意識にただ感情によってのみささえられた先入観にとらえられていることがまれでない、ということが問題である。こういう本能的な嫌悪・感情的な憎悪・先入的な拒否というような柵を克服することは、欠点のあるあるいは誤った学問的な意見を正しくなおすことよりも、四倍も困難である。誤った概念やよからぬ知識というものは、啓蒙することによって除去することができる。だが感情からする反抗は断じてそれができない。ただ神秘的な力に訴えることだけが、ここでは効果があるのである。そしてそういうことはつねに文筆家にはできず、ただ演説者だけがなしうるのである。

演説は、演説者の像があるゆえに、感情にかきまわされやすい聴衆の頑迷さも、その像がもつ神秘的な力の前には、溶かしてしまうことがある。演説者がみなそのような神秘的な力をもってるというのではなく、神秘的な力をもった演説者は、そうできるということだ。本能的な嫌悪、感情的な憎悪、先入的な拒否を除去できるのは、像としての演説者の神秘性だけだ、ということなのである。文筆家はこの神秘性をもつことはできないのだと言う。

それでは、マルキシズムの連中はどうなのか。あのように大衆に深く浸透したのは、カール・マルクスの著作のせいではないのか。こういう疑問は、皮相であると、ヒットラーは答える。

大衆に対し驚異に値する力を与えたものは、決してあのユダヤ人の思想活動の形式的な文字で書かれた著作物ではなく、むしろ幾年もの間に大衆をわがものにした演説による巨大な宣伝の波である。十万人のドイツ労働者のうちこの著作物を百人も知っていない。この著作物は以前から、多くの下層階級からでてこの運動に実際に関与しているものよりも、インテリ、特にユダヤ人によって千倍も研究されたのである。しかもそのうえこの著作物は、大衆のために書かれたものではなく、もっぱらユダヤ人の世界制覇機関の知的指導のために書かれたものなのだ。

と喝破する。『わが闘争』もそうだと言わんばかりに。しかしまさしくその通りなのであって、あの難解な『資本論』を、もしマルキストのすべてが読破していたとしたら、共産主義は今日、これだけの根をおろすはずはない。ただ彼等は、マルクスの著作をけっして読むことをすすめなかったが、新聞を利用した。

新聞によって知らぬまに、人々はマルクスの要点に染っているのである。かつて私はマルクス・エンゲルスを読んでおくべきだと思い、いくつか手にとったことがあった。その時驚いたことは、あまりにも既知のことがそこに書かれすぎていることであった。つまり、マルクスらの著作を手に染める前に、知らぬまに染っている部分があったということである。私の経過した学校教育や新聞・雑誌を読んできた量の中に、それらがいかにまぎれこんでいたかということであった。

それらの新聞による焚きつけの総仕上げをしたのは、彼等の演説の力にほかならない、とヒットラーは考えるわけである。

「資本論」をドイツ労働者十万人のうち百人知っていない。知る必要もないしまして読む必要はない

マルキシズムに幾百万の労働者を獲得させたものは、マルクス主義の教父たちのお筆先ではなく、むしろ偉大なる煽動の使徒からはじまって、小さい労働組合役員、腹心の友、討論の演説者にいたるまでの幾万の倦むことなき煽動者の、あくことなき実に強力な宣伝活動であり、無数の集会のためである。集会においては民衆の演説家は、煙草の煙でもうもうたるレストラ

その要点を集会と、新聞で啓蒙し、焚きつければ、足りる

ンのテーブルの上に立ちあがり、大衆の頭にたたきこみ、そしてこの人的資源の驚くべき知識を獲得することを知り、そしてそれが世論の城郭の最も正しい攻撃武器を選ぶ地位にかれらをはじめておいたのである。さらに巨大な大衆デモ、十万人の行列がそれだった。これは小さいあわれむべき人間に、自分は小さい蛆虫であるにもかかわらず大きな竜の一部をなし、その紅蓮の吐息のもとに、憎らしいブルジョア界がいつか火焔に化し、そしてプロレタリア独裁が最後の勝利を祝うのだ、という誇らしい確信を燃えあがらせたのだ。

このつばきのかかってきそうなヒットラーの前のめりに熱した聲が、翻訳文を通してさえきこえてくるようだ。この感激した声は、ヒットラーの仇敵マルキストの宣伝のすがたを叙述するにあたって、おこっている。しかし、まるでヒットラーの党のやり口を語っているかのようではないか。つまりは、ヒットラーは、宣伝の術を仇敵マルキストたちから学んだのである。民主主義や人間主義を標榜するブルジョア階級のやり口は、ヒットラーにとっておそるべきものではなかったが、マルクス主義者たちの宣伝術は、手剛いという認識と印象をもっていた。ともにユダヤ人の根城する仇敵であったが、ブルジョア階級の手口は、彼はまるで糞インテリの群として軽視している。マルクス主義者たちの宣伝術は脅威であった。彼は、憎むべきユダヤ人の「嘘つきの弁論術の機敏さと抜目なさ」を学びとることによって、自分の党に敵対するものたちを倒していこう、と考えるのである。

ここでまたくわえて民衆集会の重要性を強調してみせる。ビラが、演説のように「話しことば」で書かれてあったとしても、軽い刺激でとどまり、なにものかへの関心をおこさせるだけであり、読んだものだけにしか効力はあたえられないとしたあと、こう言う。

民衆集会というものは、若い運動の支持者になりかけているがさびしく感じていて、ただ一人でいることで不安におちいりやすい人に対して、たいていの人々に力強く勇気づけるように働く大きな同志の像を、はじめて見せるものであるから、それだけでも必要である。同じ人間でも、中隊や大隊の中で戦友のみんなにかこまれている方が、自分一人にたよるよりも楽な気持で突撃に参加できるであろう。群をなしておれば、人間というものは実際にこれに反する千の理由があろうとも、つねに何か安心をもつものなのだ。

集会は、大衆の孤独に解放をあたえる

ヒットラーは、大衆の孤独をここで発見している。人間の大半が、いかに孤独をかこち、いらついているかを発見している。集会が、演説の効果をもつばかりでなく孤独を慰める餌をそれ自体のうちにもっていると言うのである。ヒットラーは、近代の孤独というものを先取りしていたとも言えるのであり、彼は、集会によって、孤独からの解放を狙い定め、一挙にエネルギーへと置換しようともくろんでいるのである。

こういう集会の効用は、現代もなお失っていないはずである。ヒットラーは、この孤独を力として還元し、わが手元へひっさらうのには集会がもっとも力を発揮しやすいことを、敵のマルキシズムのやり口から、また自らの軍隊経験から、発見するにいたるのである。ナチスの脅威的な奇蹟にも近い成功は、人々の孤独さに着目したところにあったとさえ言えるかもしれない。集会にあって人々は、孤独という胸の空白部分が、埋まるため、もはや自分の意見の相違などはどうでもよくなり、一挙にそういう思弁をこえて、「安心感」のほうへ縋りつきたがることを見抜いている。つまり彼は群衆の心理をも発見しているわけである。ここから群衆の「大衆化」がはじまる。ごった煮の群衆を単純に落してしまう「大衆化」の方法論を彼は体験的に摑むわ

けである。
このことは、彼のもっとも得意とした大示威運動やパレード狂ともつながっていくものである。人々の孤独に火をたたきつけ、一種の擬似狂気をあたえることをヒットラーはやってのけたのであって、いわばその演出によって、その演出の成功によって、救世主的存在になっていた。このことは現代においてもなお通じているはずであって、大衆の孤独をエネルギーに置換する才をもったものが、もしあらわれるならば、ひとたまりもない脆さをなお現代の大衆は健全にももっている。今日ほど人々が、他人の力によって、自らを擬似狂気の状態へ陥いらせたい、陥いりたいと欲している時はないからである。ヒットラーは、大示威運動について、なおもつぎのように言う。

人々は、心の底にいつでも擬似狂気の状態にしてほしいと願っている

大示威運動の連帯感は、各人の気を強くするだけでなく、かれらを結合し、団体精神を生みだす助けとなるのである。新しい教説の最初の代表者として、自分の企業においても、仕事場においてもひどい圧迫にさらされている人は、大きな包括的な団体の一員であり、闘士であるという確信の中に横たわっている強味を必然的に必要とする。けれどもかれはこの団体に属しているという印象を、はじめて共同の民衆示威においてのみもつであろう。

デモンストレーションと団体精神

もしかれが自分の小さな仕事場や、かれ自身まさしく小さいと感じている大工場から、はじめて民衆集会に足をふみいれ、そして同じ考え方をもつ幾千人もの人々にかこまれるならば、もし探求者としてかれが三千人から四千人の人々の暗示的な陶酔と感激の力強い勢力にまきこまれるならば、もしもこの目に見える成果と数十人の賛同とが、かれに新しい教説の正当性を確証し、はじめてかれのいままでの確信の真理性に対する疑いの念をめざめさせるならば、

――そのときかれ自身は、われわれが大衆暗示ということばで呼ぶあの魔術のような影響に屈服するのである。

団結心とは暗示である

連帯感という、うさんくさいものが、もし可能になるとするならば、個々としてはばらばらの群衆が「大衆暗示」にいっせいにかかって、ごぼう抜きに自己を失った時だけだ、とでも言っているかのようである。ヒットラーの救世主性と危険性は、大衆への抜群の操作の才によって、人々の頭をからっぽにしたということにほかならないし、宣伝魔術の究極は、結局そこにいくものなのである。それが黒魔術になるか、白魔術になるかの差である。

さて、ふたたび演説の話に戻そう。彼が「演説の効力の心理的条件」についてのべているので、そのことに触れておく。

演説と時間

演説は、演技でもあり演出でもあるわけだから、その時間性に彼が留意したことは当然のことであった。時間性とは、人間の肉体性にほかならぬ。

「同じ講演、同じ演説者、同じ演題でも午前十時と午後三時や晩とでは、その効果はまったく異なっている」と言う。それは、ミュンヘンの示威集会で身をもって経験したのである。

朝は演説に向いていない

運動の支持者やその他の参会者が特に出席しやすいように、わたしは集会を日曜日の午前十時と定めたのだ。その結果はみじめなものだった。けれども非常に教えられるところがあった。すなわち広間はいっぱいであり、印象も実に圧倒的だった。だが気分は氷のように冷やかであった。誰も熱してこない、そしてわたし自身演説者として、聴衆としっくり合わず、わずかの接触すら回復することができなかったことを、非常に残念に感じた。わたしはいつもよりへたにしゃべったとは思わなかった。だが効果はゼロに等しく思えた。

この経験から彼が察知したことは、朝はだめだということであった。朝における人間の気分はもっとも保守的であり、まだ睡りの中にあるということである。日中、特に朝は、人間の意志力が、外にむかってひらかれていず「自分と異なった意図や異なった意見を強制しようとする試みに対しては、このうえないエネルギーで抵抗するように思える」という結論をえたのである。

意志がひらかれるのは、「夜」であると彼は言うわけである。彼がのちに「たいまつ行進」を好んでするようになるのは、夜を計算にいれていたからにちがいない。「歴史は夜変る」というのは、そういうことなのかもしれない。大衆が、女であるとするならば、夜口説かなければならないということである。「カトリック教会の、実際に人工的に作られたのであるが、神秘的な夢幻状態、燃えるローソク、香煙、香炉の効果」は、まさにそれを熟知し、計算したものであり、夜を利用したものであることに気づくのである。教会の宣伝的魔術をも、彼は見抜き、借用している。

ヒットラーが尊敬した演説者はイギリスのロイド・ジョージであった。

「よく知られている大演説家の演説もただちに印刷されたのをみると、往々にして幻滅を感じる」ということは、よくあることである。ヒットラーの演説も然りである。こんなことは、彼自身、よく知り抜いていた。ある新聞がロイド・ジョージの演説を印刷物によって分析し、「精神的にも学問的にも価値が低く、そのうえ平凡なわかりきった結果をとりあつかっている」と評したことへ、彼が哄笑していることからも、それがわかる。ヒットラーの評は、こうであった。

イギリスの偉大な煽動政治家は、ただ自分の大ぜいの聴衆、広い意味ではイギリスの下層民衆全部に、できるだけ大きな効果を及ぼそうとだけ考えていたのだ。だがこの見地からみれば、このイギリス人の演説は、実におどろくべきできばえであった。とにかくそれは広い民衆層の心理についてのまさしく驚くべき知識を示している。というのは、またその効力たるや実に決定的であったからである。

(ロイド・ジョージが)演説において、民衆の心を自分に向って開き、ついにはこれら民衆を完全に自分の思うままに動かしたその形式や表現のすべてに見いだされることによって示されているのである。

インテリの感想など、とるに足らないというわけである。

これを『ファシズムの大衆心理』の著者ヴィルヘルム・ライヒ流に言うならば、「一人の総統の構造が、大衆における平均的人間の構造に一致するならば、一人の総統の手によって歴史はつくられるのである」。

第七章　赤色戦線との格闘

敵を作ることによってのみナチスは存在しうる

ナチスの国家宣伝は、というよりそれはナチスそのものと言ってよいのだが、つねに敵対者をみつけることによって自らを励まし、その相手を打倒していたように思われる。だから、つねにそこにはカタルシスが生まれえた。

カタルシスをうるには、あたえるには、目的と敵を作らなければならない

模倣の徹底が、独創と人に幻想させる

敵対者なしに、ナチスの宣伝は、あのような成果をあげられなかったような気がしてならない。ナチスの絶対の宣伝とは、その絶対性に持続の力をもたない。相手を破った瞬間のみが絶対なのであって、その絶対の方法論をもって、孤高の椅子にすわりつづけるなどということはありえない。たえずエネルギーが動いている。

絶対というものは、本来は、退屈なものなのである。あくびのでるものなのだ。その絶対とは、あくまでも不敗であるという意味での絶対なのであって、絶対としてつねにあるのではなく、敵対者であってのことなのだ。そこには退屈がない。山がいつも用意されている。

そうだとすると、ナチスは、敵対者に恵まれていたと言わざるをえない。敵対者を作りだしたとも言えるが、よき敵対者がたえずいたために、絶対の宣伝を発揮することができたのだとも言える。

このころのナチスの敵は、「赤色の友」であった。つまりマルキストたちだった。その「赤色の友」を打破るには、ナチスはどうしたか。この宣伝上手の友を打ち砕くにはどうしたか。

たしかにナチスの宣伝は、一見、独創性に輝いているようではあるが、よく観察すれば、けっしてそうではなく、一種の「もどき」屋であったように思える。そもそも独創性なるものは、いったいなにものかというものであって、もともとあやふやをきわめたものなのだが、ナチスは敵対者をみつけだし、その敵対者のやり口を強烈に模倣し、その強烈さを倍増させて「もどき」を超える。その超えた時こそ、独創的に人の目に映る時であり、敵対者を撃破している時である。

たとえば、市民を集会所にひきつけるにあたって、ナチスは、ポスターを赤にした。これはどう考えても首をかしげざるをえない色の選択だった。赤は人をひきつける力をもった色であり、文句のつけられないように感じられるかもしれないが、この当時にあってはそうではない。なぜなら赤は、ナチスの敵・ボルシェヴィキの赤であったからである。敵と同じ赤であるなら、すでに赤を用いて暴威をふるっているものの後を追うことであり、それでは相手とまぎらわしくなるだけのことであり、凌駕することはできまい、と考えるのが常識だからである。これについてヒットラーはかく言う。

普通の市民は、われわれもまたボルシェヴィキの赤を選んだことに、まったく驚いた。そして人びとはそこに実に二種類の問題をみつけだすのだ。ドイツ国権党の連中は、われわれもまたつまるところマルキシズムの変種にすぎないだろう、一種の覆面のマルキシズムか、よくても覆面の社会主義者にすぎないだろうという嫌疑を、いつもこそことささやいた。というのはこれらの人びとは今日もなお社会主義とマルキシズムの区別を把握していないからである。

特に、われわれの集会で原則として『紳士ならびに淑女諸君』と挨拶せずに、『男女同胞諸君』と挨拶し、われわれの間ではただ党員についてのみ語られるということを発見したとき、多くのわれわれの敵にとってはマルクス主義的幽霊が実証されたように思えたのだ。われわれの由来とか目標とかについて、かしこそうに謎を解いているのを見て、何度哄笑したかわからないくらいだ。

人びとはナチスのことを覆面のマルクス主義者と謎を解いたのである。つまり、なんだ！　あいつらはとして哄笑した。マルクス主義者と同じ穴の狢だとしたのである。或いは、マルクス主義者の手のこんだ謀略とも見たかもしれない。ポスターの色一つで、人びとはそういう判断をくだすのであるから、おさおさ色一つでも、選択をおろそかにできないのであるとは言えるだろう。自分たちの体験と照合してみてもわかることであるが、「もどき」というものには、どうも人はあっさり軽侮してしまうところがある。「真似しやがって」というわけである。成功している先例にあやかって甘い汁を吸おうとしている虫ケラ！　と人びとは合点しがちである。ナチスの場合は、そういう模倣者としての観点からではなく、なんだ、同じ主義者同志の内部闘争ではないか、と考えられたわけで、誤解されることが宣伝のマイナスであるとするならば、ポスターに赤色をもちいたことは、大失敗であるかにみえる。

ナチスは、宣伝のオリジナリティを信じていない

だが、この「もどき」こそ、この見識のなさこそ、ナチスのいつもの手口だった。その意味では、ナチスは、宣伝のオリジナリティを信じていないのである。

市民たちが、なんだマルクス主義者の一種じゃないかと思うことよりも、赤をシンボルとする敵対者たちを怒らせることこそが、目的であったのである。

マルキシズムの赤対ナチスの赤

もともと「もどき」というものは、その対象となったものにとっては、不気味なものである。あきらかに敵であるにもかかわらず、同じ姿をして自分たちの面前にあらわれるのだから、本家本元は、不快も不快、薄気味の悪いもので、憤然としないわけにはいかないだろう。

その憤然とさせることこそが、ナチスの狙いだった。もしただの模倣者であったならば、一種の共喰いになって、当初はそのまぎらわしさによって、相手にいささかの恩恵をあたえることがあるだろう。そういうのであれば、多少の不快さはあっても、その模倣者は本家本元を喰い破ることはない。まもなく脱落していくものであることを、すこし冷静になれば見抜くことは容易であるし、かえって本家本元の存在が明白になるという効果もあり、たくまざる宣伝にもなる。彼等は、敵対行為として「もどき」を選んでいるのではないからである。

敵を怒らせる宣伝術

しかしナチスの場合は、市民たちの目には「覆面のマルキシズム」と誤解されようとも、当のマ

ルキストたちにとって、ナチスが彼等の敵対者であることは、いやっというほどわかっているはずである。これこそがナチスのねらいそのものである。

相手が、不快に思うことは、それこそナチスにとって大成功だった。不快に思うことは、それだけ相手がとりみだしたということであり、ということは相手に隙ができたことでもある。ヒットラーは断固として言う。

> われわれはポスターに赤色を、綿密に、根本的に熟考して、これによって左翼を刺激し、憤激させ、かれらをわれわれの集会にくるように誘惑し、かれらをたたきのめす——それだけであるが——ために選んだのだ。

「根本的に熟考する」とはなにか。赤という色を、共産主義者たちこそが、もっとも刺激的な人の心をふるいたたせる色として選んだはずだが、結局その刺激する色をナチスも選ぼうとする時、やはり赤という色に到達したということでもある。すでに敵が赤を用いているから、ちがうなにかの色をさがさなければと思っても、この赤に対抗し、赤を凌ぐだけの色はない、という熟考がまずなされていることである。

そして、当面の敵であるマルキシズムを打破するには、同じ色を用いるにこしたことはない、という積極的ないやがらせの心理作戦も、計算されたのである。おなじ赤を用いて、こん畜生と思わせると同時に、その赤は、赤を用いて人びとを興奮させていたマルキストたちにとっても、やはり刺激的な色だということである。こうも積極果敢に「もどき」を突進させてくるものにたいし、本家本元の城も、ゆらぎはじめないわけにはいかないだろう。

敵を相手にすることは、敵を認めることと同じである

最初、マルクス主義者たちは、赤色のポスターをナチスが市中にはりめぐらし、集会に人びとを誘うのをみて、はじめは同志にけっして中へ入ってはならないと注意していた。それが、ついには不安になって、まずその集会そのものを叩きつぶそうと考えに至る。

「その結果、われわれの集会の代表者の〈君主制的・反動的煽動〉にプロレタリアの鉄拳をみまうために〈階級意識にめざめたプロレタリア〉に、大挙してわれわれの集会に行くべしという教唆が発せられた」。これこそ、ナチスの思う壺だったわけだ。赤いポスターをはりめぐらした甲斐があったのだ。

われわれの集会は、突然に開会四十五分前にすでに労働者でいっぱいになった。かれらは火薬樽と同じで、いつ爆発するか、すでに火縄に火がついているようなものだった。だがいつも反対の結果になった。人びとはわれわれの敵として入ってくるが、われわれの支持者とならないまでも、自分たちの教説の正しさを考えて、実際批判的な検討者となって、出て行くのだった。だがわたしの三時間の講演の後には次第に、支持者も敵も、ただ一つの熱狂した大衆に融合するようになってきた。そうなると強制的に集会を解散させようとするすべての合図は無益であった。そこで、かれらの指導者たちは、はじめて不安になってきた。

集会そのものの刺激に富んだ娯楽性

そこで彼等が、ナチスの集会を撃砕するどころか、かえって党員の心が相手に同化するおそれをいだいてふたたび集会の出席を禁止する。しかしその禁止は守られず、ナチスの集会にマルクシズムの党員はまぎれこんでいく。敵愾心もあり、スパイとしてまぎれこんだのかもしれないが、なによりもナチス集会が楽しかったからではないだろうか。またあわてて、こんどこそはと集会を暴力で破壊しようとするが、ナチスもそれに応ずる備えがあって、行なうは難い。

そんな対策の変更をなんども繰りかえすうちに、「プロレタリアの男女同志諸君！　国家社会主義の煽動者の集会を避けよ！」という指令が発せられる。これと同じような動揺が、彼等の新聞紙上においてもあらわれた。それは、まさにしめたもので、集会の効果以上に、彼等がナチスに反対することによって、無名のナチスの大宣伝を結局はやってくれたことになるのである。いま売出し中のナチスにとっては、悪口であろうとなんであろうと、これほどの宣伝はなかった。悪口とは、それが極端にまで達すればほめ言葉と同じことになる。あれだけむきになって悪口を言っているのだから、相手にはなにかいいところがあるのだろうと、人は思いはじめるからである。ゲッベルスがまさしくヒットラーのよき弟子であることが、『わが闘争』を読んでいるとわかる。

かれらは、われわれをしばらく黙殺しようとする。この試みの無益さを確信し、そしてふたたび反対のやりかたをするためにだ。われわれは二日どこかで言及された。そして実際、たいていは、労働者にわれわれの全存在の笑止千万極まりなきことを説明するためだった。だがしばらくすると、現象がそれほど笑うべきものであったなら、なぜ人びとはその現象にそんなに多くの言葉をついやすのか、という疑問が自然に多くの人びとから生じてきたときに、これはわれわれに害にならないばかりか、反対に利益になるということを、紳士方は感じなければならなかった。

世人が好奇心をもってきたのだ。かれらは突如、方向を転ずる。そして、しばらくの間は、われわれは人類の真の元凶として取扱われはじめた。論説につぐ論説で、われわれの犯罪性が

聖地・聖所・聖書――『わが闘争』を持たせろ、読ませるな――

聖地「ブラウナウ村」

ドイツの国境から、わずか五百メートルのところにあるオーストリアの小さな村ブラウナウ・アム・インの小さな宿屋の一室で、ヒットラーは生れた。国籍をとるのに苦労したのは、オーストリア人だったからである。

一九三八年三月、オーストリア統合を決意したヒットラーは国境を越え、生地ブラウナウを通過した。以後この貧しい宿は、誕生日ごとに祝典パレードが開かれ、聖地と化した。

税関吏であった父の関係で、少年ヒットラーは場所を転々とした。彼をのせたベンツのオープンカーはレオンディング村の実家の前を通り、両親の墓に花輪を捧げた。

聖所「ランツベルグ監獄」

ミュンヘン一揆で失敗したヒットラーは、禁固五年の宣告を受け、一九二三年の十一月からオーバーバイエルンのレヒ河畔にあるランツベルグ監獄で刑に服した。一九二四年の七月ごろから、ヒットラーは、エミール・マリウス、ルドルフ・ヘスを相手に『わが闘争』の口述筆記をはじめた。

刑半ばの一九二四年十二月、仮釈放令が出され、監獄の門前で、レインコート姿のヒットラーは帽子を手にミュンヘンから迎えにやってきた車の横に立ち、記念写真を撮った。殉教者の宣伝意識である。十数年ぶりに訪れた時は、皮のコートだったが、あえて同じようなポーズをとって記念写真を撮った。このランツベルグ監獄は、のちに聖所化され、ヒットラー・ユーゲントの旅行の最終地として選ばれ、彼等はここで『わが闘争』を一冊づつ貰った。

Franz Eher Nachf. G. m. b. H.

Deutschvölkische Verlagsbuchhandlung

Fernruf [illegible] • München • Thierschstraße 15

Kommissionär:
Herr Robert Hoffmann, Leipzig

4½ Jahre Kampf gegen Lüge, Dummheit und Feigheit

Eine Abrechnung von Adolf Hitler

Leitspruch

„Sie müssen sich gegenseitig wieder achten lernen, der Arbeiter der Stirne den Arbeiter der Faust und umgekehrt. Keiner von beiden bestünde ohne den anderen. Aus ihnen heraus muß sich ein neuer Mensch kristallisieren: Der Mensch des kommenden Deutschen Reiches!"

聖書『わが闘争』

最初の年、わが闘争は、九、四七三部売れた。この難渋な悪文の本はベストセラーにならず、ヒットラーをがっかりさせた。だがナチスの命運の上昇とともに売れだし、首相になった一九三三年には、百万部を売りつくした。のちにこの本は、どの家にも一冊はあり生徒は卒業式に一冊貰い、結婚式の新郎新婦には一冊贈られる風習になった。結局ナチス時代に一千万部は売ったといわれる。

写真右は一九二四年に出た第一部『わが闘争』の広告。「嘘、愚劣、臆病に対する四年半にわたる闘争」という題になっている。政権獲得後は『わが闘争』の一大キャンペーンがくり展げられるようになった。左は大仕掛けな街頭のポップ広告である。

> 解説され、つぎからつぎへと新たに証明される。はじめから最後まで、でっち上げであるが、スキャンダルがさらに余計なものとしてはたらくということになる。だが、こういう攻撃の効果のなさについては、かれらもしばらくするとわかったらしい。つまるところ、これらすべては、実際に一般の注意をほんとうにわれわれに集中するのを助けただけである。

ナチスの宣伝は、まさに戦争であった。相手の力を利用し、相手のうちぶところに深くささくれこんでいって、逆どりしてしまう。それは敵対者、できるなら手剛い敵対者をあえて選ぶことによって、自分たちの力を伸張させていくのである。

「臆病ものよりも、勇気のある男の方が女性の心を征服しやすい」

ナチスの集会を混乱させようとするボルシェヴィキの暴力にたいして、ドイツ警察は、まったく無力であった。ナチスの場内整理隊が、その暴力に対抗した。いや彼等こそ、暴力隊であった。「臆病者よりも勇気のある男の方が女性の心を征服しやすいのと同じように、警察の警護によってのみ存続しているような卑怯な運動よりも、勇ましい運動の方が、民衆の心を獲得しやすいのである」とヒットラーは言う。

場内整理隊は、若い党員で組織された。それは、民衆がいつも弱虫だからである。

> テロはただテロによってのみ破ることができ、この地上では勇気と決断力あるものがつねに成果をおさめたのであり、われわれは非常に偉大で崇高なある力強い理念のために戦っており、最後の一滴までも庇護し、守護される値打ちがじゅうぶんある、というふうに教えられ、教育されてきたものたちだった。かれらはひとたび理性が沈黙し、暴力が最後の決定をくだすようなときには、攻撃が最良の防御の武器であり、そしてわれわれの整理隊は、討論のクラブでは

なく、断乎決然たる闘争団体であるという風評を先頭にたてねばならない、という教えにつらぬかれていたのだ。

このような危険ともいうべき崇高な使命感に燃えあがるよう教育されていた場内整理隊は、のちの突撃隊の母体になる。若さの利用が、ここにはじまっている。暴力の肯定である。彼のボクシング論を想い合せてみるがよい。ヒットラーはこうも言う。

当時、わたしが青年にかれらの使命の必要性を説明し、さらにこの地上ではどんな知識も、それに奉仕する力が現われて、それを保護し、防衛しないならば、効果がなく、やさしい平和の女神はただ戦いの神の側へさまようものであり、平和の大事業はすべて力の加護と援助が必要である、といつもくりかえし確言したとき、かれらが目を輝かせてわたしを見たことが何度あったことだろう。いまやはるかにいきいきした形で、兵役義務の思想がかれらに入りこんでいったことか。

若い場内整理隊の組織の彼方にヒットラーは「兵役義務の思想」を予想している。しかしこの整理隊を組織してみて、ヒットラーが痛感したことは、党章も党旗もまだないということであった。彼等青年たちの使命感を持続させるためには、仰ぐべきシンボルをつくる必要があった。

シンボルがまだない！

シンボルがないということは、ただ一時的に不利であったばかりでなく、将来のためにもがまんできなかった。まず第一にその不利は、党員に同じ党に属しているという外的な目印がなく、それは、運動のシンボルの性格をもっているが、インターナショナルなそういうものに対抗しうるような目的を欠いているということは、将来のためにも困ることだった。

とヒットラーは述べている。第一次大戦後、ベルリンの王宮とルストガルテン前で、マルキシズムの大衆示威を彼は経験した。その日のことを彼は思いだす。

赤旗、赤い腕章そして赤い花の大海が、おそらく十二万人も参加したと思われるこの示威運動に、純粋に外面的だけでも力強い勢力を与えたのだ。わたし自身、かくのごとく雄大に活動する光景からする暗示的魔力に、民衆出身の人びとがいかにたやすく屈服してしまうか、ということを感じ、また理解しえたのだった。

赤とは血であろうか。攻撃性であろうか。あきらかに騒ぎたてる血のどよめきを暗示するのだろう。赤のもつ人の心に襲いかかってくる「暗示的魔力」に、ヒットラー自身も酔ってしまったわけであり、マルキシズムと同じく、「民衆出身の人びと」を共感させなければならないヒットラーとしては、マルキシズムの「もどき」となることを、なんらいとわない。同じ赤を用いてもマルキシズムを凌駕すればよいのであり、当面の敵であるマルキシズムを打倒するには、同じものを用いたほうがより効果があると思っていたことはすでに述べた。それがまず「赤いポスター」となってあらわれたのだが、こんどは党のシンボルである旗にも及ぼそうとしている。

旧ドイツ帝国の旗は「黒・白・赤」であった。この旗はかつての時代には、輝しいものであったが、今日においてはもはや適さないとヒットラーは考える。

名誉にもならない諸状態や随伴現象のもとに、マルキシズムによって征服されてしまった状態をあらわすシンボルが、この同じマルキシズムをふたたび滅ぼしてしまうべき目印に適さないことは、明白である。この古いユニークな美しさをもつ色は、その若く新鮮な組み合せによって、このもとで戦いそして多くの犠牲を見てきた真のドイツ人には、神聖で尊いものでなければならないが、この旗はそれゆえ将来の闘争のシンボルとしては通用しないのである。

とその価値を認めながら否定する。いくらよい色彩の配合をもっていても、没落した旧ドイツ帝国の復興がナチスの目的でなく、新しい国家をつくることを選んでいる以上、絶対ふさわしくないとするのである。

彼はまず、旗は闘争のシンボルでなければならないとする。しかもそれだけでなく、大衆を獲得していかなければならぬ現在の党において、プラカードの役目を果さなければならぬと考える。このあたりが、これまでの国旗観とちがうところに注目しなければならないし、ナチスそのもののありかたの中心が、宣伝国家であることにつながっている。

党旗を選定するにあたって、いろいろの案がだされた。まず「白」である。これは、純潔な処女団体には似合うかもしれないが、革命運動のまっただ中にいる現在、不適当とされた。そして白は、感動を呼ぶ色ではないと却下された。

「黒」を提案するものがいた。たしかに黒は、争乱の不吉な運動の時代にあわないこともないが、「われわれの運動の意欲の説明的表示」に欠くという理由で却下された。

それでは「白・黒」の配合はどうか。「あるドイツの一連邦の色として、遺憾ながら評判のよくない分離主義的偏狭さという政治的立場をあらわしているものとして、問題外である」ということ

シンボルカラーの決定

×「黒・白・赤」
×「白」
×「黒」
×「白・黒」
×「黒・白」
×「黒・赤・金」
○「黒・白・赤」

色の決定

になる。「黒・白」の配色も、ナチスの運動性を表示しないとして除去された。

「黒・赤・金」は、かつてのブルジョア政党旗にあったが論外であった。「黒・白・赤」は、旧ドイツ帝国の旗であったから、これも問題にならない。しかし、ヒットラーがこれらの中でも感心していた旗は、やはり「黒・白・赤」なのである。「この色の組み合わせは他のすべてのものをこえて高くそびえている。それは現存するものの中で最も輝かしい調和である」と言っているほどなのだ。色の調和だけでなく、潜在的な慣れが国民の中にあることを打算しただろう。

「旧ドイツ帝国」の赤・白・黒の配合を発展させる

そこで、ヒットラーは、この色を残してそれを発展させる考えをするようになる。旧ドイツ帝国の色の配合にそっくりの踏襲では新鮮さがないが、問題は配合である。この間、各方面から提出された図案は、かならずと言ってよいほどその中にハーケンクロイツを描いていたが、ぴったりしたものはなかった。ヒットラー自身もいろいろ図案をこころみた。このような時、画家志望であった彼の才能、図案などをかいて食をつないでいた貧乏時代の経験が甦えってくる。

ただその自らの図案を彼は主張しなかった。「わたし自身は――指導者として――わたし自身の図案をすぐに公にしたくなかった。他の人がりっぱなあるいはおそらくもっとりっぱなものをもってくる可能性があったからである」と殊勝なことを言っている。もっとも多数の図案の中で、一つだけヒットラーのそれと似ているものがあった。ある歯科医の作であったが、それには大きな一つの欠点があって、「鉤の彎曲したハーケンクロイツが、白い円の中にはめこまれた構図だった」。たしかに鉤が彎曲していては、シャープさに欠けるとは言えるだろう。

「赤地に白い円を染め抜き、その真中に黒のハーケンクロイツ」

結局は、ヒットラーの図案に決定した。

「赤地に白い円を染め抜き、その真中に黒のハーケンクロイツを描いた旗である」。旗の大きさと白い円の大きさと、ハーケンクロイツの形と太さに一定の割合をきめ、それがナチスの党旗となった。

赤というマルキシズムの用いる色彩の刺激性をとりいれ、しかも旧ドイツ帝国の黒・赤・白という色の配合もとりいれた。しかしその割合は異り、ナチス独特のものとなった。

この旗の図案は、整理隊の腕章にもただちに流用された。「赤い腕章で、同じように白い円を抜き、黒いハーケンクロイツを描いた」党員章も同じようにデザインされた。ミュンヘンの金細工師フュースが、それを正式に仕上げた。

この新しい党旗が、はじめて公衆の面前に翻ったのは、一九二〇年の夏のことであった。女性の党員が、はじめてその図案をとりいれた旗をつくりあげ、幹部たちの前にもってきた。その時、ヒットラーをはじめ幹部たちは、子供のように喜び、はしゃいだものだと回想している。「放火用炬火のような効果があった」と彼は言う。赤は、炎でもあり、人を興奮させる力をもっている。拡大されつつある整理隊が腕章をつけて街中を歩くことは、それだけでも人の目をとらえ、党の存在を宣伝する力となったのはいうまでもない。

ヒットラーは、その旗の中に自らの綱領をみた。赤の中に、「運動の社会的思想」、白の中に「国家主義的思想」、黒のハーケンクロイツの中に「アーリア人種の勝利のための闘争の使命」をみた。なぜ鉤十字は、人々に訴える力をもっているのか。ヴィルヘルム・ライヒは、明快な解釈を下している。ヒットラーは、反ユダヤ主義のシンボルであり、アーリア人種の勝利の象徴と解釈したわけだが、この精神分析学者は、当然セックスを見ている。

新しいハーケンクロイツの党旗は「放火用炬火のような効果があった」

鉤十字の文様は、セックスの刺激

二人の人間の身体のからみ合いを示していて誤解する余裕がない。……無意識な情緒的生活にみられる鉤十字のこの効果は、ファシストの反ユダヤ主義宣伝に理由を与えるのでなく、むしろ性能力の刺激である。

なるほど、そのシンボル・マークは、男女のからみを容易に暗示してくる。ヒットラーに意識的操作観念があらかじめあったとは思えないとライヒは言っているが、たしかにヒットラーの官能的な直観の中には、あったと言うべきだろう。

二年後、整理隊は、二千名を擁する突撃隊に変貌した。ヒットラーは、この突撃隊のために新しいデザインをなし、党員の金細工師カールに仕上げさせ、それは隊旗であるとともに、軍旗ともなったのである。

集会による示威運動は、これまではマルキシズムの独占であったが、党旗ができてからのナチスは、めざましくつぎつぎと集会をひらき、自らの勢力を伸張させていった。一九二〇年二月一日、ツンクス・クローネで、ついに大規模な集会が開かれることになった。

赤いトラックが街を走る

わたしが借りさせた二台のトラックは、できるだけ赤い色でおおわれた。その上にわれわれの旗を二本立て、おのおのトラックに十五人ないし二十人の党員が乗った。かれらは懸命に街路を飛ばして、ビラをまくべし、要するに今晩の大衆示威大会の宣伝をなすべし、という命令をもらっていた。マルクス主義者の乗っていないトラックが街を走ったのは、これが最初であった。だから市民たちは赤く飾りたて、はためくハーケンクロイツ旗で飾った車をぼうぜんと見送っていた。その間に町はずれでは無数の拳骨がふりあげられ、かれらはこの最も新しい「プロレタリアートへの挑発」に対してあきらかに憤激しているらしかった。

と誇らかにヒットラーは述べている。いよいよ彼は会場へ到着した。

わたしが巨大なホールに踏み入ったとき、一年前にミュンヘンのホーフブロイハウスの講堂での第一の集会のときと同じような喜びが、わたしをつつんだ。……
だがわたしは人壁をおしわけて、一段高い壇にあがってはじめて、その成果のまったく大きいことをみたのだった。この広間は巨大な貝殻のようにわたしの前に横たわっており、何千人もの人でいっぱいになっていた。

数の魔力と大きさの魔力。幼児化への道

六、七千人の観衆はいただろうというのが彼の証言だが、いずれにしても、ヒットラーは、数の魔力と容器の大きさの魔力にしびれている。ほとんど彼は会場へ入った一瞬、自らを幼児化しおえている。大きさとたくさんは、子供をもっとも興奮させ喜ばせるものであり、この体験はのちのナチスのページェント主義の母胎となっていく。

彼の演説が、ホーフブロイハウスの観衆を前にしてはじまった。

わたしはしゃべり始めた。そして二時間ほど演説した。すでにはじめの半時間で、この集会は大成功をおさめるだろうという感じをもった。これら何千人の一人一人との接触がかもしだされた。

スキンシップ効果

スキンシップの効果である。集会と演説がもつ「接触」性を興奮の中に醒めた目で見つめている。

はじめて一時間後には、もう相手が自発的に破れんばかりにますます大きくなってわたしの

演説を中断しはじめ、二時間後にはふたたび興奮が静まって、そしてわたしがその後この会場でしばしば体験し、またおのおのの人にも忘れがたく記憶されているあの厳粛な静けさにもどって行ったのであった。

ほとんどこのヒットラーの大衆体験は、セックスの興奮そのものに近い。彼は、その興奮状態を動と静の力学の中で冷静に見つめている。

さらに人々はただこの巨大な群衆の息づかいだけを聞いていた。そしてわたしが最後のことばを語り終ったとき、突然どよめき、この上なき熱情をもって「ドイツェラントの歌」が歌われ、救われたような終末をみいだしたのだった。

とこの条りをしめている。この味をいったんしめたヒットラーは、興奮の体験をわかちもつべく、アンコールの企画を波状的につづける。毎週一回の集会が、毎週二回になるという始末だった。ついには週三回となった。演説集会を、あきらかにヒットラーはセックスの楽しみとしてとらえている。

第八章　強者は単独で最も強い

……多数者というものは、いかなる形式においても、あらゆる前提のもとでも、愚鈍と卑怯の代表であるだろうし、したがって組合が多く集まっているということは、それが自薦の多数者の指導によって支配されるやいなや卑怯さと弱さに引き渡されてしまうからである。

ヒットラーは、つねに多数決の論理というものを忌み嫌う。多数決の意見を絶対とするならば、多数者とは弱者である、という考えがヒットラーにあるわけだから、弱者の意見を絶対としなければならなくなる。民主主義を嫌い、組合を目の敵にするのは、そういうところからきている。こういう考えは、宣伝においても一貫しているのであって、ナチスは、有能なるものと決めたものの独断を優先するのであり、その方針は、多数決によって決定されることはなかった。

多数決は、妥協と卑怯以外のなにものでもない

多数決は、妥協以外のなにものでもなく、それでは愚鈍なる意見が大手をふるって、強力な要素を生みだしえないとしたのである。「すべてこの世界ではほんとうに偉大なものは共同戦線によって戦いとられたものではなくつねにただ一人の勝利者の成果だったということを決して忘れてはならない」というのは、そういう強者の思想からでているのである。

だがかく言うナチ自身、しばしば共同戦線をはったのだが、それは、その強者の思想の背理ではなく、手段としての共同戦線であって、弱体を曝すものとしてのそれとは考えていないだろう。多数決は、臆病なるトータルをつねに生みだす。それは物事を進めないが、ただちに崩壊するまでにはいたらないだろう。臆病はしぶとい保守の思考をするからである。それにたいして強者の独断は、直観が生きる時、動かぬものを動かす力とはなる。直観には一種の絶対があるからである。ヒットラーは、かくしてつぎのようなふてぶてしい発言をしてはばからない。

偉大な、ほんとうに世界をてんぷくさせるような精神的な革命というものは、一般にただ、単一組織の巨人のような闘争としてのみ考えうるのであり、実現されるのであって、決して共

同戦線の企てとしてではないのだ。

第九章　突撃隊の意味と組織に関する根本の考え方

当然のことながら、ヒットラーは、国家権威について考えていた。ワイマール共和国を権威の崩壊と見ていたから、それを回復しなければと考えていた。ヒットラーの権威観は、一つの力学として見ることであり、つまりデザインとして見ることである。権威には、三つの基礎があるとし、その第一に「人気」を置いている。第二に権力つまり強制力を置き、第三に伝統である。「人気」を持続させるのが、「権力」であり、揺るがぬものにするのが「伝統」というわけである。ヒットラーが、スター化するのも、強力な軍隊をもつのも、民族理論をとなえるのも、この権威観念があって、人々を支配することができると考えたからだろう。

ヒットラーは、分類する能力に秀れている。というより得意であった。それは、分析力に秀れているからというより、むしろ嗅覚的理性、触覚的理性ともいうべきデザインの目がある。デザインは、根本的に権威の体系である。国家権威の三つの基礎を分類してみせたヒットラーは、つづいて民族体を三つのクラスにわけてみせる。

> すなわち一方の側では最良の人間性という極端で、あらゆる道徳の意味で善良で、特に勇気と献身によって特徴づけられる。他方は、最悪の人間の屑という極端で、あらゆる利己主義的衝動と悪徳が存在しているという意味で劣悪である。両極端の間に、第三のクラスとして、大きな広汎な中間層があり、ここにおいては輝かしい英雄的精神も、卑劣きわまりない犯罪者的

国家権威の三つの基礎。一、人気。二、権力。三、伝統

ヒットラーの分析ではなく、分類する力嗅覚的理性、触覚的理性

大衆＝「大きな広汎な中間層」＝「決してみずから戦わない」

根性も具体化されていない。

ヒットラーが狙いうったのは、この三つのクラスのうちの「大きな広汎な中間層」である。これをヒットラーは「大衆」と呼んでいる。

かれらは両極端の一方が勝ったばあいには、つねによろこんで勝利者に従属するものだ、ということに注意すべきである。最良のものが支配しているばあいには、大衆はこれに従い、最悪のものが興隆しているばあいには、かれらは少なくとも最悪のものに何の抵抗もしない。というのはこの中間の大衆は決してみずから戦わないからである。

ナチスがこの両極端の善か悪のどちらのほうにはいると、ヒットラーは考えていたのだろう。現代人ならナチスを最悪のほうにいれることを頭から信じて疑わないだろうから、妙なことを言うなというものだろうが、この執筆時の彼は、もちろん最善のほうにいれている。

このヒットラーが狙いうった中間層は、ライヒの言う中産階級ということでもあるだろう。

権力、たとえば会社なり国家なり民族なりと自分との同一視は、つぎのような公式で説明してもよい。「ほかならぬわたしこそ、権力そのもの、会社そのもの、国家そのもの、民族そのものである」この同一視こそ、説得力をもつ心理学的な現実であり、イデオロギーが物質的な力となった場合に、それをよく説明してみせる。最初、使用人や公務員は、かれの親方のようになるのを理想とする。しかししだいに、物質上の依存状態に毒されて、支配階層のものの考え方に合わせてかれの現実を変えてゆく。いつでも身のほどを忘れがちな状態におかれているから、中産階級の人間は、かれの経済上の立場とかれのイデオロギーの間に、ズレを生じてゆく。かれは物質的に制限された環境で生活しながら、時には体面をばかばかしいほどたもとうとする。貧弱な食生活をしている癖に、〈不相応な衣服〉を着用する。いまでは親の帽子とフロックコートが、かれの性格構造を表現する物質的なシンボルとなった。

ライヒは、ナチスのファシズム運動が、大衆運動となることができたのは、中産階級を大衆化できたからだと言っている。この一番あてにならない中間層の情緒が、もっとも大衆化して、おだてやすい層であることをヒットラーは見抜いていたわけである。『ニヒリズムの革命』(菊盛英夫・三島憲一訳・筑摩書房・一九七二年刊)のヘルマン・ラウシュニングは、この大衆をどのようにおだてあげたかをつぎのように述べている。

大衆をおだてあげる

ドイツの特殊状況に合わせて、大衆を二重の意味で利用している。ナチスは大衆の重要性を強調し、また民族共同体の概念中で神格化された形態を大衆にあてがい、そして陶酔によってしか一体化されず、整列行進の中でしか型態をなさないこの大衆の力を時折り力説する。

これによってナチスは、自分たちだけが大衆の指導を心得ており、また確実に指導できるという点で自分たちは必要不可欠な存在であるという証明を絶えず作りだしている。大衆操作の技術に世界観の外観をかぶせ、その技術の効果のためには巨大な装置を維持することが先決であるとするのだ。この技術は奥義として扱われる。これは党の権力維持のための不可欠な道具となる。

独自のやり方で大衆を持ち上げ、讃美し、生の最高かつ絶対の権威に大衆を引き上げることによって、ナチスは大衆を自分たちの力の下においておくことができると考えている。民族の神話は、熱狂した大衆がいつでも暗示にかかるようにしておく策略であり、集会のさいに大衆を一体化した民族として褒めあげるきらびやかな儀式は、暗示的スローガンを受け入れやすくさせるための技術的地ならしなのである。

突撃隊と大衆行進が街頭を征服する

中産階級の情緒構造が、もっともこの操作技術にはまりやすいのである。ヒットラーに言わせれば、この層がもっとも「愚鈍と卑怯の代表」であり、この層をおだてあげて一体化させる対象としてえらびとるわけである。道具化し、コミュニケーションなしに支配できる浮薄な層である。それが中産階級、つまり大衆である。

集会において活動した整理隊は、突撃隊にその名をかえた。「宣伝・新聞・科学研究所やその他のものが、単に党の肢体を構成しているのと同じように、運動の一肢体なのである」と言っているが、ナチスという運動体が、いわば宣伝体とも言うべき特質をもっていたとするならば、突撃隊は、宣伝の展開にあたっての擁護者であったとも言える。防衛隊でもなければ秘密組織でもないというのが、ヒットラーの思弁であった。「秘密の信徒集会においてなされるべきなのではなく、力強い大衆行進においてなされるべきであり、そして運動はその道を、短刀や毒薬、あるいはピストルによってではなく、街頭を征服することによって開くのである」と言い、ヒットラーは、突撃隊の存在を、自由に大空の下を歩き、行進と街頭の看板効果として考えていることをもしめしている。街頭の占拠こそ、人々の把握につながると考えているのである。

スポーツによる洗脳

突撃隊の性格規定において、ヒットラーは独特の骨抜きを考えた。「軍隊的練兵」として考えずに、スポーツによる肉体の鍛錬を課した。肉体の強健は、自分の優越を錯覚させるのに役立つからである。そして目印としての服装をあたえ、さらにある明快なる観念をあたえた。

「肉体の強健は、自分の優越を錯覚させる」

精神的にも、小さい謀反ぐらいでその行動主義を満足させるようなあらゆる試みを引っこめさせるために、突撃隊は、そもそもの初めから、運動の大理念の完成に引き入れられ、この理念を擁護すべき任務のために徹底的に訓練されねばならなかった。すなわち、はじめから視界は広くなり、各人は自己の使命を大悪漢や小悪漢を片づけることにあると考えず、新しい国家社会主義的民族主義国家の建設のためにつくすことにあると考えたのである。

使命感という曲物

巧妙である。突撃隊の示威と暴力は、ナチス国家の建設のためという使命感のもとにすべて呑みつくされ、肯定されてしまっている。使命感というものは、つねに眉唾であり、曲者である。この使命感は、人間の行動を単純化し、行動にスピードと力をあたえる。それがあたえられた使命感である場合、彼らはけっして個々に戻って、迷える羊となって、不統一の力の分散をすることはない。まさに命令のままに動く柔順にして強暴な羊と化すのである。彼らに、個々の敵をくどくど説明することによる混乱を防ぐ。相手に敵意をいだかせるよりも、「新しい国家社会主義的民族主義国家の建設のため」という心意の統一によって、すべての指示した敵にあたらせる。それはまさに頭脳を空洞化することとなのだが、彼らから力のエキスのみをひきだすことになる。

頭脳の空洞化

ナチスの大衆操作は、まず自らの党員たちから手をつけはじめているのである。スポーツ気分に飾られた暴力と使命感などという理想をあたえられて、骨抜きにされた兇暴な犬である突撃隊は、そのものがプラカードでもあり、集団の行進に効果をあげた。暴力もまた宣伝である。

一九二二年晩夏、ミュンヘンのケーニヒスプラッツで全愛国同盟のデモンストレーションにナチスも参加した。

行進という見世物

党のまとまった行進は、六組のミュンヘンの百人隊によって導かれ、そのあとに政党の部隊がつづいた。行列自体の中に二組の音楽隊が行進し、約十五本の旗がかかげられた。


ここには、デザインの成果がある。しかもこのデザイン突撃隊は、ボルシェヴィキの挑発に対して、一瞬にして隊列をこわして立ち向い、暴徒と化したわけだから、圧倒的な見世物になる。

一九二二年十月のコブルクへの行進は、八百人の突撃隊員を約十四の百人隊に編成し、特別列車にのりこませた。服装は腕章の他にウィンドヤッケと帽子が、この時からくわわった。

特別列車で乗込む

ドイツではこの種の特別列車が走るのは、はじめてだった。他の土地で、新たに突撃隊の人々が乗りこんでくるごとに、この輸送は最大のセンセーションをまきおこした。まだわれわれの旗をいままで見たことがないものが多かった。その印象は非常に大きかった。

センセーション

とヒットラーは自慢している。

第十章　連邦主義の仮面

第十一章　宣伝と組織

組織よりも宣伝の管理を優先させる

まず宣伝の人材を

見ばえのしない人間の中に、しばしば宣伝の天才がいる

ヒットラーは、組織よりも宣伝を先立たせるべきだと考える。組織は生きてるものであり、有機的なものだから。杓子定規な頭脳でつくりあげられた組織は、死んだ機構だとして否定した。組織は、つくり育てられていくものだと考えていいだろう。上からの組織では、単に有機的でないばかりでなく、たがいの嫉妬が妨害しあうと考えたのはヒットラーらしい。

だから入党後、宣伝の管理をひきうけたヒットラーは、まず宣伝の人材をさがすことにつとめる。その人材の集めかたの方法として

> 理念をまず一定期間中央から宣伝的に流布し、さらに次第に集ってくる人材を慎重に、指導者たる頭脳があるかどうか厳重に検査し、吟味することが、目的にかなっている。本来見ばえのしない人間を、それにもかかわらず生れながらの指導者と見なされねばならないことが、しばしば明らかになる。

この個所は、あの一見貧弱なゲッベルスを思いだしながら、ヒットラーは言っているのだろうか。それとも自分をも念頭においているのか。こういう才能主義的な彼の意見をきいていると、彼は自らの主観的決定には、きわめて冷静だったことがわかるのである。しかし自らの客観的決定に冷静だったわけではない。

さらに言うには、「もちろん理論的認識が豊富であるからといって、指導者としての特性、指導者としての優秀さの特性的証拠であると見ようとするのは、まったくあやまりであろう」と。ここでもまた彼の理性嫌い、インテリ嫌いが露骨にでているようであるが、偉大な理論家が、偉大な組織者であったためしはない、という彼の直観を露骨にしているにすぎない。

組織者「まず第一に心理家であらねばならない」

理論家や計画者の偉大さは、まず第一に抽象的に正しい法則の認識と確認にあるのであり。一方組織者はまず第一に心理家であらねばならないからだ。かれは人間をあるがままに受けとらねばならない。それゆえかれは人間を知らねばならない。

という考えかたを持しているからである。

このことは、おそらく真理であるにちがいない。「大衆」ということを前提に考えてみればよい。宣伝がヒットラー流の大衆操作であるならば、その大衆はけっして、はじめから理論に静聴し納得しようとする能力をもっているとは思われない。そうであるとするならば、大衆を動かすことを主体とする宣伝においては、こちこちの理論を展開することにはたけていても、生身の人間の心にうとく、人の心にうとくても平気で生きていられるような神経の持主よりは、人間の弱点や獣性に通じているもののほうが、雲泥の能力を発揮するはずだからだ。

論理には、大衆はしんどくって、ついていけない。それが「大衆」なるものの性格であり、ヒットラーはそういう中間層を選びとっていたはずである。だから、下手な理論家よりも、煽動家のほうが、指導者にむいているし、宣伝の才にもたけているというのだ。ラウシュニングが言うように「ナチスのプロパガンダは、もっとも微少な細部に至るまではっきりと考えぬかれ、何回となくためされた処方箋に従っている。熱狂的演説の独特のスタイルが末端の党職員に至るまでつちかわれているさまを知れば、このような演説のスタイルが、その狙いである大衆に対する効果といかに深いつながりをもつかを見失うことはないであろう」であるならば、ほとんど理論家は不要のはずなのである。

とはいっても、理論家を完全に否定しているわけではない。そこにヒットラーの傲慢さがある。

最もりっぱな理論的洞察は、指導者が大衆をその方向に動かさなければ、目的も価値もないのである。そして逆に、もしも才気煥発の理論家が人類の格闘のための目標を設定しないならば、すべての指導者としての点も、無目的、無価値であるにちがいないのではなかろうか。だが理論家と組織者と指導者が一人の人物の中に結合しているのはこの世の中で最もまれに見いだされるものである。この結合が偉人をつくるのである。

と言っているわけであって、この稀なる理論家と組織者の一身への結合の具現が、ヒットラー自身でもある、と手前味噌を言っているのである。宣伝担当の彼はまず、獲得した人材を二つに選別した。支持者と党員とにである。宣伝の任務は支持者を募集し、組織は党員獲得を目指すのである。

運動の支持者とは、運動の目標に同意を明らかにするものであり、党員とはその目標のために闘うものである。支持者は、宣伝によって運動に好意をもたせられる。党員は組織によって、自分自身新しい支持者を募集するために協働し、その支持者の中からさらにまた党員をつくることができるのである。支持者たることがただ理念の受動的承認だけを前提とするのに対し、党員たることは活動的な主張と弁護を必要とするのであるから、十人の支持者に対していつもせいぜい一人ないし二人の党員がいるだけである……。

したがって宣伝は、理念が支持者を獲得するよう孜々として配慮しなければならないが、一方組織は支持者層自体の中から最も価値あるものだけを党員にするように最も鋭敏に心がけねばならない。それゆえ宣伝は、「宣伝によって教えられる各人の意義、かれらの才能、能力、理解力あるいは性格について頭を悩ます必要はない。一方組織は、こういう分子の群の中から、運動の勝利を実際に可能にするものを注意深く集める必要があるのである」。

宣伝家の任務は、「人さらい」にあると、いわば言っているのである。人さらいの人間たちが、どのような脳味噌をもっているか、そんなことは意に介さぬと言っているのである。しかし党員は、選抜されねばならないというのがヒットラーの考えである。私たちは、しばしば支持者と党員を混同する。たとえば、共産主義国の人民は、ことごとく共産党員であると錯覚する。実際は、そうではないのであって、党員は微々たるものである。共産主義者が、その政権獲得のための運動をしている間は、支持者の数に負うところ大であるが、いざ政権を獲得してしまえば、その支持者は、さらに大多数の被支配者の中に沈みこんでしまうのである。

それは、つぎのような原則が確認されるからでもある。

理念の勝利は、宣伝が人間をその全体において説得する範囲が広ければ広いほど、さらに闘争を実際に行なう組織が独占的で締っており、堅固であればあるほど、それだけ早く可能になるのである。それゆえ支持者の数は、どんなに多くてもじゅうぶんすぎることはないが、党員の数は小さすぎるよりはむしろ大きくなりやすいのである。

このことをさらに説明すると、ヒットラーの弁にさらに耳を傾けるならば、

「宣伝がうまく働けば働くほど、組織はそれだけ小さくてよい」

もし宣伝が全民族を一つの理念でみたしたならば、組織は小人数でその必然の結果をひきだすことができる。それとともに宣伝と組織、すなわち支持者と党員は一定の逆比例をなしている。宣伝がうまく働けば働くほど、組織はそれだけ小さくてよい。そして支持者の数が多ければ多いほど、それだけ党員の数は少なくてよい。そして逆に宣伝が拙劣であればあるほど、それだけ組織は大きくなければならない。そして運動の支持者群が小さければ小さいほど、それだけその党員数は、かれらが一般にそのうえ、ある成果を期そうとするならば、より大きくなければならない。

ということになる。このヒットラーの、組織と宣伝の関係における力学の感覚を玩味する必要はあるようである。

コミュニケーションの否定

党員の増大は、理念と組織を粗いものにするというのが、ヒットラーの結論なのであるが、それは、自らの操作技術への自信でもある。ナチスの大衆化は、コミュニケーションをもたないことにあるから、個々のうるさい大衆の応接にいとまがないということはおこりようもないのである。だからその党員採用は、慎重に行なわれた。このことも彼の独創であるというよりは、やはりマルクス主義者や宗教団体から学んだのであろうか。

絶対責任の原則

すべての偉大な運動は、それが宗教的性質のものであると、政治的性質のものであるとを問わず、その力強い成功をこの原則の認識の適用にのみ帰すべきである。だが特にすべての永続的成功は、この法則を顧慮することなくしては、まったく考えられないのである。

という意見は、そのことを示すものであるだろう。

このような考えのもとに、党の組織づくりが終ると、宣伝部長の任にあるヒットラーはその「委員会に出席しなくなった。わたしはわたしの宣伝をし、それでおしまいだった。そしてそのうえ、この領域ではなんでも見あたり次第、なにも出来やしない男が、わたくしに口出しすることを禁じた。同様にわたしもまた逆に、他人に文句をいったりしなかった」

ここに虎視眈眈と目を輝かせているヒットラーをみる。俺も口だししないから、お前たちにもいらぬせっかいを言わせないぞという態度は、自己を固守する我利我利の妄者とも思われるのだが、ヒットラーの狙いはそういうところにはない。狙っているのは、党の支配である。

その支配すべき党を確固としたものにするには、宣伝をしっかりやっておくべきであり、そのためにも宣伝に執着したのである。だからまもなく党の第一議長に選ばれ、党の指導者として第一位についた時、宣伝にのみ執着するという「このナンセンスなことが終った」のである。「委員会の決議のかわりに、絶対責任の原則が導入された」のである。ヒットラーは、委員会の決議などという多数決の論理は、ここで打棄てる。宣伝と組織の関連を踏まえた独裁者の第一歩を踏みはじめるのである。

一九二一年には、党首の地位についた。宣伝部は、党の一機関ではない。宣伝は党そのものの存在に大きく影をかぶせてくるのである。絶対責任の原則とはなにか。多数決の論理の影にかくれた臆病者や無能者を放逐することである。

かれらにとってはある企てに対する単独責任はつねにいやなことだろう。かれらは、むずかしい決定をするごとに、いわゆる委員会の多数による背面援護があるならば、その方がもっと自由で快適に感ずるのだ。だがこういう志操には、できるだけ猛烈に反対して、責任に対する卑怯さは、少しも許容せず、それによって、たとえ長年の後にはじめてそうなっても、ほんとうにそのために適任でありかつ選ばれたものだけを、指導部にもってくるという指導者としての義務と指導者としての手腕についての見解を教育していくことが、わたしには必要だと思われる。

という独裁者としての指導原理をうちだしていくのである。臆病者にいくらかの権利をあたえることは、党の存立のために危険であった。

無能力者がたえずその間に入ってぺちゃぺちゃ口を出し、なにもかも知ったかぶりをするならば、ある課題にたいして実際に才能のある人物をうることができなかったからである。そのうえにもちろん、なんでもできる人間は、たいてい自分で統制し、息を吹きこめる活動のためにいいかいいかい他の分野をひそかに探るために、まったくしとやかに身をひいてしまったのだ。

という危険性は、伸びていこうとする党にとっては困る現象なのであった。この秀れた人間は、臆病者が力をふるう組織ではいや気がさすという彼の観察は、自己投影気味ではあっても、卓見で

ある。しかしこの卓見は、伸びいくことを願う組織によってこそ卓見であって、横綱のようにでんと構えた組織にあっては、このような卑怯もの、臆病ものこそが、一つの安全弁になるのであって、秀れた人間の大胆なる暴走を防ぐことになるのだ、ということは言っておかねばならない。

もっとも、豚のように太った組織の中では、この卑怯ものたちが派閥をつくる元凶となることはいうまでもないことである。しかしかくいうヒットラーが、ドイツの政権を握った時、その時の彼の視界の届かぬ組織の中に、彼の嫌悪する卑怯者をかかえこんでいて、その存在が彼の組織を崩さぬ安全弁ともなったのだし、旗色が悪くなってからは腐敗菌に育っていったのである。

総統神話の開始

一九二〇年十二月に「フェルキッシアー・ベオバハター紙」を手にいれている。最初は週二回、一九二三年に日刊紙、八月以後は大判になった。ヒットラーは、一九二一年八月の同紙論文では、早くも「指導者」と呼ばれている。総統神話の絶好の舞台となり「無私で犠牲的精神にあふれ、献身的で誠実」「目的意識がはっきりし、目ざめた人物」という讃美が開始される。

第十二章　労働組合の問題

第十三章　戦後のドイツ同盟政策

一九一九年のヴェルサイユ平和条約を「度外れた抑圧」として太鼓を打つことが、ヒットラーの宣伝のスローガンの一つであった。

――このヴェルサイユ平和条約から、人々はおよそなにを行ないえたというのか。意欲的な政府――

の手にかかれば、度外れた強奪とまったく恥ずべき従属のこの道具も、国民の激情を沸騰点にまで興奮させるどれほど強力な手段に変えられたことだろうか。またこのサディスト的残酷さを才気縦横に宣伝として利用することによって、どれほど無関心な民族を憤激させ、またこの憤激を本物の熱狂にまで高められたことだろうか。

抗議よりも戦闘を！

ヒットラーはこの平和条約を屈辱的な抑圧としてターゲット化し、そこに狙いをつけた。「われわれは再び武器を望む」と国民に言わせることのできる最大の宣伝武器として狙いをつけたのである。「失われた地域の再獲得は、神様にいかめしく請い求めても、あるいは国際連盟に無邪気に期待を抱いてもなされるものではなく、武力によってだけ実現されるということについて、ともかく、じゅうぶんに知っていなければならない」とヒットラーは断固として言っている。こうも断言する。「もし、われわれの運動までも戦闘の準備をする代りに、抗議の練習をするようにでもなったら、禍あれかし」。

この章は、『わが闘争』の中でも白熱している章であって、ヒットラーの興奮がピリピリと伝わってくる。こうも彼は叫ぶように言う。

主よ、われらの闘争を祝福し給え、その通りだ、そのような平和条約はこうしたことに奉仕することができる。その度外れた抑圧、その恥知らずな要求の中に、一国民の中で眠りこんでいる活力を再び揺り起すための最大の宣伝武器が見出される。

もちろんその時は、子供の初歩読本から始まって最後の新聞紙に至るまで、あらゆる劇場、

この世のあらゆる部分をハーケンクロイツで埋めよ

あらゆる映画、あらゆる広告塔、空いている板壁のあらゆる部分までがこの唯一の偉大な使命に向って——ついには今日のわが国の愛国団体員の〈主よ、われわれを自由にし給え〉という不安の祈りが、きわめて小さなこどもの頭脳の中でさえも〈全能の神よ、いつかわれらの軍備に祝福を与え給え、あなたがいつもそうであったように公正であれかし、今やわれわれがおよそ自由に値するかどうかを裁かれよ、主よ、われらの闘争を祝福し給え〉という燃えるような祈願に変るようになるまで——奉仕させられなければならぬ。

ヒットラーは、この条りで、ほとんど酔わんばかりの祈願を口述している。子供の初歩読本から空いている板壁まで、まもなくハーケンクロイツで埋められる。そして、彼の目は、ドイツ国内からしだいに世界にむかって、見開かれていく。他国では、戦時宣伝によって、反独的雰囲気を自国民に植えつけていた。これをまず打ち払わねばならない。それには、どうするか。この章は、宣伝の方法論を見るより、文章によるナチス宣伝そのものだといってよい。

ドイツ国が、自己保存意欲をあらゆる国々にも判るように回復させることによって、共通のヨーロッパという将棋盤で指し、また他国が一緒に指しうるような、一国家としての性格特徴を再びもつようにならぬ限り、不可避的に存続を止めないのである。政府と国民の中に、実際の同盟能力に対する無条件の保証が生じたと思われた場合、始めて一、二の国が平行する利害から、宣伝的感化によって自国の世論を好転させようと考えることも可能になる。もちろん、これもまた巧妙な工作を何年も継続することが必要である。一国民の心境を変化させるには、まさにこのような長期間に亘る継続が必要であるという事情の中に、その着手が慎重に行なわれねばならぬ理由があるのだ。

一国と後になって同盟する可能性をもっとも確実に保証するものは、けっして個々の政府当局者の誇大な話しっぷりではなく、むしろ一定の、合目的だと思われる政府の傾向がはっきり安定していること、および類似した立場にある世論なのである。政府権力の明白な活動が、自己の工作を宣伝的に準備し支持する面で大きければ大きいだけ、また反対に世論の意向が政府の傾向に、より明白に反映されていればいるほど、保証に対する信用もそれだけ確実であろう。

これを読んでいて感じることは、外国の反独的なムードを転覆するには、軍事的に強力になるよりほかはないことである。あわせて宣伝によって相手を信用させ、ついには支持させるところにまでもっていかねばならぬということだ。早急にヨーロッパ諸国と同じ将棋を指したいと考えているからには、そうしないわけにはいかないだろう。このあたりの速効性が、ヒットラーの成功であり仇ともなった気がする。宣伝国家の光栄であるとともに、没落の因となった気がする。

宣伝が可能にした疾風迅雷のスピード

ナチスは、疾風迅雷のスピードをもってドイツを掌握し、世界を席捲した。この驚異のスピードこそが、ナチス国家に死の匂いをつきまとわせる。その短命を思わせるのだ。なおこの章では、日本人への悪口が書かれている。

第十四章　東方調整か東方政策か

第十五章　権利としての正当防衛

これでようやく『わが闘争』を読み終えた。宣伝もしくは、国家宣伝の見地から、この本を読んできたのだが、宣伝的人間としてヒットラーの内質とは、いったいなんであったのだろうか。

いま私は早急に、一つの見解を提出したくないという気持ちに支配されている。さらにナチスの宣伝の実体をこれから個々にわたって読みとっていくことによって、考えはしだいに明るい洞窟の入口がみえてくることになるだろう。本書の第三巻第四巻が、その具体的検討になる。

ただいえることは、この『わが闘争』の十五章にわたる、この口述筆記の息づかい、章の組みたてかたなどに、その秘密がすべて隠されているとは言えるだろう。いくらよってたかって分析に分析を重ね、新資料を発掘してみたところで、ヒットラーとナチスの神秘は、いっこうに微動だにせず転落しそうにもない。つまりよくわかってこないのだ。ただ、この口述筆記の中には、ヒットラーの生理構造が含まれており、いや、そのものだとも言え、ここから読みとり、感じとり、考えとっていくより他はない。ナチスの不気味な魅力が、人間の生理を逆征覇したところにあるのは、確実なのだから。

ヒットラーと神秘生理学

ヒットラーの柔らかい髪

――わが身を典型化し、宣伝に供する――

髪のかたちは、卑近な例では、慎太郎刈りがそうであったように、ビートルズのヘアーカットがそうであったように、遠くは、清朝の弁髪、それに反抗した太平天国の乱の兵の長髪がそうであったように、単に個人の好み、時の流行を超えて、政治的であり、社会変革を指針するしるしでありうる。ケネディは、アイビーリーガーとしての髪形で、自らを典型化した。

ヘアースタイルも政治宣伝に一役買う

アドルフ・ヒットラーの髪もまた、彼の口ひげとともに、政治宣伝的であった。ナチスの幻想的なまでの世界制覇の野心は、ヒットラーのあのヘアースタイルとともにあったのである。髪そのものの力というより、髪の「かたち」の力が、ナチスを鼓吹し、世界を呪咀したのである。

あの七三にわけた髪のかたちは、右ならえされたものでは、なかった。総統ひとりの独占であった。ヒットラーの熱狂的なファンであった英国の女性が、その髪のかたちまでを似せたという写真を見たことはあるけれど、党員がいっせいに似せるということはなかった。絶対の犯すべからざるヘアースタイルであったのだ。スターリンのオール・バックが、特徴のあるものであった以上の絶対性を、ヒットラーの髪がたは、もっていた。

肉体の宣伝化

だからこそ、逆に、チャップリンの「独裁者」にみられるような模擬というものが、典型化されて成立しえたのである。ビリー・ワイルダーの傑作「第十七捕虜収容所」の米兵たちが、集団でヒットラーの扮装をすることができたのも、結局は、彼の肉体の宣伝化の行きとどきを、逆証するものだといえるのである。

あの映画での、腹のよじれるばかりの諷刺と滑稽は、ヒットラーの口ひげや、あの身ぶりとともに、ヘアースタイルの絶対化の恩を受けている。鬱屈、抑圧されたものの抵抗のありかたとして、諷刺と滑稽は、強力な武器となりうるのであるが、所詮は、後追いの行為である。諷刺の精神は、なにものをも獲《とら》え、典型化してしまう嵐の暴力性をもっているが、ヒットラーが揶揄される時は、

諷刺を受けやすいほどの典型化がなされていればそのシンボルは成功する

その諷刺の精神にとって、はじめから典型化が彼によって用意されていたといってよい。諷刺の効果は、典型化の冴えによって測定されるものであるが、この場合の典型化は、諷刺家の発明発見ではなく、ヒットラーによって事前に用意されていたといえるのである。

ナチスの膨大な写真資料群の中を、ヒットラーの頭を中心に、注目して眺めていく時、すぐに気づくのは、彼は、あまり帽子をかぶることがなかったということである。

もちろん、皆無ということはない。軍帽をかぶった写真もかなり見ることができるし、ソフトをかぶったのもある。それらは、総統のヒットラーにふさわしく、計略的撮影されているせいもあってか、よく似合っている。だが、よく似合うことが、彼の政治的野心にとって、なにほどのことかある、ということを彼は知っていた。政治が、「大衆」を相手どらねばならぬ以上、服装が、個人の趣向を超えて馬鹿にならぬものであることを心得るのは、いとやさしいにしても、ゲーリングの場合などのように、ついぞダンディに終り、人気とりに終り、真の政治的効果を発揮しえずにとどまる。真の政治的効果とは、「しるし」になりうるか、どうかということであろう。背広を数千着もっていたゲーリングなどは、その多彩な姿を大衆の面前に曝すことはできても、その多彩は、政治的効果にあっては、拡散にほかならないのである。つまり、集中化も典型化もされないわけであるから、「しるし」になりえようがない。

多彩は、政治的効果をもたない

ヒットラーが、初期にあっても、計略的、意識的であったかどうかは不明であるが、政権を掌握する時までの写真を見る時、帽子をきわめて効果的に小道具化していることが、わかる。たまたま、撮され、遺された写真が、そうであるにしても、できるだけ帽子を脱いで、手にもって、カメラの前に立っているような気がするのである。即ち、頭髪の見える自分の顔が、人目に曝されるようにしている。厳密に言えば、帽子をかぶっていない顔をもってカメラに向っているのである。

帽子の小道具化

目立つための計算

第一次世界大戦に従軍当時の写真は、軍帽をかぶっていることが多いのであるが、ひげだけは、やたら細面の顔に太くたくわえられていて、早くも目立ちたがるヒットラーを見るのであるが、一九一九年、負傷して、陸軍病院にはいっていた時の写真を見ると、患者仲間が十三人、記念撮影しているのだが、帽子をかぶっていないのは、二人で、そのうちの一人がヒットラーである。軍帽などというものは、いくらかっこのよいものであっても、なべて同じものであるから、人間もそのかたちにはまって、凡庸化してしまう。それを嫌ったのではなく、偶然そうであったにしても、帽子をかぶっていない彼の痩せぎすな、のちのヘアースタイルの原形をしめすような髪を見せたその風貌は、ひときわ目立つのである。まわりが、律義に帽子をかぶってくれているからである。

一九二三年、ナチスの代表として、ミュンヘン戦没者記念式に出席した写真を見る時、周囲の人間は、なべて男女を問わず帽子をかぶったままなのに、ヒットラーだけは、右手をコートの腰にあて、左手にソフトをもって傲岸なポーズをとって、なにものかを睨んでいるのであるが、やはり帽子をかぶらずに、頭髪を見せていることによって、ひときわ目立っているのである。その隣には、長身のローゼンベルクが、両手をコートのポケットの中につっこんで、ソフトをやや上向きに、かつ斜めかげんにしてかぶっている。すらり立っているその姿は、酷薄な印象をあたえるが、目立つことにおいては、ヒットラーの比ではない。

髪がばらりと額にかかる効果

演説会場の入口のあたりの両側に、突撃隊員が挨拶の片手を一斉にあげて作りあげたトンネルの中を退場するヒットラーの姿は、やはり帽子は手にもっていて、その頭を覆っていない。獅子吼したあとの余韻を表情に残し、髪がばらりと額にかかっていて、凄壮である。

一九三三年、ついに新首相となった時、ヒットラーは、ヒンデンブルグ大統領と握手した。大統領は、帽子をかぶったままで手をさしだしているが、ヒットラーは、シルクハットを手にしていて、

効果の意識化

ヒットラーは当面の相手を意識するより会場を意識する

やはり帽子を脱いでいる。それは、儀礼のせいもあるが、彼は、自分が、この際にあって、かぶらないでいることが、どういう効果をもたらすものであるか、そのことをこのごろの彼にあっては、意志的に演出的に、選びとっているといわなくてはならない。

この場合、ヒンデンブルグを意識したというより、会場を意識したのであり、さらには、翌朝には、たちどころに配布されるであろう新聞の写真を意識したのである。つまり「大衆」の目を計算したのである。帽子を脱ぐことにより、忠実なるヒンデンブルグの下僕たること、ひいてはドイツの下僕たることを印象づけようと計っているのである。

この計略は、帽子をかぶって外に赴く時にも、習性と化していた趣きがある。総統専用の飛行機から降り立つ時、ゲッベルスやその他のものは、帽子をかぶったままなのに、ヒットラーだけは、帽子を脱いで、あの特徴のあるヘアースタイルを曝して立つのである。演説のさいにも、オープンカーでの入城のさいにも、閲兵のさいにも、ヒットラーは、律義に帽子をとって、頭髪を人前にさらすことを忘れていない。

それは、彼のヘアースタイルというものが、どのような効果をあたえるものであるかということに、よほどの自信と確信があったからだと、言わなくてはならない。帽子を手にもつということは、帽子をかぶることがあるからであるが、時たま帽子をかぶったヒットラーの写真を見かける時、似合わなくはないが、どこかナチスの党首という威厳に欠けているように見えるのである。これでは、悪いシンボルである。あの幻想国家ナチスの総統のいでたちに、ふさわしいとは思えない。

こんな写真がある。テンペルホーフ広場で、ヒットラーを真ん中に、ヘスとゲーリングが囲んで立っている写真がある。展示としてのヘアースタイルということからすれば、これはまずい。なぜなら、ヒットラーは、例によって帽子をとり、壇上に横たえているが、ゲーリングもまた同じよう

ヘアースタイルは七三――頭をひとひねりし、落ちた髪を手でかきあげるポーズ――

第一次世界大戦で従軍した時のヒットラーの写真は、帽子をかぶっているものが多い。戦争だから当然でもあるが、顔がずいぶんと長い。負傷して入院中の写真で、無帽のものがある。どうも彼の頭はとんがって、かっこが悪く、よいヘアースタイルが発見できないでいたようにも思える。

彼の七三の髪型が、世界のヒットラーの商標になるのは、どうやらすこし太ってきてからのようだ。そして小学校時代の記念撮影の際の額にすこし垂れるヘアーが復活したとも言える。

帽子を離さない男

ソフトで憩う

手には帽子

政権獲得前のヒットラーは、無帽のものが多い。彼の柔らかい髪は演説で絶叫したりすると、バサッと額に垂れた。その人にあたえる視覚効果を知ってか、無帽が多い。しかし帽子を着用しなかったのではなく、写真などを見ると手にはもっている。周囲がみな帽子をかぶっている時、彼だけが無帽でいることは目立つことである。人のいない山荘の憩いの時は、彼はヨレヨレの背広にソフトをかぶっていた。無帽は、あきらかに計算であった。

ゲーリングは軍帽、ヒットラーは脱ぐ（156頁下）。中央のヒットラーは無帽。左のヘスは帽子。だが右のゲーリングは脱いでしまった（156頁上）。157頁はアウトバーンの鍬入れ式。無帽のヒットラーは髪を垂らしてシャベルを動かした。158頁は戦艦を訪れた、軍帽をとらぬヒットラー。

ヒットラーが帽子をとると、ゲーリングも帽子をとった!

にしているからである。ヘスは、帽子をかぶったままであるからこの三人の立ち並んださまは、どうしても不揃いなのである。

ゲーリングは、なぜ帽子をとってしまったのであろう。ヒットラーが脱いだので、反射的に自分もとってしまったのかもしれないが、うかつである。幹部ならば、ヒットラーが、自らの肉体をどのように演出しているかを見抜いていなければならないはずである。心なしか、ヒットラーの表情は、けわしいけれども、まあそのせいではないにしても、帽子を脱いだヒットラーとゲーリングが並ぶと、異相のヒットラーと恰幅のよい美男のゲーリングとが、同格になってしまって、むしろヒットラーの鋭い異相は、貧相におちいり、めりはりが消えてしまう。陳列効果からすれば、ゲーリングがその悪効果に気づかないならば、ヘスが気をきかして、いっそのこと帽子をとるべきであったかもしれない。

いずれにしても、ヒットラーは、政治宣伝にとって、大衆操作にあって、独特のヘアースタイルという看板が、馬鹿にならぬ力を発揮することを知っていたのである。

ここで、彼のヘアースタイルそのものについて考えてみたい。人間の頭のかたち、もしくは毛髪のもって生まれた性質が、ある程度ヘアースタイル選択を決めてしまうのではないか、と思われる。私自身のヘアースタイルは、高校を卒業してからはじまった。なぜなら、それまでは、坊主頭であったからである。慎太郎刈りというものが、旋風をまきおこしていて、私も髪をのばすにあたって、無定見にもこれを採用することにきめていた。ところが、いざ実行しようとしてまず困惑したことは、どうしても慎太郎刈りに似てこないのであった。床屋で「どうしますか」ときかれて、おずおずと「慎太郎刈りにして」と呟いたのだったが、鏡の中に、仕上っていく髪のかたちを見ていても、私がひそかに期待していた、そのころ、「おいらはドラマー」などと歌っていた石原裕次郎の髪かっこに、いっこうに似てこないのである。腹が立ってしかたがなかったが、いちゃもんをつける勇気もなく、すごすごとお金を払って床屋をでた記憶があるが、今考えると、土台、無理だったのである。

そもそも、私の髪の質の土台が、慎太郎刈りに不向きであったのだ。髪の毛が土台、私の場合、細く、柔らかすぎるのである。慎太郎刈りは、硬質の剛毛がよいのであることがわかったのは、ずっとあとのことである。私の髪型は、それ以来十数年というもの、変っていない。似ても似つかぬ慎太郎刈り崩れなのである。今は、なにもかもめんどうになって長髪気味だが、慎太郎刈りの余韻を引きずっているにちがいない。

そして、ヒットラーの髪型について、あれこれ思いめぐらしているうちに、ふと気づいたのは、なんだか慎太郎崩れの私のヘアースタイルが、ヒットラーに似ているように、思えてきて、凝然とした。慎太郎刈りが、変型を遂げると、ヒットラー刈りに近づいてくるとは！　髪を洗って、ぺったり頭膚にはりついた時、特にそうなる。

ヒットラーの髪は、七三にわけられている。細いため毛の量がすくない。外人に、若禿が多いのは、細いのと抜けやすく量がすくないため、額などは、たちまち広い面積へと変っていく。ヒットラーの髪も、おそらく、ぽやぽやに柔らかかったにちがいない。その柔らかさを生かすには、あのスタイルが、もっとも安定したものであったにちがいない。そして、七三にわけても、髪が柔らかいため、額へ落ちてきて、斜めに垂れて、額の何分の一かを隠すスタイルが生まれたにちがいないのだ。

生まれ落ちた時から髪のスタイルは、固着性や怠惰のせいもあるにしろ、ある程度は決定されるのではないかと、私は言ったが、ヒットラーの赤子の時の写真を見ると、そうでもない。おかっぱ頭にされて、髪の毛は、額全体に垂れかかっている。だが、小学校時代のクラスの記念撮影では、最後列の中央に腕を組み、あごを空に向けて立っており、その髪型はとみるに、きわめて後年のヒットラーのそれに近似している。額を斜めに横切る垂れ具合が、近似している。

一九一四年、ドイツの宣戦布告をきくために、ミュンヘンのオデオン広場に群衆の一人として紛れこんでいる二十四歳のヒットラー青年の髪型を見ると、髪は七三というより、六四にわけられているが、ひげは、後年のかたちにそっくりである。このひげは、従軍後、ハの字に切り換えられるのではあるが、戦後ナチ党に参加してからは、青年時代にたくわえた鼻の下のひげのかたちに、早くも戻している。

七三と六四の髪のわけかたの差

はたして、髪のわけかたに、七三は別とし、中央にわけるのも別とし、六四というのがあるかは、疑問であるにしても、もし後年、六四という独得のわけかたから、七三へと移動していくのは、もともと豊富でない毛の量が、抜け落ちて少なくなったため、六四が無理になったせいであるまいか。

ミュンヘン一揆に失敗したころの髪かっこうは、後年のように垂らしてはいない。ポマードをてかてかにつけて、かきあげて、おさえつけて、額の全貌をあらわにしている。ナチ党党首に就任したころまでは、そうである。このころまでは、髪の毛がまだ豊富であったのだろう。

おそらく、ナチス第三帝国のしるしたる、ヒットラー独得の斜めに垂れさせたヘアースタイルが完成するのは、彼自身髪の量に対して不安を抱くようになってからであろう。もともと、ヒットラーの柔らかい髪は、このようにポマードでおさえつけようとも、すこしく動きが激しくなれば、ひとりでに落ちて、額に垂れるものであったことは、絶叫する演説写真を見れば、瞭然であるけれども、この垂れ髪の効果を、ヒットラーは、そういう経験の中で知ったのであるだろうし、さらに後年、

垂れ髪の効果

髪の毛が大量に抜けはじめ、額が、とてつもなく拡大した時、彼は、断然、髪をたらすスタイルを

つくりあげていったのではないか、と、憶測するのである。その時から、ヒットラーの世界制覇の勢いは、確固たるものになって、放下したのではあるまいか。髪が薄くなったことを意識しはじめた時から。

人間的といえば人間的であるが、人間的であることは、なんと惨忍な幻想を現実化することか。その時から、同時に、敵国の諷刺の対象ともなって、ヒットラー型のヘアースタイルは誕生するのである。

ヒットラーの髪型は、写真でよく観察すると、可愛げのあるものである。髪の毛が薄くなった人が、よくするように、深く刈りこんでいるので、生え際は、まるでニワトリの毛をむしりとったような気味があり、手入れを怠ると坊っちゃん刈りともなり、髪が柔かいせいもあって、そっくり前日の寝相が出て、頭のうしろに逆毛が立つ。

そうではあるが、いちど、私は、ナチスの記録映画を見たことがある。ヒットラーが演説しているシーンがあって、その光景を見ていると可愛らしいというものではなかった。写真で見ている以上に、ヒットラーの髪の毛が薄く、スケスケなのにも気づいたが、その演説中に自己陶酔して激しく頭をふるので、髪が額にザンバラと降りかかる。そして途中なんども垂れさがる髪を、頭をひねって手でかきあげているのを見た。このしぐさは、髪が額にかかって、うるさく感じられるので、かきあげるのではなく、すべてが計算づくであることを、フィルムは、冷たく暴いていた。

頭をひねって髪を手でかきあげる

もちろん、専属の理髪師がいたのであろうが、髪がかっこよく垂れるように整髪しなければならなかったであろう彼は、ヒットラーの機嫌をそこねないように、たえずびくびくしていたことであろう。散髪というものは、だれでもが思いあたるであろうように、うまくいかなければ、一日中、くさくさし、その人の行動までを支配するのである。ましてやヒットラーは、あの髪型を、個人の

我が身を陳列効果に供する

好みを超えて、政治宣伝としての陳列効果にまで我が身を提供していたのであるから。

ただ一つ、なお疑問が残るのは、ヒットラーの薄くなった髪は、晩年まで、あまりそれ以上には進行しなかったことだ。もし、実際は、すっかり禿げあがってしまっていて、かつらをつけていたのだとしたら、つい想像してしまうのであるが、だとすれば、そのかつらは、毛が薄くなった「かつら」であるわけで、その作り手の腕は、したたかなものであったと言わなくてはならない。陳列効果をはかるためには、当然そうしても不思議ではないが、やはり途中から、毛が抜けるのが停止したのかもしれぬと、このごろやたらと髪の毛の落ちはじめ、そのことが気になりだしてきている私個人としては、そう思いたいのではあるが。

毛が薄くなった「かつら」

追記

ヒットラーのひげについて、すこし語りたい。彼のチョビひげは、「チャップリンひげ」とも呼ばれ、彼をからかうさいに用いられた。だが、この嘲笑は、当然、彼の耳にも届いていたはずなのに、いっこうに変えようとはしなかった。それは、なぜか。嘲笑されるだけ、効果があると睨んでいたからだろう。マンガに描かれやすいスタイルをもつことは、一つの典型化の成功と見なしていたにちがいない。

ヒットラーはチャップリンの髭を模倣

彼のひげは、偶然、チャップリンのひげに似たのではなく、ヒットラーは、ある時から意識して、チャップリンを真似たのではないかとさえ、私は思っている。なぜならチャップリンは、彼が政治家として登場する前から知らないものはいない「世界のチャップリン」であった。この著名度は、まさしく真似するに足りるものだったにちがいないからである。敵をそっくり真似するというヒットラーの宣伝の手口を思う時、そう思わざるをえない。

もっとも、ヴェルナー・マザーは、その著『ヒトラー伝』（黒川剛訳・サイマル出版会・一九七七年刊）で、異った見解を発表している。「ヒトラーは横に張りすぎた鼻をかくすために（おそらくディートリヒ・エッカルトの髭の形を真似して）『蝶タイ』型の髭を生やした。周囲のものには当初あまり評判が良くなかったが、ヒトラーは変えようとしなかった。もっとも一九三〇年まででは自画像を描く場合にこっそり別の形の髭を描きこんだこともある」と。とはいえ、「横に張りすぎた鼻をかくす」こととチャップリンの真似をすることは、同時にありうることで、矛盾ではない。

それよりも、彼が自分の肉体をよく見届けていることに感心するし、マザーの言うようにエッカルトの真似をしたとしても、そこにはあきらかに「真似」の力が介在していることになる。

ヒットラーの妖眼

――青い目の伝説とその宣伝――

第二次世界大戦末期、ヒットラーは、ひそかにスウェーデンのベルナドット伯爵を通じて、降伏交渉を行っていた。戦後、同伯爵の手記『幕降りぬ』（衣奈多喜男訳・国際出版株式会社・一九四八年刊）が発表された。その中で伯爵は、こう述べている。

「ゲッベルス博士のはげしい宣伝にもかかわらず、人々は戦争に負けたと考えている。しかしあるものは、不幸の全責任を負うべきものが、ヒットラーであることを理解せず、また理解しようともしなかった」と言い、「このことは特異なことであり、また特徴的なことでもあった」と自注し、「この独特の感情が、第三帝国の最後の瞬間まで、大部分のドイツ国民をヒットラー総統につなぎとめていたのである」と結論したのち、さらに言う。

「ドイツの人民にとってそれは素晴らしい夢であった」

> 人々はかれに忠誠を誓っていた。だからかれのもとに死なねばならないのであった。アドルフ・ヒットラーの夢は、他国民にとっては、ただ悪魔の幻影にすぎなかったけれど、ドイツの人民にとっては、それは素晴らしい夢であった。

この伯爵の言葉は、玩味するに足りる。他国民にとっては、悪夢であっても、ドイツ人にとっては、「素晴らしい夢」であったという事実である。理智的なゲッベルスの宣伝が、負け戦さによって空転するようになっても、もう一つ奥深いところで、ドイツ人を夢見させていた宣伝の魔力は、生きつづけていたということである。「単純な人間というものは、自分で救世主と信じたものを否定することができない。また救世主が創作したプログラムの生々とした幻想を棄て切ることもできないのであった」とベルナドット伯は解いてみせるが、人間の多くは単純なのであり、いや人間は単純になりたがっているところがあり、「夢見る」ことは、単純にならなければ、できないのである。

人間は単純になりたがっている

「数百万のドイツ女性が、彼の催眠術的な視線に魂を奪われた」

その手助けをしたのが、ヒットラーであったとも言え、また逆には「ヒットラー」は、ドイツの人民の合作であったとも言える。インテリと呼ばれる複雑人間たちは、単純になりたいという人々の欲望、夢を見たいという欲望を、邪魔することはできなかった。複雑な神経は、夢見る者たちの存在の前にほとんど無能であり、沈黙するか国外へ逃去するか、自らも単純へ身を投げていくしかなかった。

ヒットラーは、ドイツ人との合作であると言っても、傀儡的な偶像であったわけではない。ヒットラーが夢見たことが、そのままドイツ人の夢であったということなのである。自分の夢が、ドイツ人の夢と一体化するためには、そこに宣伝の魔術が、技術としてはいってくるだろう。ナチスの宣伝術には、近代的なるものと非近代的なるものとが混在しているが、人々を夢見させるのは、非近代的なるものの力であった。

その非近代的な魔術に、ヒットラーの目の力がある。たとえばルイス・スナイダーが「数百万のドイツ女性が彼の催眠術的な視線に魂を奪われた」「彼の目はある種の不可思議な力、数百万のドイツ人をひきつけた催眠術的効果をもっていた」というその眼力である。この目の力は、まったく個人の肉体に属したものであり、ヒットラー特有のものである。その催眠術的視線が彼にあったとしても、周辺の人間ならいざしらず、その放射が、ドイツ人すべてを「素晴らしい夢」に導くことにどうしてなるのか。なるほど集団催眠なる便利な言葉がある。しかして近代の宣伝術の精華を駆使しても、そうやすやすと人々は、集団催眠にかかるであろうか。

『ヒットラーとその運動』という本がある（小池四郎訳・実業之日本社・一九四〇年刊）。コロンビア大学教授セオドル・アベルという人の著書であり、彼は一九三三年の夏、ドイツへ行った時、自叙伝を募集した。ナチスが政権を握ってまもなくである。一九三三年一月一日以前にナチスの党員もしくはシンパであったものが、その応募資格者で、四百マルクの賞金を提供した。私費である。六百八十三通の応募者があり、その伝記をもとにして、「どんな人達がヒットラー運動に参加したのか、どんな過去の経験と要因がそれ等の人々の背景にあつてその運動に飛びこむやうになつたのか、どう云ふ根拠の上に立つてその参加を肯定したか、運動はどんな風に発達して行つたか、どんな障碍を克服したか、黨員個々人はどんな活動をしたか、運動の発展途上に遭遇した反対派の反動的妨害がどんなに反つて発展の拍車となつたか」を見ようとしたのである。

「物事に先を越し、勇敢で、且自信のある者は往々にして大衆から認められる」

セオドル・アベルという人は、社会学部の教授らしいが、私費を投じてまで、このようなこころみをあえてする精神とは、なんであろうか。教授の思想的背景は、審らかならぬが、第二次世界大戦までは通用したアメリカ人のおそろしさを見る気もする。「危機と云ふものは人間の評価に新しい規準を與へるやうになるものであつて、物事に先を越し、勇敢で、且自信のある者は往々にして大衆から認められる。だがこのことは、指導権の獲得を志すものは誰でも指導者になり得ると云ふ意味ではない。大衆がこの人ならばと進んでその部下になるには、その人間に自惚れや自負以上のものがあるのを認めた上でなければならぬ」というのが、教授の分析であった。「それ以上のもの」であるかどうかを見るには、どうしたらよいか。ヒットラーと民衆との関係を見るのが近道だとし、いくつかの例を応募原稿から引いている。その中に、ヒットラーの目について述べている例がある。その目こそが、「それ以上のもの」の与件となっているのである。

「ヒットラーを初めて見た」ことの啓示力

> 一九三一年九月にゲラでのS・Aの集會で、ヒットラーを初めて見た。この初めて見たことが、我々にとつて一つの啓示であつた。そして我々はヒットラーが行けと命令すればどこへでも盲滅法に突進して悔いない氣がした。

ヒットラー天気

どこでもヒットラーがゐる間は天氣であった。「ヒットラー天氣」と云ふのはそれだ。ヒットラーの到着するまで、そしてヒットラーが立去った後は、ビショ濡れになるやうな大雨だった。然し假令ビショ濡れにならうとも、ヒットラーを見、ヒットラーを聽ければ物の數でもなかつた。

「ヒットラーはいつもその目で残らずの人を見つめる」

我々はチュリング國境まで平服で出かけて行った。制服がプロシアではまた着用禁止になったからだ。その後で年寄りの同志が、ヒットラーが自分を真直ぐに見詰めてゐたと、目に涙を浮べながら、私にさう話すのだ。ところが實はヒットラーはいつもその目で残らずの人を見詰めるのである。S・Aが彼の前を行進して行く場合など、隊員を一人一人その目で見詰めるのが癖であつたのだ。

ヒットラーは、誰も見ていない

この手記の人は、年寄りの同志が、「自分を真直ぐに見詰めてゐた」と涙を浮べてその感激を語るのに対して、「一人一人その目で見詰めるのが癖」と裏返して見せるのであるが、彼もまた、ヒットラーの目の秘密に到っていないように思われる。つまり、ヒットラーの催眠術、「素晴らしい夢」を見させる魔術を見損っている。見損う故に、ヒットラーの眼力は人をさらうのである。

即ち、ヒットラーの目は、人をして自分だけ見られたように思わせるのであり、すこしく分析力のある者には、一人一人見つめるのだと思わせるのである。どちらであっても、そう思わせることは、マイナスではなく、またそのどちらも結局は、同じことなのだ。そして、私に言わせるならば、ヒットラーは、おそらく誰も見ていないのだ。目を見開いて、視線を人々に向けているが、その視線は、誰をも見ていないのだ。だから、そのことによって、人は自分だけ見られたような気がしたり、一人一人を律義に見ているという風にとったりするのだ。

視線を向けたまま誰をも見ないということによって、その目はすべてに開かれることになる。こういう現象は、名優と言われる人がみなもっている目の使いかたであり、呪力であり、感激させる力である。それは、眼の筋肉のつかいかたの問題ではない。そんなことをしていれば、疲労困憊して身がもたないというより、その眼は、物理的な眼力を失って、すでに心性に従属している。誰をも見ないことによって、誰をも見ているという自分を越えた目になっているのである。

アベルは、このようには分析しないが、「一言にして言へば、豫言者のもつ特性の凡べてが人を惹付ける」と総括し、「その人はある天職を果せよと神から命ぜられてゐる人、超人的特性を賦與され、一切の疑問と迷妄とを解くべき能力を働かし得る人だと云ふ感じを他人に持たせ得る人でなければならない」とし、「ヒットラーは丁度その通りの印象を國民に與へるに成功した」と言い、「歴史上多くの超人的指導者」と同じであったと解いている。

誰をも見ないことによって誰をも見る

誰をも見ないことによって誰をも見るなどというしわざは、精神と肉体のバランスをとりながら生きている人間には、曲芸に近く、それは名優の共通した属性というより、宗教家のしわざに近い。それは、精神と肉体が一つになってしまっているからである。ドイツ大使であった英国のヘンダーソンは、行進の閲兵にあたって、右腕を差し伸ばす敬礼のポーズを四時間の長きにわたって続けているのに驚嘆しているが、ここにも腕の鍛練以上のしわざが働いていると見なければなるまい。のちにヘンダーソンは、「あんなことをどうしてやってのけるのか」とヒットラーに質問するのだが、その答は「意志力」であったと『使命の失敗』(早坂二郎訳・岡倉書房・一九四六年刊)の中で述べている。「私は、それが非常に技術的に修練の積んだものであるのに驚ろいたのであった」と大使は感想を洩しているが、それは、ヒットラーの言う「意志力」でも、ヘンダーソンの言う「技術的に修練」した結果でもなく、もっと肉体を超えたところにあり、だからこそ人々は魅せられたの

ヒットラーの魔術は人々を夢見る人形に組織する

だと言ってよい。それが、魔術であるなら魔術であり、魔術と言ってしまえば、それ以上には、議論は進まず、また分析しきれない故に、論者は、ヒットラーの魔術と言うよりしかたがないのだ。そして、あきらかに、ヒットラー個人の魔術を最大限にナチスは利用し、利用させたのである。高度に利用することによって、人々を、夢見る人形として組織化しえたのである。

ゲッベルスは言う。「あの大きな青い目。星のやうだ」

　ゲッベルスでさえ、「あの大きな青い目。星のやうだ」と、最初の出逢いで、うっとりしたように、その印象を述べている。それは、一九二六年の日記で、公刊日記ではないから、彼の真実の声があると言っていいだろう。ゲッベルスは、感激と興奮の能力、そして隣り合せた冷静ということでは、小ヒットラーの如きところがあるが、彼の感激と興奮は、自己陶酔の気味があって、自らを超えるところまでに己れを激発し、己れを無化するところはなかったし、彼の冷静さは、自分をもう一人の自分が見るというヒットラーの冷やかさと違って、きわめて理智的なものであり、ということは、結局は、彼もまたヒットラーの目に魅せられる人物の一人にすぎず、その細緻な理性は、ヒットラーの魔眼を、ナチスの人さらいのために、利用し、なぞり、あとづけることに最大の力を示すことになった。その意味では、ヒットラーがいなければ、ゲッベルスの宣伝の才は生きず、ゲッベルスがいなければ、ヒットラーの魔眼も、小規模な妖力しか発揮しなかったとも言え、両者は相補の関係にあったと言える。

　だが、ヒットラーの目は、本当に魔眼であったのだろうか。ヘルマン・ラウシュニングは、『永遠なるヒットラー』（船戸満之訳・天声出版・一九六八年刊）の中で、つぎのように暴いて見せる。

深く青い瞳の伝説

　ヒットラーにはなんら魅力的なところはなかった。そのことは、今ではみんな知っている。しかしその頃は、彼の深く青い瞳なるものについて伝説ができあがっていた。実は深くもなかったし、青くもなかった。眼は据わっていた、つまりどんよりしていた。

彼の談話録は、一九三三年から四年にかけてのものであり、その後党員であった彼が、脱党したのちに書かれたものであり、ヒットラーの魔の憑き物を払い落さんとするように辛らつであるが、深く青い瞳ゆえに、ヒットラーの催眠術的魔眼があったとは、思われない。「眼は据わっていた、つまりどんよりしていた」という暴露的な否定の言辞そのものこそに、むしろ魔眼の属性があったとさえ言えるからである。

西洋人にとって、青い瞳というものが稀有なものかどうか知らぬが、そのことが、一つの伝説になっていたことは、確かである。ワルター・ケンポウスキーの『君はヒットラーを見たか』（到津十三男訳・サイマル出版会・一九七三年刊）には、二百三十人の証言が採録されているのだが、それを見ると、ヒットラーの目について述べたものが、十八人あり、そのうち五人は、瞳の色に言及している。ただし一人は、青い目だとは言っていない。

「すばらしかったではないか、あの青い目は」

「彼は大きな濃い藍色の目をしていました。このような目は、フリードリッヒ大王もしていたのに相違ありません。濃い藍色の目で、彼は人びとを見つめていました。そして、あまり上品なたとえではありませんが、ちょうど蛇ににらまれた蛙のように、人々は催眠術にかかったようになりました（大佐、一八九五年生れ）。……

私の母は、かつて一度もナチではありませんでした。ある時父と母はヒットラーのところに招待されました。帰ってから、父は「すばらしかったではないか、あの青い目は、すばらしかったではないか」と言いました。母はこれに答えて、言いました。「そうは思いません。あの人は、冷たい魚の目をしています」（書籍商〈女〉、一九二〇年生れ）。……

前と後に高射砲を乗せた列車が到着しました。豪華な車輛はガラス製で、ヒットラーはそのなかに腰かけて、りんごを食べていました。目の色は、輝くような青でした（女流作家、一九〇五年生れ）。……

われわれは、人垣を作っていました。私は二列目か三列目に立っていました。そして、ほんとうにヒトラーが悪魔的なまなざしをしているかどうかよく気をつけていようと思いました。しかし、われわれは直立不動のままで、顔を動かしてはなりませんでした。彼がゆっくり通過した時、私は目だけを動かすことができました。顔は海綿のような、マスクをかぶっているようで、目はうるんだ灰色をしていて、視線はすわり、誰をも見ておりませんでした。その目には、どこやら正気でない、不安なものがありました（出版編集者、一九一六年生れ）。……

当時の私は、それでも少しは彼にひきつけられました。はっきり言えませんが、彼が青い目をしていたことは、私は前から知っていました（大学講師〈女性〉、一九二〇年生れ）

ラウシュニングは、青い目ではなかったと言うが、他の色は指摘していない。或る出版編集者は、「灰色」であるとしている。いったいに人間は、よほどのことでないと、目の色まで、相手を見ない。ある出版編集者が、灰色まで見たのは、ヒットラーを見ようという動機に、「悪魔的まなざしをしているかどうか」と言うことがあったからである。その結果、目の色は、灰色であった。青ではなかった。

しかし、だからと言って青でなかったという確証にはならないだろう。なぜなら、色というものは、光線によって変化するからである。青に見えたり茶に見えたりすることがある。もし平均値の光の下で緑灰色であったとするなら、光の加減によって、青に見えたり、灰色に見えたりすることがありうるだろう。また心理的な思いこみも、色の判定を左右するはずで、日本人の肌は、黄色いと通常言われていても、女の腿を、黄色い腿と人は言いやしない。白いというのである。いわんや、はじめからヒットラーびいきの父親にとっては、青い目であって、その確認にいよいよ興奮していても、ある。ヒットラーびいきの父親にとっては、青い目であって、その確認にいよいよ興奮していても、ヒットラー嫌いの母親は、「そうは思いません」とすげないわけである。彼女が、ラウシュニングと同じように代りの色を指摘していないのは、色が複雑であったからだと言えないこともない。

しかし、青い目であることが、人々の神秘感を誘うのであるなら、その「青い目」はまさしく宣伝し、伝説化するに値することがらであり、ゲッベルスが、その「青い目」に感激した時も、すでにその伝説化の宣伝は、はじまっていて、その先入観に彼自身、籠絡されていたとも言えるのだ。もしヒットラーびいきであったなら、目の色を判断することのできない位置にあっても、青色であるとなにがなんでもそう見てとるであろう。彼等は伝説の青い目を見てしまっている。その時それは、まさしく青なのだ。ラウシュニングは、こう言っている。「どうやら人がその魔力に属するのは、そうなることを自分から欲している場合にのみ生ずるようだ。ヒットラーが、強烈な印象を与えるのは、自己暗示にかかりやすい女性的な性質をもっているか、あるいは教育と社会的地位のためへつらいと個人崇拝になれてしまったような性格の持主に対してであることが、はっきり目についた」と。

青い目が神秘的であるなら、それを宣伝し伝説化するに足る

澄んでいる目

この「青い目」と同じほどに「澄んでいる」という伝説もついてまわった。『君はヒットラーを見たか』にも二件ある。

彼は、非常に大きなすんだ目をしていて、人を射るように見えました（主婦、一九一六年生れ）。……

私がナチスの少年団に加入してから、ちょうど一年たっていました。私は、この澄みきった目をした人を、立派だと思いました（商人、一九二四年生れ）。

澄み切った目というものは、稀にはある。いかに澄み切っていようともその人の心が澄み切っているとはいえないのだが、稀であることによって、人々はなんらかの意味をあたえようとする。しかし、ヒットラーは、その稀な澄んだ目の持主であったかどうかは、わからない。二人の証言を読んでも、はじめからヒットラーは、澄んだ目の持主であると、きめこんでいて、その思いこみの上にたって、あえて彼の中に澄んだ目を見ようとしている気配がある。

ヒットラー崇拝者には、その目は大きく見える

目の大きさについても、大きいという説と小さいという説とがある。写真で見るかぎり、特別大きくも小さくもなく、むしろ普通より小さいという感じだが、ヒットラーに熱中しているものにとっては、大きいはずである。それが人間のあてにならぬ心の目である。そう信じ、そう見えたものにたいして、あてにならぬことなど言って非難しても、ほとんど意味はないのだ。

だから、ヒットラーに関心を寄せていないものは、その逆の発言をする。「目はうるんだ灰色をしていて、視線はすわり」という言いかたになる。魔法から解けたラウシュニングなどは、「どんよりとして」などと言う。「魚の目」と言った比喩も生まれる。

やわらかい海綿のような、はれぼったい顔と、くぼんだ、うるんだ目をしていて、軍帽は目のふちまで深くかぶっていたので、目の上には暗いかげがおちていました。医学上の言葉でい

「軍帽は目のふちまで深くかぶっていた」

えば、彼は光線に弱かったのです。われわれが、ヒットラー切手で受ける感じとは裏腹に、スポーツマンらしからぬ人という印象でした（将校、一九一二年生れ）。……

軍帽をまぶかにかぶっていたので、彼の目はほとんど見えませんでした。あのおかしな、鉄道員の帽子といった感じでした（企業家、一九一〇年生れ）。……

まるで靴ズミのような、チョビヒゲをはやし、目はこれといった魅力にとぼしく、私は、単に上面だけの飾りにすぎないと感じました。全体がまるで装飾そのもので、個性というものは感じませんでした（主婦、一九一一年生れ）。

「人を射るような目」
「よどんだ目」
「すわった目」
「くぼんだ目」
「うるんだ目」

「人を射るような目」もよく言われる。「澄んだ目」が、「人を射るような目」につながっていくのか、「人を射るような目」の時は、「澄んだ目」でなくなっているのか、そのようなことはわからない。ただ、写真などを見ていると、これが「澄んだ目」なのかと思わせるものがあり、「射るような目」かなと思わせるものもあり、「よどんだ目」もあり、「すわった目」もあり、「くぼんだ目」もあり、「うるんだ目」もありそうな気がしてきて、それらすべてがヒットラーの目であったとしか言いようがないし、またそうだろう。

「お母さん、あなたはこの人の目を見なければなりません」

しかし、偉大なヒットラーの目は、澄んだ、人を射るような、青い目でなければならなかったはずだ。「一人の女性が、〈お母さん、あなたはこの人の目を見なければなりません〉と言いました」（機械組立工、一九二二年生れ）という証言もあるが、母へのこの命令は、「澄んだ」「人を射るような」「青い目」を見よということなのである。「ヒットラー切手で受ける感じとは裏腹に」と実物体験を否定的に語るものがいるのも、伝説のイメージと、まきちらされた複製写真のイメージが、人々の熱狂する心の中で、繁殖していたということであろう。

ヒットラーの恋人、死の結婚式を防空壕の中で挙行したエヴァ・ブラウンの姉のイルゼが、最初に彼と逢った時、それは、やはり複製のヒットラーが彼女の中で、先行していた。

「常にまたたきせず一点を凝視する」

「彼の瞳は青みがかった空色、激しい視線が印象的、常にまたたき一つせず、一点を凝視する。やや失望、というのも、わたしはもっと見ばえする男性、いたるところに見受けられる彼の肖像写真に近いものを期待していたから」

「ビリヤードの球のような目」

そのように彼女は感想を日記の中で洩している。(『エヴァ・ブラウン』ネーリン・E・グリーン、村社伸訳・リーダーズ・ダイジェスト社・一九七三年刊)。目は青であると言っているが、それが魅力あるとは言っていない。ほとんど、イルゼは、ヒットラーを偶像としてではなく、ただの男性として扱っているので、彼の服装の趣味ひとつ気にいらなかったのであるらしい。ネーリン・E・グリーンは、「小さな口ひげ、しっくいで塗固めたような髪のふさ、ビリヤードの球のような目、極悪人の人相。こういったチャップリン的なグロテスクな顔の造作が、いい趣味や美的センスにこれといって欠けるはずもない少女の目に、好ましく映ったとはおよそ考えられない」とまで言い切る。それでは、なぜ親の反対を押し切ってまでエヴァ・ブラウンは、ヒットラーと結びついたのか。権力か。ドイツの女性たちを熱狂させる男を独占したいという見栄か。

肖像写真の目と実物の目の差

たしかに、姉のイルゼが、言うように、「いたるところに見受けられる彼の肖像写真」が、人々の心を占有していた。この肖像写真を通じ、伝説をからませ、時たま垣間見る姿に連合させて、熱狂した。熱狂するために熱狂した。肖像写真などというものは、光の魔術、光と影のペテンであり、角度の化粧と、修整の技術によって、どうにでもなるものであり、もっとも人をひきつける効果のある一枚を選ぶことができたのである。お抱え写真師ホフマンは、その達人であった。

彼自身、姿を大衆の前に現わす時でも、短い足をし、かっこの悪い頭をつけた小男と思わせない演技をしていたし、効果も考えていた。たとえば、式典に参加する時、その会場の規模が大きければ、その会場をひとり歩む彼を小男とは、人は思わない。それは写真に撮っても同じである。彼だけを際立たせた撮りかた、もしくはトリミングをすれば、貧弱な小男とは思わない。こういうグラフィックの魔術は街頭を車でパレードする時にも言えるのであり、もし彼のみが立ち、猛スピードで疾走すれば、けっして彼の醜悪さは見えないであろう。そこで、彼の顔をつぶさに人が見ることのできるのは、計算された写真群であり、ポスターであり、切手ということになる。

小男と思わせないグラフィックの技術

『わが闘争』の宣伝看板が、巨大な記念碑のように立っている写真を見たことがある。本のかたちをした立看板であり、その表紙にあたる部分には、眼光らんらんたるヒットラーの肖像があり、人々はたえずこの複製の肖像の眼光に魅せられ、威圧を受けたことになる。しかし、たしかに眼光鋭いが、この複製の目には、彼個人がもつ妖光はあっただろうか。

ヒットラーに、目の力があったことは、疑いないが、党が拡張し、宣伝がスケールを増すにつれ、複製の目のほうが、人々を魅了してしまうところまで運ばれてしまっていた。そうなると、本人を曝すことは、得策ではないだろう。しかし彼は大衆の前に出た。彼が軍帽を目深にかぶったのにも、演出があったと見るべきだろう。人々に自分が見られることは、自分やナチのためばかりでなく、大衆こそが救われると考えていたかのようでもある。

彼は近眼であったらしく、眼鏡をかけて新聞を読んでいる写真を見たことがあるが、いくら目が悪くなったと言っても、ヒムラーのように眼鏡をかけて、式典に臨むわけには、もはやいかない。

特に女性たちが、眼鏡をかけたヒットラーを好むはずもないことを知っていたし、たとえかける

女性は、眼鏡をかけたヒットラーを好まない

ことを人間的に許されたとしても、すでにまきちらされ、人々の心に巣喰った彼のポスターがある。あらためて眼鏡をかけた新しいポスターといれかえることは、不可能であったし、目の伝説もぶちこわしになる。計算通り自らを偶像化できたのは、紛れもなく眼鏡などかけていない眼光鋭き彼の肖像写真のおかげであった。シュペールに向ってヒットラーは、こんなことを言っている。

「たくさんの女が私に群がるのは、私が結婚していないからさ」

「結婚など私は絶対にしないだろう。子供なんぞあったら大問題さ。周囲の者は私の息子を後継者にしようとする。しかし私のような人間は、有能な息子をもつ見込みはない。これはもうジンクスみたいなものだ。ゲーテの息子を見たまえ、なんの役にもたたない人間だったよ。たくさんの女が私に群がるのは、私が結婚していないからさ。戦争時代はこれが特に重要だ。まあ、映画スターみたいなものだな。結婚したら、彼を崇めたてまつっている女たちにすれば、ある何かがなくなってしまうことになる。もうそんな女たちの偶像ではないのさ」

偶像、つまり眼鏡などをかけない複製の魔術こそが、彼を結婚させなくしてしまったともいえるのだ。「青い目」の伝説は、まさしく近代の複製技術群によって有効になったと言えるのだが、しかしやはり、彼の目の魔術というものが先にあったからこそ、可能だったのである。米国の諜報機関の要請によって作成したW・C・ランガーの報告書『ヒットラーの心』（ガース暢子訳・平凡社・一九七四年刊）は、やはりその目について触れている。

彼の目については多く書かれているが、その色は虹のようにあらゆる色をもって表現されている。実際には、ちょっと明るいブルー、むしろ紫に近いものだったらしい。しかし人々をひきつけたのはその色ではなくて、その目の深さときらめきで、催眠術的な力をもっているように見えた。

目の色よりも、目の使い方に催眠術性はある

私は、目の色や目の深さやそのきらめきは、一つの附帯条件であって、目のつかいかたにこそあったように思える。ホフマン撮影のアグファカラーの女優に囲れた写真が公開されて、見たことがあるが、カラー写真と言っても不便なもので、目の色までは、表現しきっていないのである。

ランガーは、反ナチの巡査が、ヒットラーに出逢って、「立ち向いのできない目つきで」見つめたので呆然としてしまい、直ちに党員になったという逸話をあげ、これらはすべてナチ宣伝者から出たものでなく、「今わが国にいる、ごく信用できる人たちも、知人でこのような経験をした人があると報じている。立派な外交官でさえも彼の眼の力や使い方について言及し、彼が人に会う時の眼はすごく効果的だったとのべている」としながらも、それ以上は、深く追求していない。

偶像崇拝者はやたら本物を見たがる

「何故なら、ヒットラーと直接の交渉をもったドイツ人は比較的少ないので、彼の目の効果はそう重要ではないからである」としている。この見識は、ある点で、正当である。それは、ヒットラーと大衆の関係において、彼の目は見ることができなかったからで、これまで述べてきたように、人々が見た目とは、ポスターの目であり、たとえ姿を見たとしても、目は見えるはずもないから、見えるはずもない目を見たと信じこんだにすぎないからである。偶像現象と言うものは、不思議なもので、偶像視する人々はやたら本物を見たがるところがある。本物を垣間見ることによって偶像化は完了するかのごとくにである。いや当の人々は、偶像崇拝しながら、偶像だなどと思ってもみないのであるから、実物を見たがるのだ。彼の目の力からすれば、ポスターの目の力は、力のうちにはいらないだろう。

昭和十八年に、宮内鎮代子と言う女性が書いた、『獨逸だより』（敬文堂）という旅日記がでている。ナチ下のドイツへピアノの勉学のために渡った人で、その著書の中に「ヒットラーを見て」の章がある。彼女は、フルトヴェングラーの指揮になる演奏会場でヒットラーを見たのである。

恰度私の席と向ひ合つたローヂに――ステーヂから向つて左側――カーキ色の黨服を着けた聽衆が三、四人居たと思ひましたが、パウゼになると皆がそのローヂの前へ押し寄せて、右手を高くかざして「ハイル〳〵」と叫ぶのです。カーキ色の一人が、馴れ〳〵しくあつさり應へて手を上げ下げするので、誰か偉い人でもあるかしらと氣づき、隣の席の年配の貴婦人に「一體あれは誰方ですか」と尋ねると「あれはウンゼル・フューラですよ」といふのでびっくりしました。

彼女の呑気さには、おとぼけと思えるほど感心してしまうのだが、つづいて人波の間に交って、そば近くまでいき、「あつかましくも、まともにしげ〳〵とヒットラーの容子をしばらくの間、見つめて眺めていましたが、彼は〈一人の人間である〉といふ事に終始してゐました」というのが感想である。日本人は、どうもむかしから〈一人の人間〉であると言う風に納得するのが好きらしい。『欧州の首都伯林より』（皇国青年教育協会・一九四二年刊）の著者、薩摩雄次という人もヒットラーに逢っている。彼は男であるけど、彼女の場合と同様、いっさい神聖視しない。「その手は大きく、そして温かく、ふくよかに柔らかである。握手をされるとき、總統は上半身を少し前かゞみにし、双眼の眼尻に數本の皺を寄せて、親しみの満ち溢れるやうな静かな、しかもかすかな笑顔をされる。そのすべてが自然的で、少しもわざとらしさがない。十年の知己の如きまなざしであり、百年の交

いつもその目で残らずの人を見つめる――ヒットラーは、誰も見ていない?――

ヒットラーの写真の数々を見ていて、かならずしも彼が、魔眼の持主だとは感じない。スチール写真は、静止しているので、せっかくの魔眼も、ただの目、そこらに転っている鋭い目にしか見えないが、ここでとりあげた何枚かの写真は、魔眼、妖眼としか言いようのない目をしている。

ヒットラーの放つ妖しい視線には、催眠術的効果があり、それは彼が黒魔術を修得していたからだという説もある。その反対に、どんよりとにぶく、くぼんだ目をしていたという説もある。

しかし、重要なのは、ヒットラーが、青く澄んだ、人を射るような瞳の伝説をばらまくことに成功したということであり、大衆の日常が、心の底でそういう神秘的な人物を求めていたということであろう。このからくりの秘密は、操作する側よりも、操作される側の心にある。

相手の目を凝視する

もしヒットラーに人の心を奪う眼力があったとしても、対峙的な条件が必要だから、大衆を一網打尽できない。

そのために目の伝説のプロパガンダが必要だったが、ヒットラーが個人的に対面しなければならぬ相手、つまり政敵や外交官、とりわけナチス内部の高級幹部にたいしては、力を発揮しただろう。写真などを見ると、それは相手の目をじっと見て、そらさないという技術である。言ってみれば、色男の手管であり、日々闘争している動物たちのごく常識的な目の使いかたである。

老眼鏡をかけたヒットラー

眼鏡をかけるようになったのは、一九三五年からで、それは、第一次世界大戦中、毒ガスで一時的に失明したことの影響らしい。しかし人前では、けっしてヒットラーは眼鏡をかけなかった。

眼鏡をかけない近眼の人の目つきは、色っぽいと言われるが、ヒットラーのとろんとした目の魔力は、失明体験の逆手どりだったとも言える。

晩年、身心ともに衰えたヒットラーからはその魔力も薄れていったように思える。ヒットラーの衰えは、そのまま大衆が夢から醒めはじめる時でもあった。しかし、まだ醒めきったと言えないところもある。なぜなら、大衆はいつでも夢を見たがっているからである。

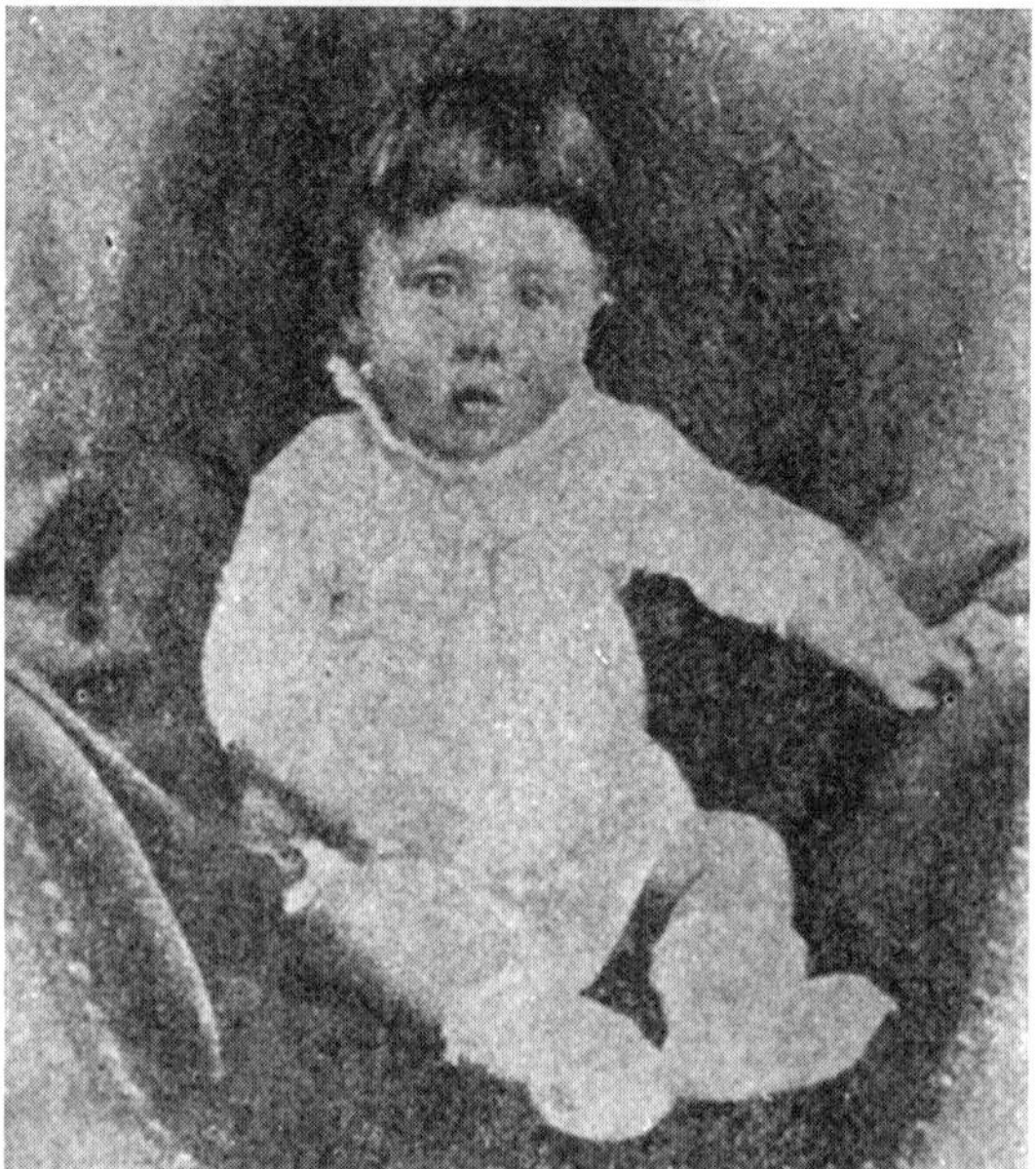

ヒットラーの「目の誕生」「目の死亡」

「ヒットラーを見たい熱心」

人々は群衆の最前列にいてもヒットラーの眼力を直に感じることは不可能だった

りの如き笑顔である」と友人あつかいし、ヒットラーをここでも人間化している。

彼女は、彼以上に、人間化と同時にヒットラーを個人視していて、フルトヴェングラーのほうが、「遥かにぐーんと私の心を打つ」と言い、「この頃政治的成功を収める度に、ヒットラーを見たい熱は一般に高まつてくる様です。一晝夜位頑張らねば、ヒットラーは見られないといふ話です」と澄して書いている。「フューラーだけは、右手を上げると必ず左手でお腹をおさへます。独裁者はお臍を大切にせにゃなりませんかな?」とからかい半分であるし、「彼への熱狂ぶりは若い者ほど旺盛で、子供は丸で夢中です。ことに若い娘とくるとすつかり魅せられて、テーブルでも〈フューラー〉という時、拳固を振り上げる」と呆れ口調でさえある。

所変ればの典型的な例を彼女は健全にも示しているのだが、「ヒットラーを見たい熱」というものが当時のドイツにあったことを、彼女は見抜いているとも言え、それはまさに一昼夜かけての瞥見であったのだが、「見たい熱」は一応満足できることを、まるで私には信じられないという風に見抜いている。群衆の最前列にいても、顔は動かしてはいけないというように、よくは見えないように仕向けられていたのだし、たとえ盗み見しても、ヒットラーの眼力を直に感じることは、不可能だったのである。ランガーが、ヒットラーの目の力を重視しなかったのは、テーマの上から必然であったのだが、初期においては、やはり、その目の使いかたは、大衆を魅了したのを、見逃がすことはできない。それは、部下の操縦や、初期の演説集会などでは、有効な働きをし、その徹底的利用が、マンツーマン的魔法を、人工的な複製技術の魔法に発展させる礎となったのである。

いったい、どういう目の使いかたをしたのか。一般的には「催眠術的」と言われているのだが、あくまでも「的」なのであって、J・H・ブレナンが『魔術師ヒットラー』(小原源太郎訳・大陸書房・一九七四年刊)で、催眠術をかけたのではないと否定している。「個人であろうと集団であ

催眠術は、人を弛緩状態にさせる。ヒットラーは人をヒステリーにした

凝視——すわった目——恍惚——ヒステリ——状態——抑圧解放と抑圧の完成——神聖なる偶像

ろうと、催眠状態であるかどうかを定める第一の鍵は、弛緩状態であるかどうかということだ。ヒットラーは、何者をも弛緩状態にはさせなかった。逆に興奮状態に、緊張とヒステリー状態にさせた。それは、彼が催眠術を用いていなかったということである」と。オカルトは否定しないが、催眠術説はとっていない。

「彼はそのあいだずうっとわたしから目を離さずに、いまにも食いつきそうに見つめていたわ」と言ったのは、ヒットラーに出逢ったころのエヴァ・ブラウンである。催眠術には似ているが、むしろ女の口説きの法に似ていると言うべきかもしれない。

彼はじっと見た。凝視である。この凝視は、見られるものにとって、そわそわしてくるものだが、その運動を持続すると、対象が見えなくなってしまうものである。見られるものには、骨身にこたえるが、凝視者は無の宙に浮んでくる。目は、すわってくる。見ようによっては、目はうるんできて、夢見る瞳になる。ヒットラーの目の魅力の否定者は、かえってその目の状態を看破しているのであり、「誰をも見ておりませんでした」とか、「彼の目は四方八方をにらんでいました」となる。魅せられなかったものには、冷たいとも、不吉だとも、気分が悪くなるとも感じるものだが、引きよせられたものには、恍惚となる。

この恍惚状態の仕上げが、ヒステリー状態に乱れることである。当然、目は乱れる。ヒットラーのヒステリーとともに、魅せられたる者たちも、ヒステリーになって、同化し、興奮する。最後には、ブロマイドを見るだけで、人々は、興奮し熱血するようになるのである。これにひっかかることのない人にとっては、ヒステリックになったヒットラーの目の動きは、ぎょろぎょろしているにすぎず、やたらあたりをにらみつけ、怒号している恐ろしい姿でしかない。ヒステリックになる時のすわった目は、おそらく恐怖をあたえ、それが一つの恍惚となって恐怖の抑圧を解放し、もしくは金縛りという抑圧の完成になったとも思われる。それが、ついに大衆支配の組織化の頂点に立つ技術となった時、それは、神聖なるしわざとなってしまう。ラウシュニングは、ヒステリー・ロマンチシズムと呼んだが、機嫌のよい時のヒットラーは、ある婦人が、たとえばつぎのように警告をこめて語ったことをも、やすやすと受けいれたという。

「総統、黒魔術をお選びになってはいけません」

「総統、黒魔術をお選びになってはいけません。今日ではまだ、白魔術と黒魔術のどちらも、あなたの自由に委ねられています。でも、いったん、黒魔術にお決めになってしまうと、それはもう決して、あなたの運命から消え去ることはなくなりますよ。早くて安易な成功を選んではいけません。純粋な霊たちの国の権力が、あなたの手に委ねられているのです。あなたの創造力を奪うような、地に縛られた存在によって、あなたの本当の道からそらされてはいけません」。

こういう神秘的な会話を時には喜んだというが、ヒットラーの目の力というものは、もちろん、声や身ぶりと連合するにしても、それは、きわめて性的なものであったように思われる。ランガーは「見ることは彼にとって特別な性的重要性があるという言いかたは確かに出来そうである」と言っているが、それは私の言っている意味あいと同じであるかどうかはわからないが、それは、女たらしの目の演技に似たもので、さらに言えば、人間の動物的残存を示す目の力である。

ヒットラーは自分と同じ眼差しで見返されることを嫌った

ヒットラーが、この眼力を発している時、もっとも嫌ったのは、彼と同じ眼差しで見返される時で、目を天井に向けて、そらしたと言う。ヒットラーの目の力を免れるには、彼の真似をするか、彼を無視するしかないことを、この逸話は示している。しかし彼の目の魔法を免れるものは、自らのうちに興奮と感激の充実を逸することでもあった。ドイツ人は、この充実を選んだのである。「わたしは夢遊病者の確信をもって、神の命ずる道を歩む」と自ら演説するようになり、ゲッベルスは、それをいよいよ神格化し、「いかに強い力が総統の御身体から放射しているか、いかに総統がお強いか、どんな強さを総統が他の者にお分かちになっているかを、身をもって感じとるためには、総統の御身辺に侍ってみるほかはない。総統の御身体からは、偉大を求める自信と固い意志の電流が、絶えることなく発射されているのである。総統から少し遠い所に離れると、その電流を浴びさせて頂ける人は一人もなくなる」と太鼓を叩いた。電流とは、うまいことを言ったものだ。

だが、グラフィックの魔術によって、自らを化粧するようになってからのヒットラーからは、部下たちにはそれなりの効果をなお持続し利用していたにしても、初期の群衆を前にして示した「電流」はとうに消え、身ぶりになっていたように思われる。彼の写真群を見ていても、そのことを感じる。初期の写真には、妖眼ともいうべきものが感じられる。真の妖眼を放っていれば、写真からも消えないことを証明している。演説会場を出る疲労困憊した目は、人を呑むし、ババリア地方の皮の半ズボンをはいて腰かけている写真の目は、とろりとした宙に浮いた眼差しをしていて、妖光を放っている。政権を獲得してからの彼の写真群は、すべてグラフィックであり、そこには妖光はない。作られた妖光しかない。せっかくの妖光を削りとっている。ナチス政権下に発表された写真は、すべて用心深く検閲されたものばかりであったが、戦後に公開された写真には、無恰好で疲労のみの目立つ彼の姿が曝しものになっている。

私がもっとも興味をもつのは、エヴァ・ブラウンと一緒にいる戦後公開の極秘写真群である。エヴァの前では、彼は初老の疲れた男でしかなかった。孤独な感じばかりが、やたら目立っている。彼の妖光ある眼差しは、もっとも女性に有効であり、男性をも女性化し、また、女たらしの目であったのだが、エヴァの前では、ただの男になりさがっている。政治に無関心なエヴァには通じなかったと言えるが、エヴァの前では通じさせたくないという気持が、ヒットラーにはあったように思われる。そして、結婚嫌いのヒットラーは、自殺の寸前にそのエヴァに結婚を強いられ、それを認めるに至るのである。この政治的宣伝的女たらしは、エヴァという女性を借りて、「女」に復讐されたのであろうか。

追記

ラスプーチンの目を写真で見たことがある。ロシア帝政時代の宮廷を繰ったあの妖僧ラスプーチンである。彼の目と、ヒットラーの目は、非常に似ているのを感じた。とろんと宙に浮いたような焦点のない目だが、その全体は妖しい光の玉のように輝いている。もしこういう目が人をとろけさせるのだとしたら、そういう目の使いかたの能力は、生来のものなのか、それとも訓練によって獲得したものなのだろうか。

その前にヒットラーの近眼について、もう少し考えてみたい。ラディスラス・ファラゴの『追及』(寺村誠一訳・早川書房・一九七七年刊)を読むと、こういう記事がある。「ときおりボルマンは報告の要約を大文字でタイプして総統に提出したものである——ヒットラーは近視なので眼鏡をかけても小さな字は読めなかった」と。写真などで眼鏡をかけているヒットラーを見てはいたが、これほどまでに悪いとは思わなかった。近眼というより老眼に近かったのだろうか。ヴェルナー・マザーの『ヒトラー伝』(黒川剛訳・サイマル出版会・一九七七年刊)は、彼の病める肉体をよく調査していて、そのあたりの疑問を解いてくれる。

ヒットラーが菜食主義者になったのは、一九三一年以降だが、かえって病いをかかえこんでいった気配がある。聖人意識とともに、ヨガ的な神秘生理学の影響もあると思えるが、かえって神経症的な肉体の病いを附加させていったようにも感じられる。声のかすれや、放屁に悩まされるというのは、その例だろう。眼鏡をかけるようになったのは、一九三五年からである。一九四一年ごろからのお抱え医師のモレルの治療を受けるようになってからそれまであらゆる人を魅惑していたヒットラーの眼は危険な光を帯び、毅然とした態度は攻撃的態度となり、言葉の表現も自制力の欠如を示すようになったとマザーは記している。

一九四三年には「目は輝きを失って脹れ上り、眼差しは動きを欠いてしまった」。一九四四年の二月には「右眼の視力が急に衰えたと言いだす。刺すような痛みを感じ、それ以来約二週間というもの、何物もヴエールを通したようにしか見えないというのである」という変化をおこし、レーライン教授の処方により、遠視近視両用レンズの複度眼鏡をかけるようになる。近視用の眼鏡は左三度右四度だから異常というほどではない。だが、マザーに言わせるとヒットラーは眼鏡をかけっぱなしにするのを嫌い、ひどく大きい拡大鏡を使い、そのおかげで地図や文章を読む時にかなり大きな範囲を一目で見ることができたとあり、大衆の前では、眼鏡をかけたヒットラーの姿を曝すことを拒否したことがわかる。それは、おそらく体裁を気にするという問題ではなかったはずである。

目の魔力を眼鏡が隠してしまうということより、目に魔力がなくなったと思われることを嫌ったはずである。しかし、実際は、どうだったのか。目から魔力は消え失せてしまっていたのだろうか。晩年の写真を見るかぎり、そのことは言えそうに思われる。海軍司令長官デーニッツの副官として総統官邸の防空壕に出入りするようになったノイラートは、一九四四年九月にはじめてヒットラーに会った時の模様を語っている。(『ナチス・ドイツ崩壊前夜』・法眼素子訳・読売新聞社・一九五二年刊)。「ヒットラーの風采に私は失望した。彼は私が想像していたよりも小がらで、猫背で歩き、町でみられる検閲済の写真とは全然反対な、不恰好で貧相な印象を受けた。それにもかかわらず、私はヒットラーから、ある種の暗示的な影響をうけた。その影響力は、私の第一印象や、その後に観察したところによれば、主として彼のまなざしや言語からもたらされるものであった」。

ノイラートの発言によれば、その全体の姿は貧相であっても、まだまだ「まなざしや言語」には、魔力が残っていたのがわかる。彼が、もう一度ヒットラーをそば近くで見たのは、一九四五年四月二十日のお昼過ぎ、つまり彼の誕生日に、デーニッツに従って官邸を訪ねた時である。

ヒットラーの言葉や目つきは、いつものように表情にとんでいた。彼の精神的な活力は、なお衰えず、普通の言葉の意味における〈気違い〉というような様子は全然みられなかった。しかし肉体的に彼は打ちひしがれ、壊れた人という印象で、むくんだ、猫背の、力のない、神経質な様子であった。

精神が、しゃっきりしている時は、あの目の力は、よみがえったと見える。精神に活気が訪れた時、肉体もしゃっきりするのが人間というものだが、このころのヒットラーの肉体は、ついていく力をはや失っていたと思われる。なるほど、そう思いつつ晩年のくたびれたヒットラーの写真を見直すと、目にはまだ妖眼の残っているものもありそうに思えるから不思議だ。これが目のからくりというものだ。しかし、この妖眼は、やはり正気のものではなく、習得したものなので、精神の元気をとり戻すと、習性的にカムバックしてくるものなのだろうか。

ヒットラーは、母親似だと言われ、マザーなどは、「並々ならぬ眼差しの魔力」の持主と写真から評している。たしかに、見開きっぱなしのまばたきしそうもない目をしている。だが、妖眼というほどではない。母親似と言われる少年時代のヒットラーの眼を、後年にくらべれば、妖眼というほどのものではないし、同級生の特別証言もないようだ。赤子の写真は、びっくりしたような目をしているが、別に珍しくはあるまい。青年時代の友人クビエックは、目だけは光っていたとか、目は興奮して熱を帯びていたとか語っているが、この時は、すでに妖眼を獲得していたのだろうか。アラン・バロックは、青年時代から、ヨガ、オカルティズム、催眠術、占星術の神秘に傾斜していたことを告げているが、このプロセスで目の用いかたを覚えたのだろうか。

これらの神秘学は、人間の生理に根ざしたところから出発している。肉体を浄化して魂の目となることが計られる。ヨガなどは、とくにそうである。物を見ていて、見ていない、見ていないで見ているという状態は、それ故におこり、その時、肉体現象としての目の姿は、ラスプーチンのような眼差しになるにちがいない。

トレバー・レブンズクロフトの『運命の槍』は、オカルティスト・ヒットラーの立場から、アプローチした書物である。(堀たお子訳・サイマル出版会・一九七七年刊)。

この著者の展開をどこまで信用してよいのか、わからぬが、ヒットラーにオカルトの要素があり、その宣伝術と無縁でなかったことは、理解できる。

この本の中に、ワルター・スタインというウィーン大学出身の男の話がでてくる。彼は、エッシェンバッハの『パルジファル』という書を授業で学び、さらにワグナーの「パルジファル」を観て、キリストの脇を刺したロンジヌスの槍に興味を抱き、調べているうちに、若き日のヒットラーに出会った話がかかれている。古本屋で、エッシェンバッハの『パルジファル』の十九世紀版を買い、喫茶店で、誰かによって書かれた悪魔の注釈を読んでいるとき、ヒットラーに出会ったという。

未だかつて見たこともない傲慢な顔、悪魔的な目指しを彼はそこに見た。……男は何か尋ねたげな目つきでじっと彼を見すえている。……スタインは、異様な人物の催眠的な瞳から慌てて目をそらし、必死の努力を払って残りのメモを読みはじめた。

だとすると、ヒットラーは、ウィーンの青年時代から、妖術をもっていたことになる。一九一二年の晩夏の話である。その絵描きから三枚の水彩画を買い、そのメモの主が、アドルフ・ヒットラーであることを知る。かつて、ヒットラーの蔵書だったのである。二人は、のちに逢い、ホルブルク宮の宝物殿にあるロンジヌスの槍を見たことになっている。それを見つめながら、「ヒットラーが自失の表情で立っている。恐ろしい魔の呪いにかかった人のようだ。顔は上気し、思いに沈んだ瞳は、異様に光を湛えていた」としている。黒魔術と祭儀魔術を、このころ取得していたというのが、スタインの結論である。飢餓寸前のこのころの貧乏な食生活と内部抑圧とが、強力なヴィジョンを肉体に受けいれるようにしていたと見なしている。

そのメモの中には、こういう言葉があったという。聖杯にかんする脚注で、それを「宝石」とエッシェンバッハは他に表現しているとし「その石が脳の下にある松果腺の錬金術的表象、すなわち〈第三の眼〉であると主張していた！」とある。ヒットラーの目は、この〈第三の眼〉なのだろうか。

ヒットラーが眼鏡をかけるようになったのは、一九三五年だが、青年時代に数日間盲目になっている。それは、第一次世界大戦に従軍している時、イペリットガス弾にやられて失明し、送還されているからである。この影響はなかったのだろうか。トレバー・レブンズクロフトは、この〈第三の眼〉の獲得を、この時こそだと見なしているようだ。「この毒ガスは、悪魔の恩寵のように形を変えた祝福となってしまう。それが生涯のうちで最も持続した霊的啓示をもたらしたからである。

暗闇の中で両眼が燃えるように痛むのを感じながら。ヒットラーは超感覚、ヴィジョンが開けるのを見た。のちに彼のいう〈人間と全宇宙の不可思議な関係〉を彼は体験したのだった」としている。

人間は、なまじ目がある。もし〈第三の眼〉を獲得する技術を伝授されたとしても、この見える目が邪魔するだろう。肉体の眼も心の眼をも超えた〈第三の眼〉の時とはヒットラーのような妖眼になると見なしてよいだろうか。もし第一次世界大戦で一時的失明した時が、啓示の時だとすれば、肉眼と心眼を超える絶好のチャンスだったとも言える。

だが、晩年、〈第三の眼〉をヒットラーは失ったのだろうか。この〈第三の眼〉は、肉体と精神が衰えた時に、消えてしまうのだろうか。肉体と精神がある力をもっていないかぎり、〈第三の眼〉も有効でなくなるのだろうか。晩年の目の衰弱は、肉体の衰弱にすぎず彼に啓示をあたえたかつての失明が、こんどは彼の肉体にのみ後遺症として露れてきはじめたのだろうか。秘書のゲルトルート・エルゲは、自殺に際して別れの挨拶をするヒットラーの眼差しを「彼の眼は、ずっと遠くの方を見ているようでした。地下壕の壁のずっとずっと向こうの方を」と述べている。この眼差しは、はたして〈第三の眼〉であっただろうか。

ヒットラー青少年団《ユーゲント》

——爽々しく、かつ空虚な機械人間像——

試みに、日曜、祭日の銀座街頭を漫歩して見給へ。何といふ多数の青年学生であらう。映画館に、喫茶店に、何といふ数多い青年学生が、蒼白い相貌を曝し、末梢的享楽に無為の消閑をしてゐることであらう。

この言葉は、近藤春雄という人の書いた『ナチスの青年運動』(三省堂・一九三八年刊)の中にある。「……そうした生活の習性が、無氣力無反省の小市民を成長させ、社会人として生活するに至つても尚惰性として残存し、つい末梢的な雑知識から半可通な文化意識を氾濫させ、天晴れ近代的と自負するその醜状を放任すべきであらうか」とも慨嘆している。

ナチスがすでに政権を握ってから、この時は数年経過しているが、日本はまだ第二次世界大戦には突入していないころの本である。著者はすでに十五才以上の青少年がヒットラー・ユーゲントに入団することを義務づけられているころに、ドイツに滞在した。ドイツの少年少女たちが「ほんの気楽な逍遥でも、必ず一列縦隊に隊伍を整へ、必ず唱歌を合唱しながら軽快に歩調を合せて歩いてゐる」のを見て、「爽快な印象を与へられた」ことの反動として、日本の青年の無気力に生活を送っている現況を嘆いているのである。

無気力からの解放

無気力は、見る者に耐えがたい以上に、本人たちこそ、それ以上に耐えがたいものだ。だが、この無気力からの解放が、各個の自力からでなく、国家的な規模で組織的になされる時、もっと耐えがたいものになることの教訓は、第二次世界大戦で、地球すみずみまで知れわたっているはずだが、忘れるという自己防衛の肉体をもち、わが身に沁みなければ、いくら知識で言いきかされても、はかないという頑迷な肉体の持主である人間にとって、三十年もたてば、そんな教訓などは、いつでも反故にしてしまう用意はされている。それは、「人間」という存在そのものが用意しているのだ。

大戦前、日本でも「学生狩り」が官憲の手によってなされた。近藤春雄は、この取締りに対して「何が彼等をさうさせるのか、の根本を反省し、彼等の精神的慰安を充すべき適当な施設と組織を考慮してやらねば、仏造って魂入れずの片手落たる非難は免れぬ」として政策を非難している。

ドイツの青少年は、ヒットラー・ユーゲントという団体組織の中で、集団的慰安を行っているので、「不健康な盛り場や喫茶房などは無用の存在でもある」という観察から、日本を省みてそう言っているのである。

抜本的解放の危険

つまり、抜本的処置を要求している。だが、この抜本的というのは、曲物である。なににつけ抜本は難しい、という意味でいうのではない。たしかに無気力なる享楽も耐えがたく、その享楽の弾圧も耐えがたく、青年の心を埋めはしないのだが、しかしヒットラー・ユーゲントのように抜本的な青年の解放もまた、一時的に心を清めた気にさせるとはいえ、後になっていかに惨胆たるものになるかは、実験ずみのはずである。そういう解放は、人間らしさにありついた錯覚をうるが、しばらくすれば「人間」の放棄につながるものであることに気づかざるをえないはずだ。

機械の「無垢」

ナチス・ユーゲントの写真を見ている時、その爽快な表情にひかれる。彼等少年の姿が爽々しく見えるということは、写真の魔術が多少はあるにしても、彼等の心も爽々しいからである。それは無垢とも、純粋の姿とも、言えば言える。だが、この無垢や純粋が、背後から演出されたものであったなら、それは機械の無垢であり純粋ではないか。そういう意味で、ヒットラー・ユーゲントの爽々しい姿をとらえた写真群は、痛々しい。

「無垢」の演出

雑念多き大人たちは、この少年たちの無垢の姿に感動するであろう。成長するごとに雑念が繁殖していくことにわずらわしさを感じている少年たちもまた、自らをすっきり無垢化できたことに満足するであろう。その爽々しい姿のからくりは、目的に邁進し、理想に燃えるという信念を彼等は幸か不幸か激しくもつに至っているからで、ヒットラーは、これをあたえるのに成功したのである。これがナチス流抜本の仕組みであった。

とはいえ、その信念とは、自ら摑んだかのように錯覚させながら、その実、思いこまされていたのである。自ら思いこんだにしろ、思いこまされたにしろ、あきらかに自らの生きかたに満足している間は、一つの充溢の光の中にある。だが、その充溢は、続かない。

充溢の光をわが生に求めるのは、人情であるにしても、むしろ充溢の光には、疑惑の目を向ける練習をしなければならないであろう。無気力以上に、充溢の彼方には、かえって人間がなんのために生を享けたのかわからないような退廃が待っているかもしれないからだ。ヒットラーは、青年について、つぎのように言っている。（ヘルマン・ラウシュニング『永遠なるヒトラー』）。

> 苦痛に耐えねばならない。力強い者や、自分に情をかけてくる者を絶対に必要としない。自由で堂々とした猛獣の光が青年の眼からふたたび発しなければならない。強さと美しさを余は余の青年に望むのである。……
>
> 余は青年たちをあらゆる体育で鍛えるであろう。余はスポーツ青年を待望する。……かくして余の前に、純粋な、品位の高い自然材料が現われてくる。かくして余は新しいものを創造することができる。……
>
> 余は知的教育を望まない。知識を与えては、余みずから青年を堕落させることになる。彼らが自己の遊戯衝動に従って自発的に習得するものだけを青年に学ばせることが、余の最も好むところである。

「自由で堂々とした猛獣の光」

「余はスポーツ青年を待望する」

「余は知的教育を望まない」

大人の幼稚化と青少年の幼稚化を

ヒットラーは、大人の幼稚化をも、宣伝の魔術によって果そうとしたのだが、青少年の脳は、もっとも彼の幼稚化の攻撃の的としては、容易であった。青年は、いずれ大人とやらになる。大人になる前に、徹底して洗脳しておいたほうが、賢明の策であることに、ヒットラーは気づいていた。彼の大衆操作の政策は、すべて肉体の仕組からはいっていく。

ヒットラーの大衆操作はつねに人間の肉体からはいっていく

知識は人間の生きかたを助けることもあるが、邪魔することも多い。ヒットラーは、知的教育をのぞまず、スポーツ青年を待望したのは、その純粋さが、彼の思うがままの「自然材料」になるからであった。

知識教育を否定したスポーツ教育＝「少年を兵士たらしむる訓練」

昭和十四年ころは、まだ日本の出版統制も厳格に進んでいなかったのか、ナチスの研究書も、賛美のものばかりではない。カリフォルニア大学教授・ロバート・A・ブレイディの『ナチス・新国家の組織』（日本青年外交協会出版部訳編・一九四〇年刊）は、その例で、ここでは当然、手厳しく分析されている。

反対する精神を国家から締めだすには、ただ単に反対者を弾圧するばかりでなく、「幼い時からして、少年を手に入れ、その行動を統制し、その思考を編成し、その観念を固着し、その習慣を決定」してしまうことであると、彼は指摘している。

それは、同時に、「少年を兵士たらしむる訓練」にもつながる。ヒットラーは、戦争を開始する目的を確固としてもっていて、「ヒットラー・ユーゲント」を組織したのかどうかは、知らないが、しかし、この組織の中で、肉体を鍛えられ、あれほどまでに熱狂的に冒険心を煽ることに成功した少年たちの心を持続するためには、戦争に突入しないわけにはいかなかっただろう。自らの捨てた履を、もう一度拾って自分の足をいれることになったとも言える。

彼はなにごとにつけ、大衆を煽りすぎた。彼自身がいうようにヒットラーが、もし戦争をあえて好む人間でなかったとしたなら、彼が政権を獲得したのち、価値観の混乱の中で頽廃している国民を解放しようとして、その際に用いた大衆掠奪の宣伝術の力そのものが、マイナスの力として戦争への道へ必然的に招いた結果であるとも言えようか。

いったん過熱し、空洞化してしまった国民の心を、つまりヒットラーを愛してしまった国民を維持するためには、戦争への突入しかなかったはずだからだ。

ナチス体制に反対し、斬首刑となったショル兄弟も、かつてはヒットラー・ユーゲントの出身であった。姉のインゲ・ショルの書いた『白バラは散らず』（内垣啓一訳・未來社・一九六四年刊）の中に、当時の少年たちが、ヒットラー青年団に魅かれていく心理というものが、書きこまれている。

子供の政治意識のはじまり

少年たちにとって、政治というものはどういうかたちではいってくるのであろうか。それは、「国」ということであろう。自分が、なんという国に生れたかという自覚からはじまる。それは、「政治」と意識的に結びつけてはいないが、国を意識するところから、子供の「政治」は、はじまるのだと言ってよい。インゲ・ショルはかく言う。

私たちの耳には、祖国についてさまざまなことばが聞こえてきました。同胞とか、民族共同体とか、郷土愛とか。それは私たちを感服させ、私たちはそのことが学校や街頭で語られるのを耳にするたび、感激して聞きほれました。

彼（弟）は各人が仕事とパンを得るべく心を悩ませて、ドイツ人一人一人がその祖国にあって一個の独立・自由・幸福な人間となるまでは休み楽しむことがない、というのでした。私た

ヒットラーは少年たちにむかっても「政治」を熱心に語った

行進・旗・太鼓・歌＝共同体意識をかきたてる小道具

──ちはこれはよいことだと認め、私たちとしてもよろこんで協力しようと思いました。──

これを読むと、ヒットラーは、少年たちに向っても、政治を語っていることがわかる。大人たちに向って語っているのを、たまたま脇で耳にしたというより、ヒットラーは少年たちに向っても、祖国への奉仕を考えてほしい、と対等に語った気配がある。

ここにもヒットラーの悪魔のような深い洞察がある。少年たちが大人に抵抗するのは、彼等がどこか子供を差別しているからである。だが、少年たちをもっとも感服させ入団を決意させたのは、つぎのようなことであったと、インゲ・ショルは言う。

腕をくみ隊伍をととのえて行進する青少年の姿、そのひるがえる旗や、前方を直視するまなざし、太鼓のひびきと歌声。これこそは、何か圧倒的なものではなかったでしょうか、この共同体こそは？　それゆえ、私たちみんな、ハンスもゾフィもその他みんながヒトラー青年団に加入したことは、不思議なことでもなんでもありません。

ショル兄弟の父は、笛で子供たちを誘惑したハーメルンのねずみとり伝説をもちだして、その入団に渋い顔をしたが、自分たちの「若気の感激」のために、彼はひきとめるのに失敗したと反省的にインゲは言っている。彼等は、ナチスが政権を握る前後に入団したと思われるから、入団が義務制になる以前に参加していると見るべきだろう。

ヒットラーが、若者に祖国愛を吹きこむにあたって用いた言葉以上に、その道具立てが若者の心を奪った。それは同じ年代の若者の行進、旗、太鼓、歌、これらの道具がハーメルンの笛吹きとなって、少年たちはヒットラーのあとへ陸続とねずみの大群となってついていったのである。

ヒットラー・ユーゲントの起源は、ワンダーフォーゲル（渡り鳥団）に求められるという。

ドイツのあらゆる青年運動は、みなこれにつながっていて、ヒットラー・ユーゲントもまた、自治の精神をここから受けついでいると言われる。ワンダーフォーゲルと言えば、歌をうたいながら高原を歩いて、いかにも健康的で楽しそうだが、実際は、そこに画一化の訓練と精神の空洞作用があって、政治の牙がしのびよる危険な体質をはらんでいるのだ。

ワンダーフォーゲルの危険な体質

事実、第一次世界大戦後、竹筍のように生れた各種の青年団組織は、ナチスによって解散もしくは併合されるまで、すべてなんらかの政争にまきこまれていた。

ナチスの青年団の組織は、一九二二年の翌年、解散命令によって消失した国家社会主義青年同盟に端を発するとされているが、その後も青少年組織は作られ、ヒットラー・ユーゲントの名は一九二六年、十八才であったシーラッハが、わずか三百名の青年を率いて、ワイマールの第二回党大会で行進した時にはじまる。

一九二九年の党大会では、二千名が行進する発展を見せたが、このころは、まだ青少年たちは、制服に身をかためていなかった。

青い水兵帽、白シャツに褐色の登山上着、怪しげな背広服であったと言われているが、当時の写真を見れば、その通りであった。爽々しいことからは、ほど遠い。

ヒットラー・ユーゲントの長官であるシーラッハが、制服を着せて、ポツダムにヒットラー・ユーゲントを一堂に会させようと計画したのは、一九三二年のことである。この大会では、制服を身につけ、全国から集った十万の青少年が、総統の前を行進したのである。

一九三二年十月一日の夕方、彼等はポツダムからライプチヒに向つて三粁の街上に立ち、ヒットラー総統の自動車を待ち受けてゐた。彼等は夜目にもしるき大きなヘッドライトの光でそれを認めた。果してそれは、彼等が予期した総統であつた。総統自身も、その日の成功を期して馳せ参じて来たのである。そこで彼等は共々にポツダムに向つた。

ポツダムのスタディアムには、松明があかあかと照され、立錐の余地なきまで青少年達が詰めかけてゐた。総統が演壇に登ると、萬雷の様な拍手が起り、燃ゆるが如き瞳が彼に集中された。その劇的光景から、全独逸の青年達のアドルフ・ヒットラーに対する誓約が生れたのであつた。

翌日の大分列式は、「正午から開始せられ、黄昏までも引き続いて行はれた程、多数の者が参加した。七時間半も総統は右手を挙げたままで直立していた」。かく近藤春雄は先に挙げたその著の中で感激的に言っている。

「宣伝人形」としてのヒットラー・ユーゲント

このデモンストレーションによって、ナチスが大人たちの心を摑んだと同時に、若者たちは、ナチスの「宣伝人形」になったのだとも言えるのである。祖国愛に燃え、ヒットラーに命を投げだす決心さえしている少年たちは、宣伝を吹きこまれる人間としてばかりでなく、自分らが宣伝の機械人間になってしまっていることに、その時どれだけ気づいていたか。いや、気づかないのが自然なのである。この自然こそが、あとでたたってくる。

スポーツと遊戯によって青年を誘惑する

ヒットラーは、どのように青年たちの魂を盗んでいったか。その過程を見るには、彼等の青年団生活を見るのがよい。その誘惑の手段は、その教化宣伝にあたって、スポーツと遊戯性をもって、彼等の心を摑み、空洞化をはかったのであった。

土に戻れ、自然に帰れ！

「野歩き」は、軍事訓練でもある

野外生活の日程表

ワンダーフォーゲルとの関係の深さも、ここからでてくる。ヒットラー・ユーゲントの生活活動の中で大きな彩りをなしているものに、「野外生活と旅行」があった。

「ドイツのように十五世紀になって急速度に工業化され、都会に人口が集中した国では、青少年を郷土と自然に連れ戻すことは、文明の弊を矯め、健全な情操を養はすため」とヤーコブ・ザールは、『ヒットラーユーゲント』（高橋健二訳・新潮社・一九四一年刊）の中で言っている。

「血と土」を謳い、農村部から勢力を蓄えていったナチスにふさわしい策であったとも言え、ザールは、「ふだん日帰りや一泊で行うものと、夏期に一週間乃至、三週間続けて行うものとがあるが、体育に役立つ外、地形訓練の機会となり、僚友精神を養うにもよく、土に親しみ、生活を健全にするなど、一石数鳥の意義をもっている。楽器をならし、声を合わせて歌い、旗をかざして野山を行く姿はまことに幸福にかがやいている」とも自賛風に述べている。つまりは、軍事訓練の機会としての野歩きにすぎなかった。

ヒットラー・ユーゲントを構成する若者は、学生か勤労者であるかしているから、集会は一週二回、水曜には遊戯の夕べ、土曜日にはスポーツが行われ、隔週の日曜日には、野外訓練を兼ねた遠足が行われた。ヒットラーは不断に青年たちを遊び気分と祭り気分のうちに精神の空洞化をはかろうとしていたのだ。

野外生活には、テントをはる場合と、「青年の宿」に泊る場合がある。天幕生活の日課を記すと、つぎのようになる。小刻みに、ぎっしりと日程がつまっていた。

午前六時三〇分・喇叭三吹／起床。

六時三十五分・早朝体操。八時・団歌合唱／訓示／命令／太鼓奏楽／団旗掲揚／敬礼。

八時十五分・天幕前に円陣を作って朝食。九時・点呼（天幕整理及服装検査）。

厳しさに耐える快感の罠

権力が、自然へ人の目を向けさせようとする時は気をつけねばならない

九時三〇分・制服着用で行進。野外訓練。
午後〇時三〇分・景色のよいところで唱歌。一時・昼食。
一時四〇分・昼休み。三時・団体競技。五時・講義と合唱。
六時・野営遊戯。
七時・夕食。八時・篝火の集い。九時三〇分・団旗降下。
九時四五分・帰営準備。十時・喇叭吹奏／帰営。

朝の早いのはわかるが、夜が遅いのには驚く。午後位は、自由時間がたっぷりあってもよいと思えるが、やはりみっしり予定がつまっている。これに少年たちが耐えられるのは、規律の厳しさのせいもあり、時にはこういう集団生活を好むせいもあるが、なによりもそのカリキュラムが、遊戯衝動を駆りたてるようにできているからだ。

十一世紀のころから、ドイツには若者の遍歴旅行の風習があった。第一次世界大戦後、全ドイツにそういう若者を迎える青年宿舎は、急激に増加していき、一九二六年には、二千三百を越え、ナチス治下になってからは、さらに増築され、利用者も一九三八年には八百五十万を数えた。

野外生活にしても青年団にしても、この青年宿舎にしても、けっしてナチスの独創ではないのだが、それをくっきりと造型化したのは、ナチスの組織力であった。

これは、第一次世界大戦後、敗れたドイツの子供たちは、自然の中を彷徨するように、大人たちのうしろめたさの代償として、仕向けられたとも言える。

それは、日本の戦後が、少年を野球へ駆りたてたようにである。この風潮を、ナチスは素早く、抜目なく、「かたち」に仕立てて、少年たちの心を、ひっさらった。権力が「自然」へ人々の目を向けさせようとする時は、気をつけねばならない。

ヒットラー・ユーゲントの生活
——楽しい日々とその末路——

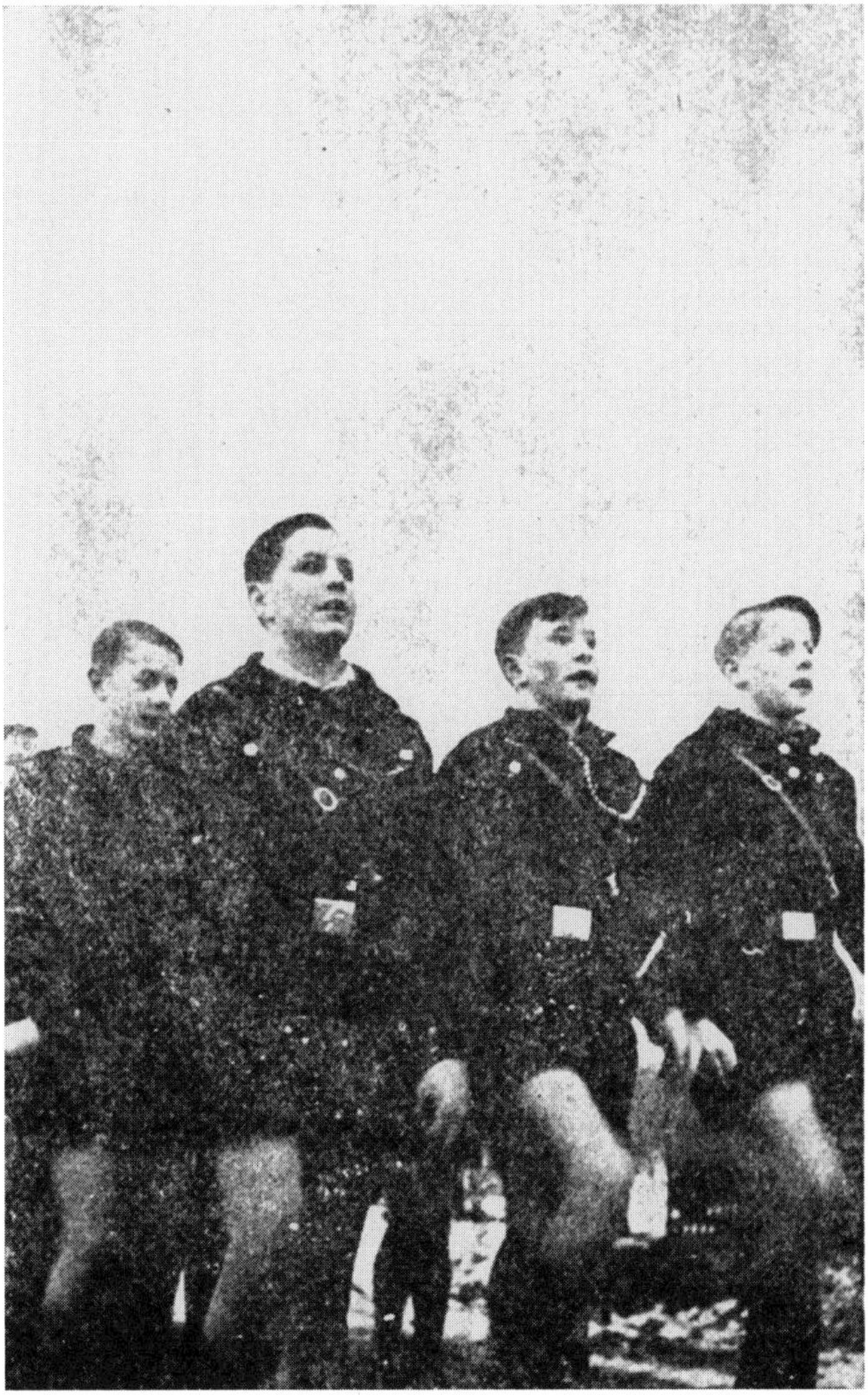

青少年の宿。全国に二千あり、少年に解放された。年額50ペニヒ。

医療自動車の内部。ヒットラー・ユーゲントの行くさきざきについてきた。

少年たちの棲み家

一種のユースホステルであるが、野外生活をヒットラー・ユーゲントの団員に満喫させるために、その宿泊所である青年の宿をヒットラーは全国に設備した。彼等を誘惑したのである。天幕と青年の宿の二本立てで、野外生活への分母とした。健康のための医学設備はとくに世界へ向けて宣伝された。

もちろん、この宿では、寝泊りするだけでなく指導者による説教や読書会がもたれ、ナチスとはなにかを叩きこまれた。

夏期に強制された天幕生活のためのベッド設備。

宿舎には、いろいろな建築様式があった。

映画を楽しむ。騎馬戦を楽しむ。

廃品回収も楽しむ

ヒットラー・ユーゲント海外へ行く

遊戯本能をかきたてることは、ナチスが国民の抑圧感をそらすためのお得意の手であった。解放と見せかけて、そうしていたのだが、そのそうした先には、一束に少年を捉えんとする大釜の口が開いて待っていた。

旅をさせるのも、その一手だったが、ナチスは、外国にまでヒットラー・ユーゲントを派遣した。それは海外宣伝になった。写真の左は、ローマの遺跡に立つ青年たち。右の上は、日本を訪れ、軽井沢へやってきたヒットラー・ユーゲント。下は、お返しにニュルンベルグの党大会に出席した日本青少年団。ヒットラー・ユーゲントにくらべ、その制服姿はなんとも見すぼらしい。

一九三六年、ヒットラー・ユーゲントは、義務制になる。ついにドイツの青少年、百万を総ざらえする。ここでその組織について簡略に語っておかねばなるまい。ヒットラー・ユーゲントと言えば、男の子ばかりの印象があるが、そうではない。男女とも十才になると、毎年四月二十日のヒットラー誕生日に入団する。

「私はヒットラー・ユーゲントに入り、総統と旗へ愛と真心をささげ、いつも義務を果すことを固く誓います」と入団式で宣誓する。十才から十四才までの子は少年団、少女団に入る。十四才から十八才までは、青年団、女子青年団に継続的に新入団する。この時の宣誓は、「私はヒットラー・ユーゲントで総統に忠実に自分を捨てて仕へることを誓います……」という風に、かなり手厳しくなっている。十八才から二十一才までの女子は、「信仰と美団」に入る。

さらに、十八才から二十五才までの男子は、労働奉仕団に入ることを義務づけられていて、六カ月の奉仕後、最後の総仕上げをされて、兵役につくのである。女子は十七才から二十八才まで、やはり六カ月の奉仕。都市の市民と農村の住民との接触によって、農業労働への尊敬を抱かせ、一方では資本主義工業による労働力の都市集中の傾向を、地方的に分散させる目的もあるが、労働奉仕によって、軍隊的精神、労働精神、農民的精神を体得させることにもあると、近藤春雄はその著で語っている。

男子には「力」を！
女子には「美」を！

男子には力を、女子には美をというのが、この教化活動の目的であり、結局は、男子は戦闘要員、女子は子を生む要員として教育された。

「力」は戦闘要員として、「美」は子を生む要員として

ヒットラー・ユーゲントは、まず健康な肉体を要求されるから、保健体育は必須であり、体操、陸上競技、サッカー、ホッケー、拳闘、氷上ヨットに及び、水泳は義務課目。毎年、全国競技大会がある。

さらに国防スポーツがあり、射撃訓練、地形訓練、必須の防空訓練の他、特殊訓練として、モーター部隊、海上部隊、航空部隊、通信部隊、騎馬部隊がある。射撃も十才で空気銃、十四才で小銃の練習を課せられるわけで、まさに兵士の準備である。

つねに競争心を煽る

また一九三四年以来、全国職業競争が開かれ、これにはヒットラー・ユーゲントも参加する。競争部門は、食料品、繊維、衣服、建築など二千部門に分れ、四カ月間かかって実行される。各部門は細目化されていて、料理競争から窓硝子磨競争まであり、この競争に参加させることによって、生産を向上させてマルクを安定させ、熟練工を増加させる意図を含むのだが、それ以上に肝要なことは、競争心を煽ることによって、いつもナチスのもとに心をつないでおくことになるということであろう。全国優勝者の四割五分は、ヒットラー・ユーゲントであると、シーラッハは自慢している。

他に農業奉仕があり、戦争がはじまると戦時配備につき、男子は廃品回収をしたり、女子は傷痍軍人を慰問した。

「アドルフ・ヒットラー行進」

ヒットラー・ユーゲントのハイライトは、毎年九月ニュルンベルグで開かれる党大会にドイツ全土の代表二千余名が、徒歩で随所で一隊を作りながら集ってくる「アドルフ・ヒットラー行進」である。

地方によっては、山野を突破して九百キロを歩いてくる。写真を見ると、彼等の中の旗手が掲げる団旗はかなりずっしり重そうだ。このニュルンベルグには、ベルリンからでも四週間はかかる。カーキ色のシャツにネクタイ、夜光塗料の胸章をつけ黒い半ズボンに白のハイソックス。このおなじみのいでたちで、延々と長い旅を継いでくるのだ。ニュルンベルグに着くと、ヒットラーの宿舎の前を行進して総統の閲兵を受ける。

ヒットラー・ユーゲントが、まさに宣伝人間体をなすのは、この長い旅から大会までの行進においてだ。本人たちも感動しているだろう。だが、なににもまして、ヒットラー・ユーゲントの歩いているさまが、他人を感動させる。同じユーゲントを感動させるばかりでなく、大人たちを感動させる。それは、「若者」の像がもつ純粋というあやかしの魔力であり、規律のもつ生理的視覚的魔力であり、制服の魔力である。

「歩いてやってくる」ことの魔力とその空洞作用

さらには、歩いてやってくるというのも魔力であり、それは、中国の文化大革命にも利用された手段である。それは、自他ともに浄化作用、いや空洞作用をもっているのであり、それが政治権力の主宰者に利用された時、そこで発揮する空洞の熱情は、正義の美名のもとに、非常な暴力を発揮する。

制服も自他へ働きかける差別感を無化する空洞作用をもっている。袖章一つ、地区や役等によってちがうが、赤地の中央に一本白線のはいった腕章は共通だ。

ワッペンからベルトのバックル・短剣まで、ヒットラー・ユーゲントの専用のものが用意され、隊旗も男女別はもちろん、分団・中隊、地方支部ごとに異った。十才から十四才の少女隊の旗は、制服と同様、黒が基調である。ヒットラーは「しるし」の人心におよぼす力をよく知っていた。

日本の「ヒットラー・ユーゲント」

同盟を結んだ日本は、ナチスと青少年団を互に送って交歓したことがあった。大日本青少年独逸派遣団長の朝比奈策太郎の書いた『若きドイツ』（羽田書店・一九三九年刊）という本があり、これは見聞記のスタイルで書かれているが、ヒットラー・ユーゲントの大会に出席した時の彼等の制服は、日本人の同胞を驚かした。

この本でそれまでの服装を図版で見ていると、日本の代表青年団の制服は、なんとも恰好の悪いものだが、この大会では、やや変貌している。それはベルリンを訪問した時、「同市在住の邦人一同から派遣団の国際服として寄贈された新らしい制服」なのであった。
日本は、ついにヒットラー・ユーゲントの組織をとりいれる暇もないうちに、戦争が終ってしまったのだが、ベルリンの邦人が制服を作って贈った背後には、恥かしいという感情があったのかもしれない。

大会当日の模様は、ザールの言葉を借りて説明するなら、こうである。「人文字でAH（アードルフ・ヒットラーの頭文字）と描きだされている会場に臨み、総統は嵐のやうな歓呼に答えて熱弁を揮い、ユーゲントはヘッス副総統の声に合はせて総統への忠誠を誓ふ。その時両者の感情は一つに溶けあつて、息詰るやうな感激の場面を現出するのである。それからヒットラーは、すべての青年と親しく対面する気持で、自動車で会場を一周する。彼らの感激はかうしていやが上にもあをり立てられる」。

「青年時代は愉快なものです」

長官のシーラッハは、ユーゲントの感情を先取りして、「青年時代は愉快なものです。そして、その時代には、われわれは最も幸福です。何故かと言うと、わが総統よ、われわれに冠されている閣下のお名前によって閣下の御人格と直接に結合しているという感銘です。閣下のお名前は、わが総統よ、われわれの不滅性です」とヒットラーに向って演説する。

ヒットラーは、「諸君は、余の前に、傍に、そして後ろに立って、吾々の旗を高々と掲げねばならないのである。吾々の敵は、吾々を滅ぼすために再び襲撃して来るかも知れない。それがかの憎むべき赤旗であっても、吾々はこの旗印を高々と掲げて再びこれを打破るばかりである」と演説を結ぶ。大会場の観客席を埋めた十万の観衆は、どよめく。

ショル兄妹に話を戻そう。まもなく兄のハンスは、大隊旗をニュルンベルグの党大会に捧持していく任務の光栄をえた。だが、帰ってきた時、彼の表情には、疲労と幻滅が浮んでいたと姉のインゲは書いている。

ナチスは、若者を真面目に話相手として語りかけ、期待し、おだてあげた。インゲは、ハンスの幻滅をつぎのように想像している。

「彼の希望は、青少年の一人一人が自分の中にもっている特性を発揮する」ことであり、ヒットラーへの忠誠は、「何はさておき自己への忠誠」であったはずなのに、ニュルンベルグ大会に列席して、「かたち」にはめこまれているのを悟ったことに動揺のもとがあると。

その後も、彼の愛読書のシュテファン・ツヴァイクの『人類の星の時間』は、禁止されたり、すでにヒットラー・ユーゲントの中隊長であった彼は、伝説上の動物を模様にして作った旗をもっていて、それを誇りにしていたのに、決められた団旗でよいと、とりあげられそうになったので、かっとなって上官を殴りつけてしまう。彼の抵抗と疑惑はこの殴りつけた時からはじまった。

ナチスに抵抗して、死の運命をたどったのは、ハンスだけではない。ヘルムリーンの『第一列』（山下肇訳・岩波書店・一九五五年刊）は無名の抵抗青年の記録だが、ベルンハルト・ブルマンは、勤務怠慢のかどでヒットラー・ユーゲントから閉めだしを喰っているのが、抵抗の動機になる。のちに断頭台にのぼったヘルムート・ヒューベナーは命令拒否のかどで退団している。ハンスとともに白バラの抵抗運動学生として処刑されたシュモレルも、強制的にヒットラー・ユーゲントにいれられ、訓練にいやけがさして飛びだしている。

ゲルハルト・ボルトの場合は、すこし違う。彼は、グーデリアン参謀総長の主席伝令将校として、ヒットラーの終末を観察するチャンスをもった人だが、かってはヒットラー・ユーゲントに入団しながら、のちに失望して去っている。だが、抵抗運動にはいったわけでなく、騎兵隊に志願している。なぜ彼は去ったのか。その著『ヒットラー最後の十日間』（松谷健二訳・TBS出版会・

「かたち」にはめこまれたと気づいた若者たちはどうするか

一九七四年刊）を見ると、入った時の感動と、去った理由はつぎの通りである。

その年（一九三三）のうちに、私はヒトラーユーゲントの一員となった。十五才から十八才までの少年を対象とする政治組織である。これにより私の若い人生に政治の息吹きがはいってきた。意識的につくられて私を惹きよせその一員とならせたのは、新しさ、スポーツをともなう共同体、標榜された目的と手段であったかもしれない。はじめ私はこの新しい共同体をたのしみ、もりだくさんの理想主義に順応していった。ほどなくして私はこの組織で指導的地位についたが、それもながつづきはしなかった。

私は、自分の意見をもち、それを守り表明することに慣れ、そう教育されてきた。この事実と私の〃生意気な大口〃が、ヒトラーユーゲント地区指導部と、ひいては党といざこざを起こし、私は一九三六年にヒトラーユーゲントを去らなくてはならなくなった……私は私なりに、独裁者とは何か、そのわがままな国家型態が何をしでかすか、知りえたわけである。

ゲルハルト・ボルトの幻滅は、ハンス・ショルの場合と退団する迄のプロセスはほとんど同じだということが、これでわかる。「自分の意見」をもつことが、ヒットラー・ユーゲントの組織に反することに気づいて、退団している。しかし、その後の方向は、人によってまったく違うものになることをも示している。ボルトは、他の軍隊の組織に自分の道をさぐっていく。

写真でヒットラー・ユーゲントの姿を見る時、これら青少年の中に抵抗の意識があったとは思えない。おそらく、感激しきれずに疑惑の目をもっている青年もいたはずだが、彼等の個々は、所詮、彼等の忠誠の意識、反抗の意識とはべつに、ヒットラー・ユーゲントという「かたち」にすぎなかった。すなわち、「宣伝体」にすぎなかったのである。制服の自由平等も、彼らの自我の上に立った自由平等ではなく、宣伝体としての自由平等にすぎなかった。自我を超えたのではなく、自我を剝奪されていたのである。

「宣伝体」となりさがったヒットラー・ユーゲントの若者たちは、自決を強制されて毒をあおったロンメル将軍の国葬に参列して、偽善の装飾にかりだされる。なによりも彼等の行進するすがたかたちは、市民を魅惑する宣伝体であった。もはや、彼等の個性は「人がた」でありバッヂでありワッペンと同様であったのだ。

「ヒットラー・ユーゲント」と学校との関係

はじめ、ヒットラー・ユーゲントは、学校教育の補充の関係にあったが、ウィリアム・アレンの『ヒットラーが町にやってきた』(西義之訳・番町書房・一九六八年刊)によると、「ヒットラー青年団と学校とが同日に祭典をもとうとする場合には、学校側が譲歩した」と言い、落第しそうな生徒を進級させるように命令し、学校を支配しているのは、教師かヒットラー・ユーゲントなのか、曖昧になったと告げている。

バッヂとしての「宣伝体」となりさがったヒットラー・ユーゲントは、彼等の心とは裏腹に権力を発揮し、ただ声をかけられただけで、あわてて証明書をとりだす大人さえでてくるようになっていった。

ゲシュタポのような権力体ではないユーゲントの個々にとっては、不本意なことであっただろう。ヒットラーの閲兵を受けただけで「神聖な身ぶるい」をした青年たちは、高い月謝を払わされたことに、まもなく気づくようになる。それは、負け戦さがわかってからであろう。あの身ぶるいですら、自らの心の奥から迸《ほとばし》った感激というより、条件反射的な機械的なものであったかもしれない。

感激の機械

ワルター・ケンポウスキーの編になる、『君はヒットラーを見たか』（前出）の解説でセバスチャン・ハッフナーは、同時代人のヒットラー体験の証言を読んで、彼等はつねに脇役の立場であったので、参加者の思い出にあっても、感激するより「長時間の行軍、長い間待たされたこと、便所がなかったこと、退屈していたこと」の印象が強いと言っている。

彼等の感激が、その時はその気になっていたとしても、いかに空虚なその気にすぎなかったかということであろうか。ニュルンベルグ大会に出たヒットラー・ユーゲントは直立不動で、顔を動かすことさえできなかった。かろうじて目を動かして、ヒットラーの姿を垣間みるだけであった。

彼等は、感激を語る機械であったから、人々にその感激を言ったであろうが、おそらくなにかはぐらかされた風がいつも自分の中に吹きこんでいるのを、どこかで感じていたかもしれない。が、そんな軽い戸惑いよりも、感激の機械になっている部分のほうが、はるかに多く占めてしまっていただろう。

機械の無垢でありつづけることの悲惨は、一九四五年のベルリン陥落寸前の彼等の姿にはっきりあらわれてくる。ソ連軍の猛攻を喰いとめようと、ハーフェル川に架かる橋の死守を、ヒットラー・ユーゲントに命じるに至る。四月二十日の誕生日、ヒットラーは二十名のユーゲントの隊員に鉄十字章を与えた。その時の写真が残っている。シーラッハの後継者、アクスマンとともにアドルフ・ヒットラーが彼等を閲兵し、握手している写真である。少年たちは、不揃いの背の高さのままに並び直立して閲兵を受け、かつ握手している。ヒットラーは軍帽をかぶり、寒々した表情で閲兵している。彼等は、ヒットラーの顔をこの時、よく見ることができたであろうか。一応、直立不動で正面を見ているが、握手の写真では、崩れている。握手を終えたあと、また不動の姿勢に戻るのが正常だが、何人かは覗きこむようにヒットラーのほうへ顔をむけている。少年らしいというより、そ

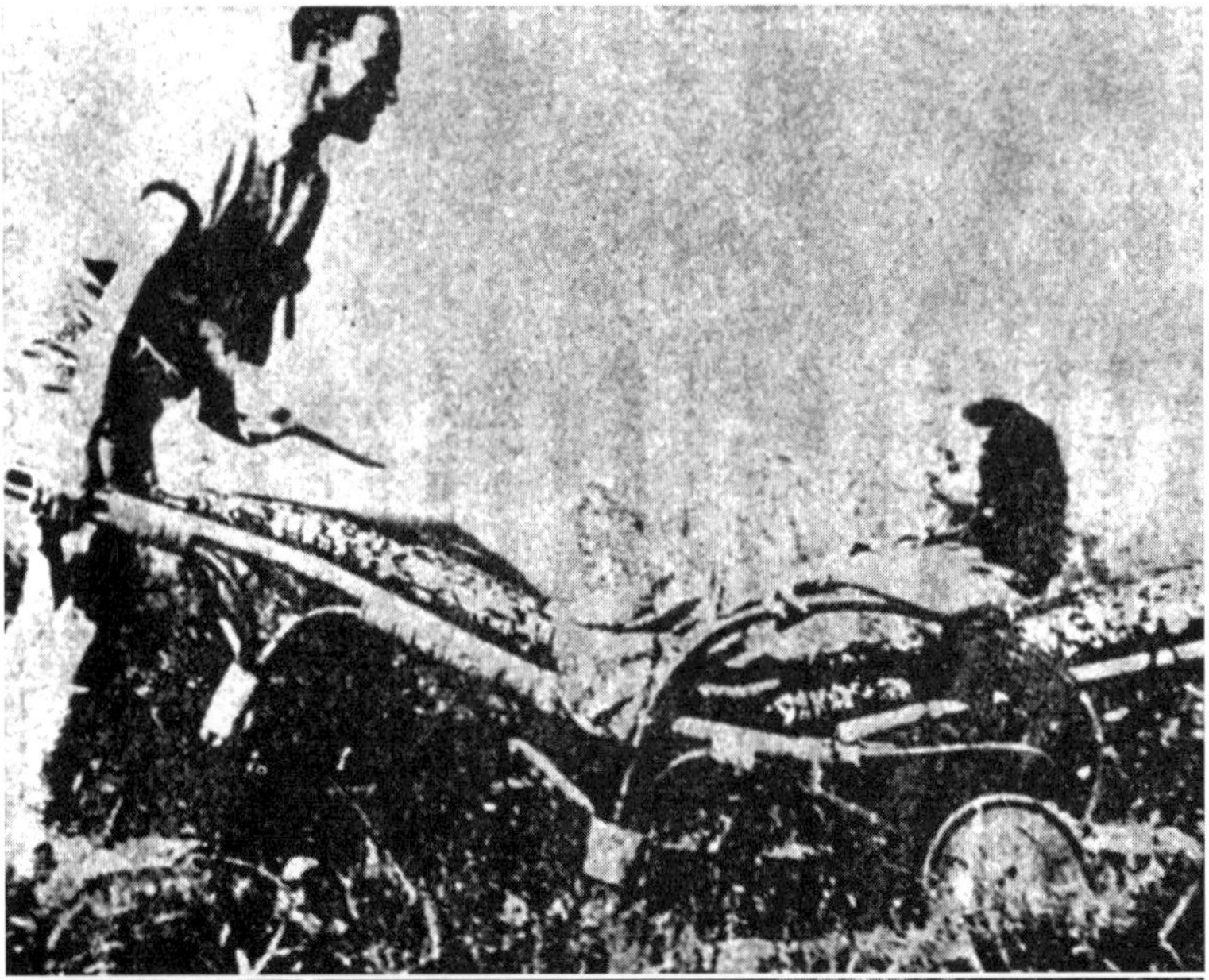

ショル兄弟の反逆

ハンスとゾフィのショル兄弟の父は、兄弟がヒットラー・ユーゲントに入ることに反対した。「腕をくみ隊伍をととのえて行進する青少年の姿、そのひるがえる旗や、前方を直視するまなざし、太鼓のひびきと歌声。少年たちが、どうしてこの魅力に抗しえよう」と姉のインゲは言っている。のちに彼ら兄弟は、幻滅して退団、ミュンヘン大学生の時、抵抗運動に没頭し、反ナチのパンフレットを配布したりして逮捕され、一九四三年斬首刑に処せられた。彼らが抵抗運動をしているころ、エヴァ・ブラウンは山荘で戯れていた。だが彼女の姿も妙に暗い(右頁上)。下は、左がハンス・ショル、右ゾフィ・ショル、中クリストフ・プロープスト。左頁はゾフィ・ショル。

「余はよろこんで死ぬであろう。……余の名前を帯せし少年たちの史上稀なる出撃をしのびながら」

れは彼の権威の失墜を物語るようにも思える。

この勝てるみこみのないベルリンの戦いに駆りだされたヒットラー・ユーゲントは、それでも七百台以上のソ連戦車を炎上させたと言われるが、かつての団員であったゲルハルト・ボルトは、鋭くヒットラーへ不信の目をやっている。四月二十四日の彼の記憶である。

「随伴コマンドの兵が、目をあかくしておどおどする少年をヒットラーのところへ連れてきた。ポツダム広場のそばでソ連戦車一台を撃破したそうである。ヒットラーは少年の大きすぎる泥だらけの上着に鉄十字章をもったいぶってつけてやった。そのかぼそい胸のところに。それからゆっくりと頭をなで、ベルリン市街の望みのない戦闘へ送りもどした」と。ゲルハルト・ボルトは四月二十九日、ベルリンを脱出するさい、「あきれるほど巧妙なハンドルさばき」の少年に国立競技場まで送られ、さらにハーフェル橋へと向う途中、ヒットラー・ユーゲントの地区指導者に五日前の戦闘の模様をきかされる。

「ここの戦闘がはじまったとき、敵の大軍をうけて立ったのはヒットラー・ユーゲント隊員五千名ほどの兵でした。間にあわせに銃とパンツァーファウスト（対戦車用携帯火器）だけをもらい、実戦の経験はまったくない少年です、生まれて初めての猛砲撃で大損害を受けましてね、五千人のうちいま戦えるのは五百名しかいない。予備兵力はないんです。交替も来ないから疲れはてた少年がしばしばねむることもできない」と。

ヒットラーは鉄十字章を彼等にあたえた時、どのような感情が去来したのだろうか。ただ義務として、地下壕から讃えただけなのか。十日後には、彼は自決するわけだが、その遺書には、「余はよろこんで死ぬであろう。戦線の兵士たちの、家を守る女性たちの、農夫たちの功績と、余の名前を帯せし少年たちの史上稀なる出撃をしのびながら」と書き記してはいたが。

いったい、この未成年のヒットラー・ユーゲントの兵士たちと戦ったソ連は、どのような反応を示しただろうか。第八親衛軍の司令官であったチュイコフ将軍は、その回想録の中で次のように語っている。(『ナチス第三帝国の崩壊』小城正訳・読売新聞社・一九七三年刊)。

四百名ほどの少年が一団となって、「肩には長さ約一メートルの棒の先に対戦車擲弾を結びつけたのを背負って」前進してくるのを、将校から無線で「どうしましょうか、そのままにしておきましょうか。それとも射撃しましょうか」と指示を求めてくる。チュイコフは、「撃つな。なにか彼らを武装解除する方法はないか」。しかし彼等は突進してきて、応射せざるをえなくなる。チュイコフは、いったい誰が、このような幼い少年たちを、死ぬ以外にない戦いへ向かわせることができようか。狂人か乱心者にしかできないことであると勝利者らしい感想を述べている。

だが、女性軍事通訳として、ソ連軍に従ってベルリンに入った『ヒットラーを探せ』のエレーナ・ルジェフスカヤになると、将軍とはちがった側面をみている。(『独ソ戦の裏面・ヒットラーの最期』小林一郎・園部四郎訳・合同出版・一九六五年刊)。

敵状を知るための捕虜として、〈ヒットラー・ユーゲント〉の制服を着ており、赤い口と割れたくちびるをもつ十五才の若者が捕えられた。ついさっきまで激しく射撃していたばかりなのに、いまは腰をおろし、いかにも若者らしく、けげんそうに、好奇心さえもってあたりを見まわしている。戦争におけるこの一瞬の変化はおどろくばかりだ。

当然、ハーフェル橋の死守はならなかったのだが、彼女は、皮肉な怒りをもってヒットラー・ユーゲントの若者たちに同情を寄せている。ゲッベルスは、四月二十七日の「前線新聞」に、つぎのよ

うな勇ましい宣伝文を発表しつづけていた。

アクスマン全国指導者は、金十字勲章を授与された……。昨夕、総統は彼の大本営で、勲章を手交するにあたって「貴下の傘下の青年たちがいなかったら、ここ、ベルリンのみならず、全ドイツにおける戦闘の継続は、まったく不可能であった」とのべた。これにたいして、アクスマンは「総統閣下、それは閣下の青年であります」と、答えた。

この宣伝記事に対し、エレーナ・ルジェフスカヤは、「あざむかれた彼ら青年たちは、おそらくドイツを防衛しているのだと信じていたであろう。そして、彼らは死んでいった。ところが、ここ官邸地下壕では結婚式があげられていた。いや、むしろ、法要というべきであろう。死神がテーブルについていた。花嫁は黒の式服を着ていた」と、ヒットラーの人間としての一ドラマは切り捨てにして、いらだたしげに告発している。

「総統閣下、それは閣下の青年であります!」

平和《ピンフ》の倦怠《アンニュイ》

――「ハイル・ヒットラー」と女性の涙――

ピンフは平和か。「平和」って書くんだな。

マージャンを覚えてから、かなりの年月をかさねてきたのに、ピンフという役が、平和と書くとは知ってはいたものの、なぜ平和と呼ばれるかについては、ついぞ考えてもみなかった。

もう古い映画の部類にはいるのかもしれないが、ライザ・ミネリが、踊り子になって出た「キャバレー」という映画があった。これは、ナチスが政権を握る前のワイマール共和国の末期を舞台にしていた。

いわゆる一九三〇年代で、ベルリンはその頃、世界の文化の中心であったとも言える。インフレと失業者とストライキと梅毒とアル中と、ウーマン・リブとテロと性の紊乱と自然回帰の運動という世相の中で、国際都市のベルリンを根城とする文化の諸相も、迎えうつように煮えくりかえっていた。

ワイマール時代と現代の類似

現代の日本は、ワイマール時代に似ているとよく言われる。が、このワイマール時代は美術や映画にしても、文学にしても演劇にしても、建築、音楽にしても、世相は類似していても、今日のように、文化そのものまで衰弱しきっていたとは思われない。衰弱を予期する活気であり、あがきであり、衰弱そのものではない。今日の状況とは、よほど違っている。今日は、その活気が時におこっても、ふりであり、活気の中に衰弱がある。

雨蛙色のマニキュア

ドイツの服飾感覚は、オーストリアのウィーンはともかくとして、地味でもっさりとしていると言われているが、各国の人間が集まっていたその頃のベルリンには、世界の流行を見ることもできた。グリーンの口紅さえはやったというが、そう言えば、ライザ・ミネリのマニキュアも、べったりと毒づいた緑であった。そのファッション感覚には、表現主義の影響もあったかもしれないが、あの雨蛙色には、悲鳴のような頽廃と倦怠がある。たとえば、スーラの絵の倦怠には、第一次世界

ナチスの登場の予感と無力感。予感の空振り

大戦への予兆があったとしても、またその点描化され、淡彩化された陽光の毒には、かったるさがあるにしても、まだどこかそのアンニュイには、甘さがある。

ライザ・ミネリが、地下鉄の通過する轟音にまぎらわして、「ワーッ」と叫び声をあげなければいられないというほどの倦怠の質はない。世紀末のムンクの叫び声は、観念的だが、ワイマール体制下に生きる踊り子の叫びは、太陽が破裂するように生理的であった。

もちろん、私はワイマール下のドイツを実体験しているわけではない。映画から間接的に想像を馳せて言っているのだが、そこにある倦怠と頽廃は、ナチスの登場の予感を網のうちに入れていながらも、その迫りくる予感に対しては、手のほどこしようのないという無力感にいらついていて、その無力感のあまり、むしろ世界大戦の勃発を待望しているところがないでもない。

平和を楽しむ力を人間はもたない

私が、平和とはなんだろうと、映画「キャバレー」を想い出しながら、マージャンの平和にまで思いを躍らせたのは、その無力感のためであった。「戦争と平和」と一口に言い、平和は戦争と対になっているが、はたして戦争がなければ、人間にとって平和なのか。戦争のさなかは、平和を希むのは人情だとしても、さてその戦争が終わっても、人々の心は、平和を楽しむだけの度量があるか。あるとは思えない。

倦怠は、つねに一触即発の爆雷を抱えている

戦争がない状態だけを平和だというならば、そんな平和は人間にとって、さしてありがたがるに足るものでもあるまい。戦争がなくても、ただ戦争というつらさ、むごさから離脱できるだけのことで、生きることのつらさむごさは残る。つまり人間の欲望は残るのだから、いつまでたっても平和であるはずはない。不平は培養され、ついには頽廃、倦怠にまで進む。倦怠も人間の欲望の一態なのであって、その気分の温湯の中につかって、いい気になっていても、それは一触即発の爆雷を抱えている。

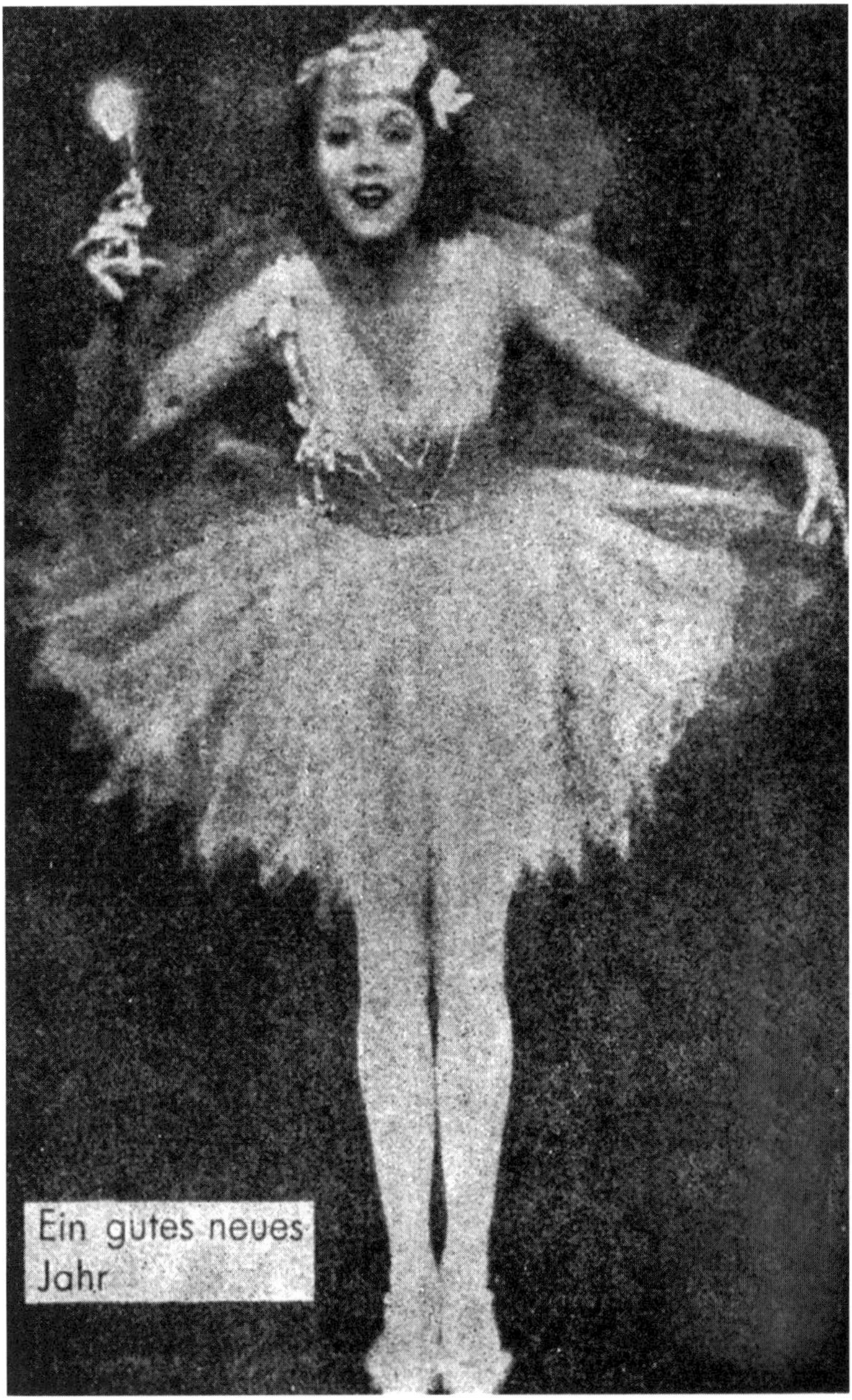
Ein gutes neues Jahr

人工美から健康美へ——ナチスのエロチシズム政策——

ワイマール時代の狂気

第一次世界大戦の落し子であるドイツ・ワイマール時代（一九一九—三三）は、目も綾なるほどにあらゆる文化の沸騰した時代だとも言える。しかし、その文化そのものが、来るべき時代への人々の不安を栄養とした活気現象であった。不安の表現が、文化そのものであった。不景気と失業者の群の中で、ベルリンは、魔窟と化していた。刺激と興奮を求めて、酒場や遊び場が氾濫し、女装の男性、男装の女性が濶歩し、倒錯の巷であった。十六歳で処女の疑いのある女の子は、恥とされた。

写真右頁上はチャールストンに興ずるドイツ市民。下はサイドカーに乗って新婚旅行。次ページ上はファッション・ショウ。モデルはロシア亡命貴族の女性たち。下はドイツの軍需産業を一手に握ったクルップ財閥の子供たち。

スター「アドルフ・ヒットラー」

ヒットラーがドイツ労働者党に入党した一九一九年、妊婦及び産婦に対し十二週間の労働禁止が法制化されている。ワイマール時代は、ウーマン・リヴの時代でもあり、大学の教職も男女同権が確立した。目には隈取り、緑のマニキュアのファッションのデカダンスに倦きた女性たちは、一転して、母なる女性、健康美の女性を求めるヒットラーの青い目に魅せられ、彼をスター化し、ついに彼に独裁を許すに至る。ヒットラーをつくったのは、女性たちこそであったのではないか。

ヒットラーは、集会を開くたびに、驚くべきほどの女性のファンが集まった。ヒットラーは、自分が独身だからだと考えた。はじめヒットラーは、婦人突撃隊を考えたが、一九二八年「真紅の鉤十字団」、のちのナチス婦人団を作って、慈善事業に従事させた。倦怠と頽廃の快楽にうんざりしていた女性たちは、もう一つ単純な興奮を求めた。それが、ヒットラーの存在であった。一九三三年、女性をもヒットラー青少年団に加え、化粧を棄てた健康美の女性に組織した。

あどけないピチピチした少女

十歳になると、少女たちは、ヒットラー青少年団に加入させられた。骨抜きの教育は、若いうちがよい、というわけだ。入団前に徹底的な健康診断が行われ、「光と空気と水とに親しめ」「少くとも、九時間ねむれ」などの「健康十戒」があたえられる。

一瞬、女性たちは、倦怠から解放され、頽廃から救済されたと思いこみ、制服によって心身が統一され、その珍しさに喜々とした。「健康な身体、健康な精神」という御題目が、あらたな頽廃の開始であることに気づかなかった。

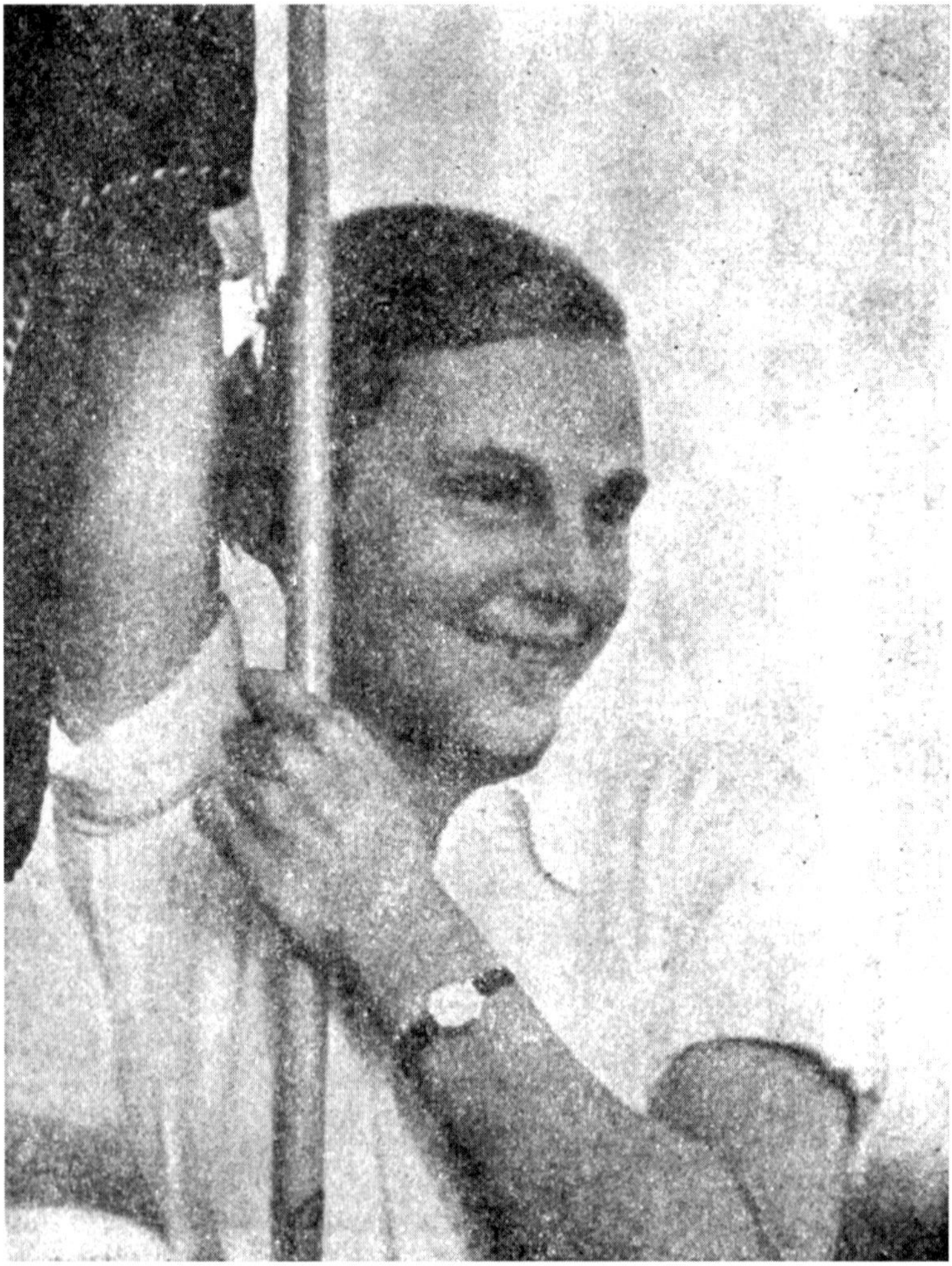

薬草採取

少女たちは、少年と同様に野外キャンプ生活の味を覚えさせられ、婦人は家庭にという政策から、手芸や家事を習った。都会の少女たちにとっては、それさえ珍しかった。薬草採取は、自然に親しませる手段として、少女たちに課せられた。

一年間、十四歳から二十一歳までのヒットラー・ユーゲントの少女たちは、農家奉仕を課せられた。都会偏重の精神から「血と土」の思想を叩きこむと同時に、労働不足を補う目的もあった。

傷痍軍人慰問とキャンプの食事

優勝バッヂを胸に

全国職業競争が、産業振興を目的に毎年開かれるようになった。競争をさせるということは、ナチスのお得意の手であり、ヒットラー・ユーゲントの少年少女たちも参加した。優勝者の大半は、その少年少女たちであった。

十八歳になると、女性は二十一歳まで「美と信念」という上級女子団に移される。信念は信仰とも訳される。国家とヒットラーへの信仰である。美は、健康な母になるためである。律動体操によって肉体美をつくることに努めた。いわば、花嫁学校で、化粧のエロチシズムから、素肌のエロチシズムの強調にあった。

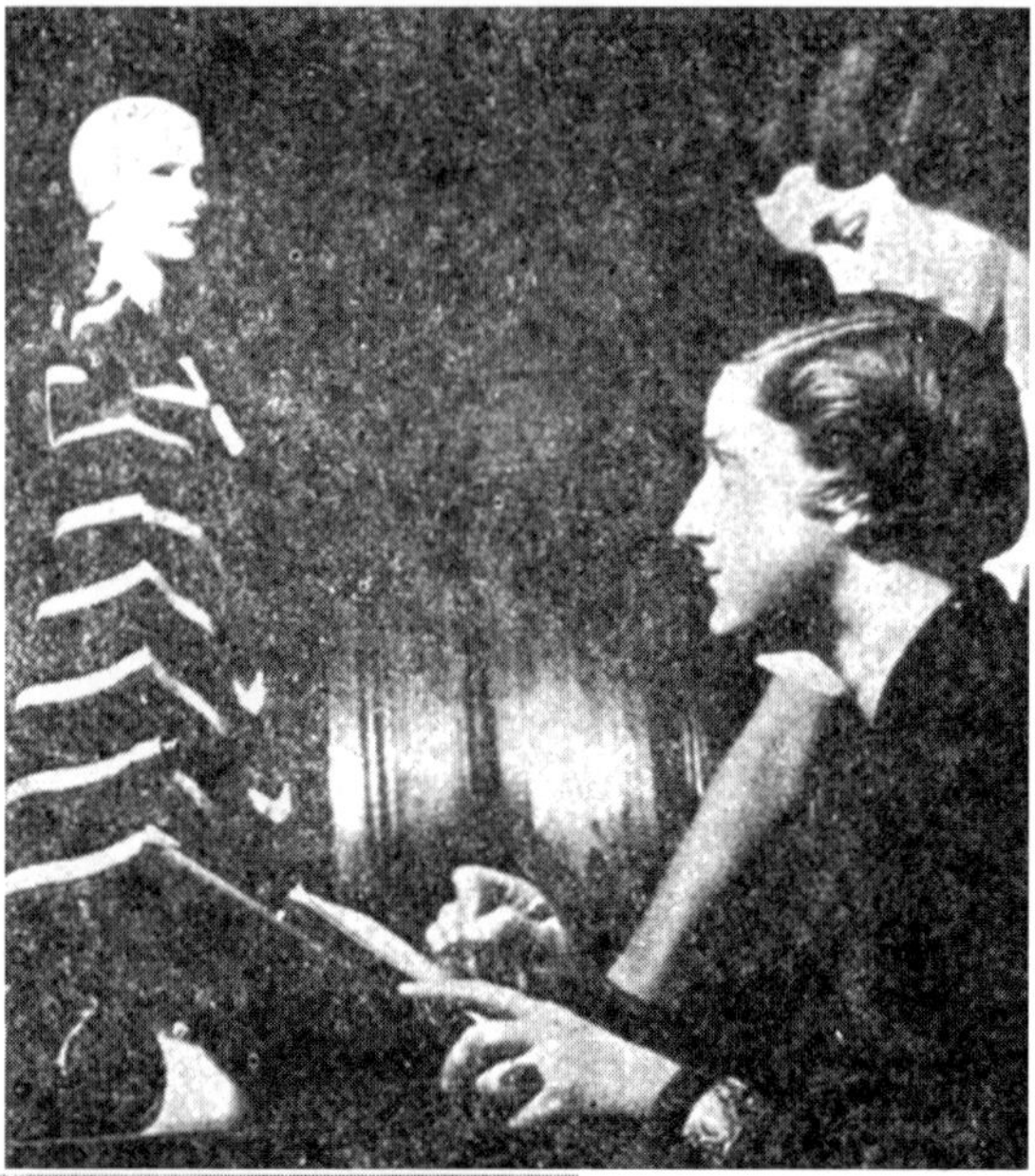

ヒットラーは、女性たちを制服美の中に閉じこめたわけでなく、コルセットは禁止したが、ブラウス一つでも美しいほうがよいとした。彼女たちの服装は、ワイマール時代より肌は露出したから、かえって男女間のセックスは乱れた。男が色気を感じなくなれば、母なる女性も御破算になる。健康美とは、まさしくナチスのエロチシズム政策だった。

コルセットは禁止したが……

健康な肉体の誘惑

マージャンの平和《ピンフ》の話に戻ると、これは数ある手役《てやく》の中でも、その価値点は低い。低いから、でき上っても、自ら舌打ちすることがあるし、そういう安い手で上がろうものなら、仲間から乞食め！と怒鳴り返されることがある。欲がないね、と皮肉られることもある。

勝負ごとは、人間の欲望のダイナミックスを遊戯化したものである。マージャンなら、難しい手で上がればあがるほど、点数は高くなる仕組みになっているが、「平和」という名のピンフは低い。低くても手のうちであるから、欲のうちだが、「平和な和《あが》り」で満足する欲の手なのだ。

この「平和な和り」では満足しないで、故意にそのまま上がらずに、欲を進めようものなら、とんだ火傷を負うことがあるし、この安上がりの手が、運の始まりとなることもある。

戦争がなくても、人間には平和はない

戦争がなくても、人間に「平和」がないのは、この生きるための最低の平凡な欲望を得ることだけでは、満足しないからではないか。向上心とか希望権などという美化された欲望が、にっちもさっちもいかなくなった時、かくして人は頽廃と倦怠にまでいきつく。すなわち、やるせなくなる。しかも、この頽廃・倦怠への欲望は耐えがたさを含むから、その中に沈みこみ続けて、よい気分になっているうちはまだしも、この気分から解放されたいという野蛮な欲に火がついた時は、それこそ戦争になる。

大衆操作されたものの罪
大人の女性たちの犯した罪

ヒットラーは、確かに大衆操作によって、人々の心を瞞着した。だが、だましたものだけが悪いのか。だまされたものも悪いのではないか。ヒットラーは、理屈っぽいインテリたちよりも、信じこみやすい青少年の群をだまし、続いて女性の群をだました。これが、ナチス権力の基礎となった。十歳そこそこの少年たちは別として、大人の女性たちの犯した罪は馬鹿にならない。

緑のマニキュアを塗って、倦怠の溜息をついた女たちは、今度は一転してナチスの教化宣言をまるのみし、一転して化粧ひとつせず、「ハイル・ヒットラー」を叫び、彼と握手ひとつしようもの

倦怠から一挙に「ハイル・ヒットラー」までの距離と時間

なら、一カ月は手を洗わず、彼の乗ったオープンカーの去ったあとにできたわだちに、這いずり寄って熱いキスをする女性もいた、という話などを聞くと、ナチスのオカルティズムの腕前に、ほとほと感心するというよりも、軍服を着せられて馴化された男たちの他愛なさに腹が立つよりも、女性そのものにも腹が立ってくる。

ナチス・ドイツの婦人と化粧

『学べ！ 独逸国民生活』（千峰書房）という本が私の手もとにある。昭和十三年に刊行された本で、内閣情報部員であった森崎善一という人が書いている。この内閣情報部は、ナチスドイツの宣伝省にやや当てはまるだろう。「独逸の婦人と化粧」という章がある。

> 独逸の婦人の顔には、白粉はもとより、クリーム、紅、等々一切の化粧品は用いられないのであります。……
>
> 白粉が塗られた美しさは、粉が落ちると蒼白な顔であるのに反して、健康美は、全身の中から沸き出る真の美しさであります。だから独逸政府は〈全独逸の婦人よ、化粧を棄てて健康美を作れ！〉と命じます。

森崎という人は、日本の女性に向かって、同盟国のドイツの例を借りて国策宣伝をして「クリームも実は法律で買うことが出来ないのであります」というのは嘘だ。日本の女性はドイツを見たことがないから、その言葉を信じ、ギョッとしたであろう。

「白粉は亜鉛だから毎年千五百トンの軍需品が朝夕洗い流されている」

さらに同氏は、日本には約三千万の化粧婦人がいるが、一カ月一円としてお金に換算すると、三億六千万円だという。白粉がその五分の一として七千万円。白粉は亜鉛だから毎年千五百トンの軍需品が朝夕洗い流されていると注釈している。こんな計算をナチスもしたかは不明であるが、「男

ヒットラーという肉体をスター化する

「私が独身であるためにたくさんの女性が私の支持者になっている」

ナチス女子勤労奉仕団

子には力を、女子には美を！」をスローガンとしたのは事実で、その美は健康美であり、つまり勤労奉仕に耐える肉体と、よきアーリアン人種の血を継承する母としての肉体の重視であったから、女性たちがヒットラーに血道をあげることによって、ラックの靴に、淡紫色のズボン、腕輪指輪に、引き眉、目には隈取りというワイマールのファッションは、たちまち姿を消していったのである。

それは、ヒットラーのスター的魅力というより、ヒットラーという肉体をスター化して女性を瞞着しえた宣伝の力というものであろう。さらにナチスは、そういう女性たちを、着々と組織化し、宣伝教育によって形骸化していった。

「私が独身であるためにたくさんの女性が私の支持者になっている。これは私の闘争時代には特に重要なことであった。まるで映画俳優のようなもので、結婚してしまえば、熱狂した女性からみれば何かが欠けたことになり、以前ほどアイドルたりえなくなる」（『ヒットラーはこう語った』アイバンホー・ブレダウ編・小松光昭訳・原書房・一九七六年刊）とうそぶいていた。これはヒットラーの自惚れというより、彼自身の人間的悲劇というより、もっとおそろしい意味をもっている。

女性もヒットラー青少年団に入り、十歳で少女部、十四歳で女子青年団、十七歳になると「美と信念」部という青年団に入ることができ、ナチス的女性になるように仕込まれた。

他にもナチス女子勤労奉仕団があり、後には義務化される。ここでの大きな活動は、農家での勤労奉仕であるから、それが素晴らしいことに見えるようにナチスは、写真というものに大いに気をつかった。キーファという人の書いた『ナチス女子勤労奉仕団』（アルス社・一九四一年刊）を読むと、「写真や映画で見ますと、皆、晴れやかな笑顔で、あるいは穂麦を束ね、車にのせている様はいかにも面白そうに見えますが、どうしてどうして、そんな楽な仕事ではありません」と正直に述べているが、確かに写真などを見ると、彼女たちは喜々悦々の表情をしている。勤労奉仕などが、

写真を現実だと思いこみやすい女性の体質

「健康な身体、健康な精神をモットーとしてますの」

健康なエロチシズムはナチスの宣伝文句

なんで楽しいものか。ここには、あきらかに写真の嘘がある。

たしかにナチスの洗脳的宣伝術は、国民の顔つきまで変えたところがあったのだが、全部が全部そうだとは言いきれず、写真は嘘をつくものであることを彼等がよく知っていて、利用してもいたのである。写真を現実だと思いこみやすい女性などは、その詐術にひとたまりもなかったであろう。

十五、六年前、映画にもなったハンス・キルストの書いたナチス暴露の小説、『零八／一五』（桜井和市・桜井正寅訳・三笠書房・一九五五年刊）を読むと、青年が少女に私たち女子青年団の写真を見せてあげるといわれて、尻込みする場面がある。それは青年が、皆、同じような顔つきで写っているにきまっている写真のからくりを、知っていたからだ。その少女が、「健康な身体、健康な精神をモットーとしていますの」などと、初対面の青年に向かってつらっとした顔をして言う場面もあるが、これなどは美事にナチスによって骨抜きにされている証拠だとも言える。ヒットラーは、ドイツ女子青年団の服装がピューリタン的にならぬように気をつけていた。ブレダウの編著には次のようなヒットラーの発言がある。「服装の点で急に石器時代に帰ってはならぬ。マント一つ作らせるにしても美しいマントを作らせたらよいと思っている。そこがことさら高くつくものでもない。ブラウス一つにしても美しい裁断があるはずである。美しい服装をしたいと願う少女に対して私がそれを妨害する理由が一体どこにあろうか」。

ナチスの女性たちのふだんの身なりは、写真でみると質素にして、かつ清潔そうであるが、その反面その健康美の押しだしの際には、かえってエロチックになっているところがある。「健康なエロチシズム」は、ナチスの宣伝策そのものであった。あどけない健康美の少女の水着写真に、『零八／一五』の青年が、情欲を感じるという条りがあるが、これはエロチシズムは健康な肉体に宿るなどというもののせいではなく、ナチスの作戦が図に当っているからだ。健康美がたて前だから、

裸体という制服

日本とちがって肌を露わにする機会も多かった。いつも制服に身を包まれているとは限らなかった。もっとも青年団の制服を着せられている少女に向かって、その兄が吊しの女はまっぴらだと面罵して、彼女を泣かせてしまう場面もあるが、肌を露わにしても、ナチスの要請によるものならそれもまた制服であった。裸も、制服でありうる。

この彼女もデートの時は、制服を脱ぎ棄て、ウェストを絞った袖なしの白いサマードレスを着て、香水をふりかけて、ソワソワと出掛けて行くという場面が、『零八／一五』にある。これは、ナチスへの反逆のはずである。ところが相手の青年はといえば、「信念と美」を破ってまでした彼女のせっかくのおめかしにもかかわらず、向かいあわせたボートに乗っていても、もっぱら写真でみた水着の彼女の姿を、ドレスの下に妄想しているわけで、ナチスの教化宣伝は、制服嫌いな青年をもだましている。

化粧や服装を気にかけぬことによる女性の解放感

ナチスの時代になって、女性が化粧をしなくなり、コルセットは健康美のため禁止され、かつてのように凝った服装などに気をつけなくなり、かくしてワイマールの頽廃と倦怠から解放されて、生き生きし始めるという、悲しい側面があったのは事実である。が、こんな側面も、少し慣れれば、すぐにボロがでて、適当にやっていたといえばやっていたのだ。この適当も、黙認の適当であった。骨抜きの杜撰許可である。かえってワイマール時代より、男女間のセックスは乱れたともいう。健康なエロチシズム政策の成果であろうか。健康で美しく、男の心を魅いて子供をこの世に送りだす目的にかなうために、適当な操作は重要であった。

ナチス幹部に侍る女性群の化粧

その適当の権化は、ナチスの幹部たちである。かつて「ライフ」にナチス社交界を撮った秘匿写真群が、アグファカラー特有のもの哀しい色調で、公開されたことがあった。たとえば、ヒットラーの側にはべるのは、映画や舞台の女優たちで、眉は蛾を払い、ブロンドにはコテがあてられて絶妙

キスしながら針で刺す――女性こそ戦争の元兇である――

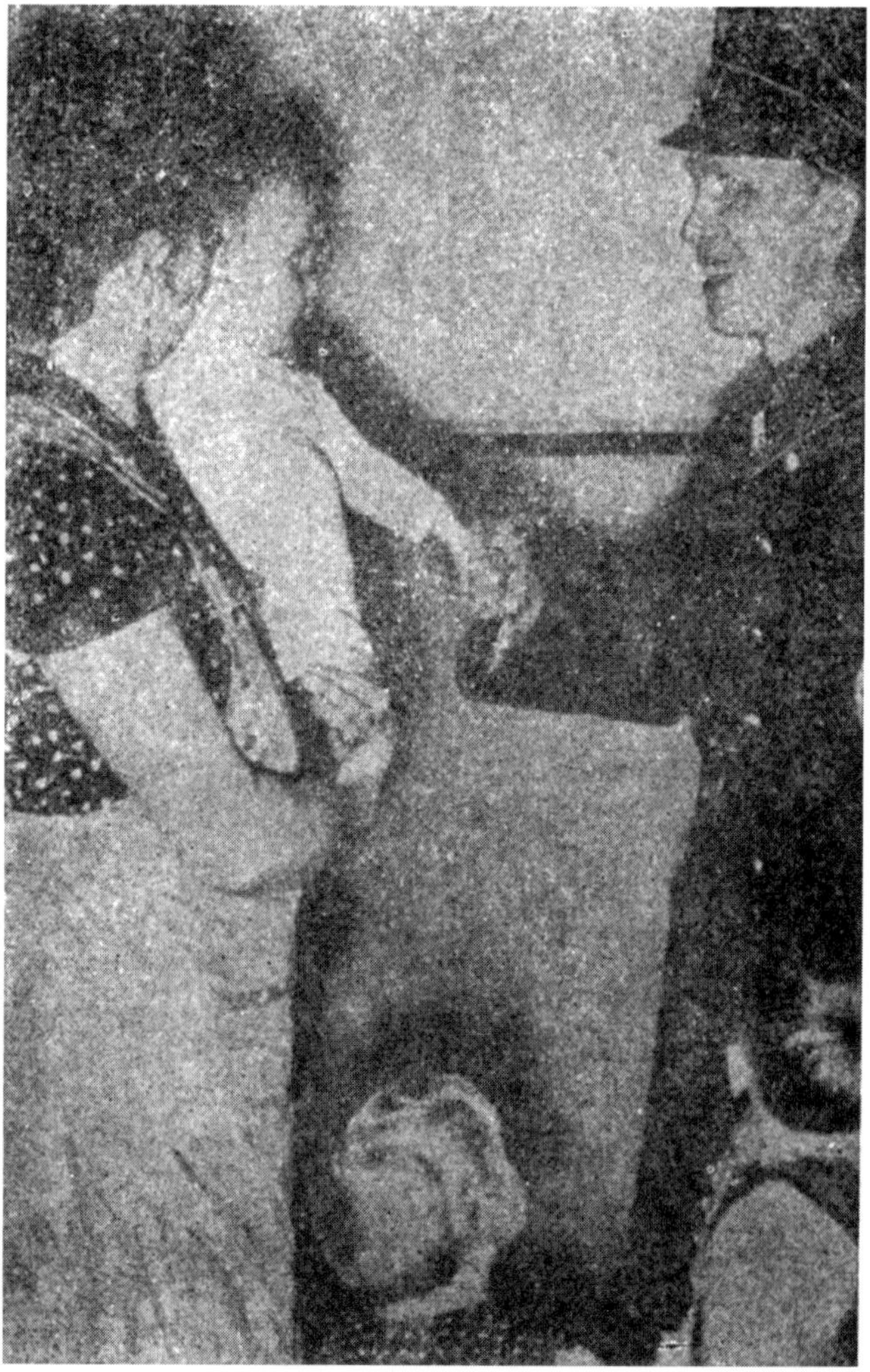

ユダヤ人迫害の裏には、アーリアン人種の優越理論がある。SS隊員は、優秀なアーリアン人の典型として宣伝された。一九三三年の政権獲得のころは、女は家庭に帰れ、良き子を生めの宣伝の道具となり、時には五十組もの党員の集団結婚パレードがデモとして行われた。生殖と家事、そして農業労働が、女性の天職として方向づけられた。ヒムラーは、子のいない女性には、数人の男性を世話したり、戦死による人的損失を憂えて、SS隊員の子を女性が生むように斡旋する組織さえ作った。

ナチス社交界の女たち

ヒットラーは、「青い目の伝説」によって女性たちを熱狂させ、彼が走りさったあとの車のわだちにキスさせただけではなく、実際に彼に接近した女性たちにも、もてたらしい。女性のいない席では、悪罵をもって軽蔑していたが、女性と対する時は、おそろしいまでに親切であった。ヒットラーは、映画スターやダンサーの美女たちと一緒に食事することを好んだ。

ヒットラーは、ドイツの女性たちを、健康でエロチックな人形にしたてたが、ナチス幹部たちの集う社交界の女性たちは、身を飾って侍った。もちろん、それらの写真は、公開されなかった。

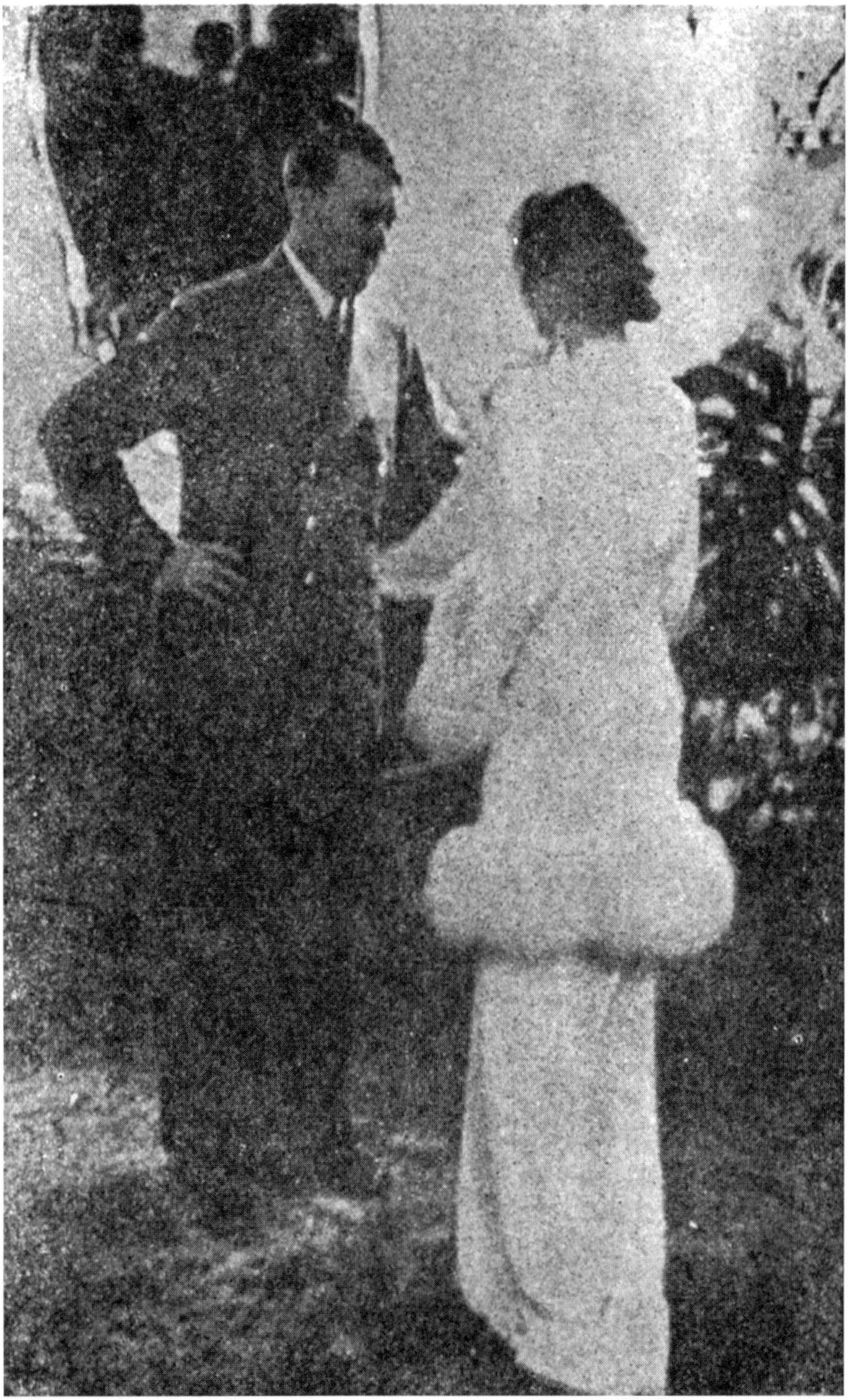

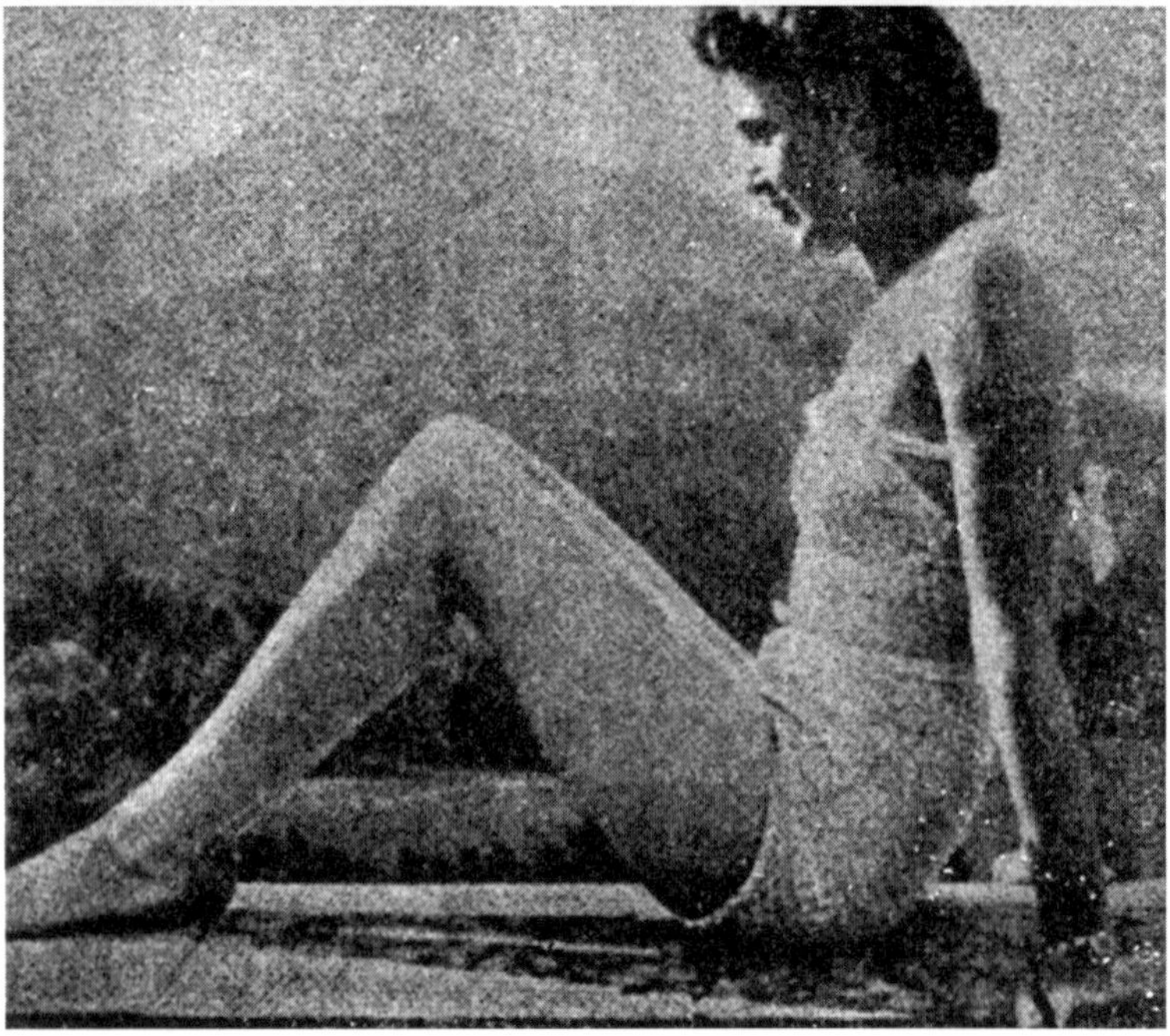

情人エヴァ・ブラウン

ヒットラーに情人のエヴァ・ブラウンがおり、死の寸前に二人が結婚したことはいまでは知らないものはいないが、当時、国民のだれもがその存在を知らなかった。ヒットラーは、結婚によってドイツの女性たちが、がっかりすることをおそれていた。宣伝的存在として自ら失墜することを知っていた。それほどに女性たちの心を摑んだということでもある。

エヴァ・ブラウンは、ほとんど山荘の奥に住んでいた。知っているのは、高官たちだけだった。山荘のエヴァ・ブラウンの写真はたくさん残されているが、彼女自身がカメラ気狂いだったせいもある。

軍服の兵士に痺れる

戦争がはじまった。兵士たちは、戦場に出ていった。兵士たちは、かっこのよい軍服を身にまとっていた。女性たちは、それをみてかっこいいと叫んだ。男たちは、きそってその制服を身につけるため兵士となった。ヒットラーは、制服のエロチックな宣伝効果というものをよく知っていた。しかし出征の兵士に歓呼の声をあげる女性たちの身なりの、なんとつつましげで、色気がないことか。もはやそこには、健康なエロチシズムはない。

妻や子と別れのキス

女性も武器をとって

景気のよかった戦争は、まもなく敗け戦さにはいった。兵士たちは、国のため、恋人や妻や子を故郷に残して、戦場に赴いた。兵士の妻として宣伝に飾られたが、夫や恋人は戦死して、生きて帰らぬ現実が、彼女たちを暗く襲いはじめた。

女性は、この時、自分たちの罪に気がついただろうか。ヒットラーに熱狂し、兵士の軍服に憧れた代償がこれだと、気がついたか。まもなく故国も戦場になった。少女たちは防毒面のつけかたを教わり、銃後の婦人も、急造の対戦車砲の扱いを習うようになった。

「女というやつは、愛する男にキスしながら同時に針で刺す。この性根はなおらぬ。ほっておいたほうがよい」とヒットラーはうそぶいていた。
戦争が敗けたということを実感した時、女性たちは連合軍が早くドイツ国内にやってきて、自分たちを救ってくれることを願った。アメリカの戦車がやってきた時、彼女たちは手を振って出迎えた。ヒットラーは女性たちの針で刺されたのである。
女性の戦争責任は、問われることはない。男性社会であるかぎり、女性はいつでも不問に付され、かよわき犠牲者の顔をし、たくましく世のたてなおしに精を出す。

のカーブを描き、細身のドレスもなまめかしい。けっして、彼等は、ドイツの少女や婦人たちに向かって、健康美を！　と呼号した同じ文句を、女優たちに発しなかったのである。

それでは、だまされたドイツの女性たちがあまりにも気の毒ではないかというものだが、当然の報酬でもあったのだ。平和に甘んじられない女性の欲がそうさせたのであり、一時的に、ヒットラーの姿を見ただけで感涙にむせんだのが、事実であるからには、自業自得とも言える。しかもいらだつ自分をナチスの中で解放した後でも、そのことに誠心誠意忠実であったのではなく、途中から適当にやっていたのである。戦争が故郷の土地に持ちこまれ、恋人が死んでから、あわてて「愛」とやらにめざめても、もう遅すぎる。戦争末期、ベルリンの婦人たちにも、パンツァーファウストを撃つ訓練がほどこされたが、それは自業自得だとも言えるわけで、いまさらにヒットラーを呪っても遅すぎる。

しかしながら、敗色濃い戦争末期、男性にくらべるならば、女性のほうが、はるかに、じたばたとしなかったことだけは、たしかのようである。女性のほうが、男性よりも、「覚悟」のつけやすい構造をもっているのだろうか。ゲルハルト・ボルトの『ヒトラー最後の十日間』には、そういう女性の姿が、尊敬の眼差しで描かれている。まず洗濯場のそばを横切った時、ちゃきちゃきのベルリンっ子の女たちがSS隊員をののしっている場面に、連絡将校の彼は出喰わす。彼女たちは叫ぶ。


「いいかい、すぐ鉄砲をもって戦うつもりがないんなら、あんたらに前掛けをつけて、あたしたちが出かけていくよ。恥ずかしくないのかね。上の子供たちを見てごらんな。ロシヤの戦車をやっつけてるのに……」

女性の自業自得

女の度胸は女の信念か

当時、女流パイロット、ハンナ・ライチュは有名であり、ヒットラーとも仲が良かった。彼女は総統地下壕にも出入りしていたらしい。将軍たちは、ベルリン包囲の前にあわてふためいていたが、彼女たちはつつましく座っているだけであった。

「このたおやかな女性の生命肯定的でさわやかな雰囲気は、地下壕の人びとから無限の尊敬をさそった。その二日後ヒトラーは彼女に、まさかのときのために毒薬のアンプルを贈った。彼女は微笑をもって答えただけであった。その微笑には人間としての優位がひそんでいた」とゲルハルト・ボルトは感心している。ライチュと同様に、ゲッベルス夫人にも感心している。

狂言は、恐怖を克服する

マグダ・ゲッベルスもこの最後の数日間に恐怖のかげすら見せていなかった。ヒトラーへの彼女の狂信的、いや宗教的ともいえる信仰を考えればそれもうなづける。そのうちどのくらいが本物だったか、いまは誰にもわからないだろうが。ドイツ国民に対する彼の悲劇的権力は、この催眠術的影響力によるところ多く、女性がことに惹かれていたのだった。

ベルリンの女性で、自分の洋服が土の下に埋められている限りは、他の土地へいけないと踏みとどまっているものがいたというが、こういう欲の張った覚悟と、彼女たちの死を前にしての覚悟のよさは、どうかかわりあっているのだろうか。

「ワイマール共和国時代のあのベルリンがなつかしい」と

ワイマール共和国時代のあのベルリンがなつかしい。のんびりして、開放的で、文化的だったあの雰囲気、髪を短く切ったしし鼻の若い女たちや、髪を刈込むか長く伸ばすかした——どちらも大した違いではなかったが——若い男たち、彼らはわれわれと夜っぴて、ありとあらゆ

いう虚妄

自らの理屈っぽさに倦怠を感じている女性たちをヒットラーは一刺しした

ることを知性と情熱をもって議論し合ったものだ。

ウイリアム・シャイラーは『ベルリン日記』（大久保和郎・大島かおり訳・筑摩書房・一九七七年刊）の中で、そう言っている。一九三四年九月の日記で、ナチスが政権を握ってから、まだ二年もたっていないが、アメリカの新聞の特派員としてベルリンへ戻ってきた彼は、むかしを懐しみ、街中、「ハイル・ヒットラー」の風景を見ていると、神経がいらだつと言っている。しかし、これは、よそものの目であり、彼のなつかしがるワイマールの文化的雰囲気の背後にあるベルリン市民のやりきれなさを見逃している。

あのやりきれなさこそが、ヒットラーへの女性の狂奔につながっていた。ワイマールの女性は、理屈っぽくなっていたが、存在とはなにかを考えるようなのは困るというヒットラー好みの女性に変貌していくのである。それは、自らの理屈っぽさに倦怠を感じている部分を、ヒットラーは一刺ししたからではないか。この変貌には、心あるドイツの男性も、びっくりしたらしい。ゲーレン機関として有名なラインハルト・ゲーレンでさえ、その回顧録の中で、「女性職員の例を思いだす。われわれは彼女に、イギリスの放送を傍受し、これをモニターする任務を与えた。それまでの彼女は、まさに熱狂的なナチであった。ところが一九四四年の終わりころには、彼女はヒットラーに対する熱誠をすっかり失っていた」（『諜報・工作』赤羽龍夫監訳・読売新聞社・一九七三年刊）と述べている。

シャイラーは、ニュルンベルグ大会のある日、ホテルのバルコニーに姿を見せたヒットラーを見る女性の顔つきにショックを受けたと、『ベルリン日記』の中で述べている。「彼があのわずかな時間以上に姿を見せていたら、多くの女たちが興奮のあまり気絶しただろう」とさえ言っている。ゲーレンが、女子職員のヒットラー狂いをとりさったのは、イギリス放送をきかせて、実相をいやでも知らせるという手段に出たからである。目隠しされつづけた女性たちは、ドイツが廃墟になっても、なおヒットラーを信じる力を、男たちより持続しえたのかもしれない。マグダ・ゲッベルスやハンナ・ライチュの堂々たるところは、彼女たちの度胸のせいもあるが、それは女性特有の鈍さとも関わっている。

アドルフおじさん

——「子供の好きなヒットラー」のイメージ宣伝——

ヒットラーの写真群を見ていて、気づくことに、子供と一緒のものが意外に多いということがある。

ヒットラーに子供がいたことは、最近になって報道されたりしたが、もちろんその子ではない。ヒットラーは、死の寸前にエヴァ・ブラウンと結婚式をあげるまでは、独身だったから、他人の子である。ドイツの民衆の子である。いずれの写真も、子供が好きでたまらぬヒットラーとして撮られている。

私の手もとに薩摩雄次という人の書いた『欧州の首都伯林より』（皇国青年教育協会刊）という本がある。昭和十七年二月刊だから、数ケ月前に、真珠湾攻撃によって日米は開戦している。この著者は新聞記者で、すでにヨーロッパに戦線を拡げているナチスの進軍の模様を視察し、その報告《ルポルタージュ》という体裁になっている。いわゆる緊急出版というわけだ。

彼は開戦前の九月にアメリカにも滞在しているが、そこでは、真珠湾を見学させてもらっている。「今まで、日本人などに軍港を見せるやうなことはなかったのだが、今度は見せると言ふ。しかも大きな山の下にトンネルを造って戦闘艦を入れる設備まで全部見せてくれた。また、地下廿尺の所にガソリンを埋めてゐる所も見せてくれる。これは一つのデモンストレーションだったかも知れない」と書いている。

アメリカは日本人にあえて真珠湾を見学させていた

もちろん、この書の大半は、ナチス賛美に費されている。ナチスの宣伝に、当時訪れた日本人の例にもれず、彼も感心しているが、感心だけせずに、分析もしている。

「ヒットラー大総統の演説の如き、全ドイツ國民に告げる演説の場合は常に帝國議會に於て為し、別に勞働者には勞働者に対する一つの宣傳をやる。學生に対しては學生に適する宣傳をやる。それらの部門の宣傳はヒットラー大総統の帝國議會に於ける大きな演説の派生的なものとして、分科的

口で唱える宣伝と実行する宣伝

に狭く深く宣傳する仕組みとなっている」そして、ドイツの国内宣伝の特長は、「口で唱える宣傳と、實行する宣傳とがあって、この二つをヒットラー大総統を始めとして宣傳省の役人が実際に行ってゐる。と同時に、一般国民の間に於てもそれを実行させる」とし、その実行力にやたらと感心している。

この当時の日本の知識人にとって、「実行力」というものが、大きな命題であったことが、逆に看取できる。その上から下までの一貫した実行力の例として、薩摩雄次は、子供とヒットラーのからみを挙げている。

実行した宣伝はすぐに写真に撮って人の目につくようにする

> 例へばヒットラー大総統がドイツの子供と一緒に遊んで子供を抱いて頬ずりをして居る、これを直ちにプロパガンダに實行する。又ドイツの軍隊がギリシャに攻めて行く。ギリシャの国民に対して口で宣傳するより行動で宣傳するために、ドイツの兵隊が一人のギリシャの子供をつかまへて道をたずねる時でも、直ちにナチスの敬礼をして丁寧に道を聞く。聞いた後では又丁寧に敬礼する。……
>
> 写真班がそこに居って、直ちにそれを写真に撮る。翌日はギリシャの街々のショーウィンドーに〈占領した国の兵隊が、占領された国の少年に道を聞くのに、かくの如く礼儀正しい態度をとってゐる〉といふやうなことで、すぐに宣傳になって出る。口でやるだけでなく、すぐに行動に移す。行動に移したことを更に写真版として再び人の目につくやうにする。

私がナチス関係の資料を漁っている中で、しばしば出逢ったこれらの写真は、まさしく宣伝として利用されたものだったのである。薩摩雄次は、このような宣伝的利用をあざといものとして否定的に見ていない。肯定的に、よしとして見ている。むしろ日本人は真似すべきものとして見ている。

このころは、すでにイギリス空軍のドイツの各都市への空襲がはじまっている。ベルリンでの防空施設を彼は見学しているが、ここでも感心している。空襲のさい、労働者や貧民区域の児童三千人位を「航空省の地下室始め、ヒットラー大総統官邸の地下室其の他数ケ所に設備してある大地下室に収容する」処置に驚いている。

空襲下のベルリンで防空地下室を見学させる

夕刻六時になると数十臺のバスが飛んでゆく。一定の箇所に一定の時間に子供たちが集合する。彼等は翌日の學校用品を鞄に入れて待機して居るのだ。自動車が来ると秩序整然と小さいものから先に乗り込む。……

毎日のことであるから、行動は急速に出來る。子供を満載したバスはこれらの防空地下室へと集る。そこでは優しい乙女たちが甲斐々々しく世話してゐる。風呂、洗面所、醫療室、娯楽室、寝室、食堂等が實に氣持よく完備してゐる。食事が濟むと唄を歌ふ、運動する。九時になると安らかに眠る。……

上空に來襲した英機の爆音、地下高射砲の炸裂する音を外にして、天国の夢は安らかに、ハーケンクロイツの旗の下で繰返されてゆくのである。

まるで夢心地に、あたかもこの防空地下室が理想郷であるかのように薩摩雄次は、うっとりと書いている。まんまと見させられたな、という感じである。ナチスの宣伝を吹きこまれたのだ。

もちろん、ナチスには、このような徹底したところはある。「ドイツの子供は、未来のドイツのために、すくすく」という発想はあったにちがいないが、戦闘準備のまだととのわぬ英国の空襲であったから、このスローガンも生きて、「子供の被害は一人も無く、子供の恐怖心は少しも無い」ですんだのである。

このような処置は、この時点ではまだ、ヒットラーが子供の頬を撫でている宣伝写真とよく呼応していたにはちがいない。薩摩雄次は、宣伝だと知りながら、他愛なく参っている。

彼は、ヒットラーと握手したらしい。「その手は大きく、そして温かく、ふくよかに柔らかである。握手をされるとき、総統は上半身を少し前かがみにし、双眼の眼尻に数本の皺を寄せて、親しみの満ち溢れるやうな静かな、しかもかすかな笑顔をされる。そのすべてが自然的で、少しもわざとらしさがない」と感激している。

スキンシップの宣伝力

この感激の中で、スキンシップの宣伝力を認めているところが、薩摩雄次の手柄だが、逆にはそういう意識的な分析能力をもった人間でも、あっさり溶かされてしまうという実演を自ら演じているのだとも言える。

「路傍に花摘む頑是なき子供に頬ずりする」

かくして彼は、ヒットラーを「意志の人」だと言ったあと、「その日常は情の人だ。小児と遊ぶ、農家の老婆と談笑する、女學生の一團に包圍され、嬉々として一人々々と握手する。自動車で馳驅するとき、路傍に花摘む頑是なき子供に頬ずりする。……私はヒットラー大総統の日常の斯くの如き行動が、決して、ドイツ一流の宣傳のみでなくして、総統自身の天然のしからしめる豊な情のほとばしりであることを幾度か自分の眼で見た」と断言してはばからない。

ヒットラーには、はたして「日常」などというものがあったか、「すべてが自然的で、少しもわざとらしさがない」と言ってよいのか、そのことには疑問だが、ヒットラーの大衆操作の中に、「女性」と同じ位の比重で、「子供」をひっさらうことが、その大いなる項目になっていたことは、事実である。

子供には、人間は弱い。ヒットラー・ユーゲントに加入させる予備軍である幼児の人気とりをする効果以上に、老若男女を問わず、子供好きのヒットラーのイメージを作ることは、大衆によい印象をあたえることを知っていた。

昭和十六年十二月に刊行された、やはりルポルタージュもので、成瀬政男という人の書いた『ドイツ工業界の印象』（育生社弘道閣刊）にも、やはり薩摩雄次と似た感激の条りがある。彼は、絵葉書を買おうとして、その中に「少年少女達と一緒に撮った写真」があることに感激し、ヒットラー・ユーゲントを前にして、つぎのようにスピーチしている。

絵葉書の宣伝利用と効果

ヒットラー総統の絵葉書には演說してゐるもの、軍隊の閲兵をしてゐるもの、自動車に乘って群集の歡迎に答へてゐるものなど、澤山あります、これらは或は威嚴をそなへたり、又は誠に親しみがあるものでありますが、少年少女と共に撮られた寫真に比ぶ可くもありません。そこにはほんたうにヒットラー総統の人間と云ふものが殘りなく出されてあります。……。皆さん、西洋のどこの國に、この様に元首と少年少女とが手を握り合ってゐる國がありませうか。私は今迄にまだ見たことがありません。

この子供との交歓という宣伝策は、ヒットラーよりも、ムッソリーニのほうが早かったかもしれぬ。政権獲得以前、褐色のシャツ時代のヒットラーの写真にも、子供を抱きあげているのがある。どこまで宣伝意識があったか知らぬが、周囲には隊員がいっぱいいて、その光景を微笑ましきものとして、みな一様に口元をほころばせている。これでは、隊員だとて、わが頭首を尊敬しないわけにはいかぬ。

ムッソリーニの子供の利用

スキンシップの神、ヒットラーの人間くささと神格化の相互関係

しかし、ムッソリーニは、「子供」をだしにつかって人気とりする感覚をもっていたが、宣伝の一大項目の中にいれて、組織だてることを知らなかった。ヒットラーは、ムッソリーニを真似たかもしれぬが、ナチスの宣伝機構の中に体系化して見せていた。

ヒットラーは、あきらかに自らを神格化した。しかし、人間くさい部分をも、神格化の重要な要素として利用し演出したのである。三国同盟のうち、イタリアのムッソリーニはあまりにも人間くさく、ヒットラーとちがって独身でもなかった。日本の「ミカド」は、徹底して雲上人であった。ナチスのヒットラーは、スキンシップの神であったのである。

ヒットラーの禁欲性や、独身であることなどによって、人間以上の存在としてのプロパガンダが作製され、いよいよ謎めかしい人物像に、宣伝相のゲッベルスによって、つくりあげられ、その上に彼はのっかっていた。そういうミステリアスなヒットラーが、人間くさくも、子供好きだというのは、矛盾だが、人は首をかしげるどころか、むしろ神の降臨と見たのである。

さすが、アメリカは、このからくりを諜報機関によって徹底的に研究させている。W・C・ランガーの『ヒットラーの心』には、つぎのような報告がある。

多くの人々がナチと反ナチを問わず、彼が大変な子供好きだった点についてくわしく書いており、ナチの新聞はヒトラーが小さい子供たちと一緒にいる写真をたくさん載せている。

……

彼がベルヒテスガーデンにいる時には、いつも午後には近所の子供を招待して、キャンデーやアイスクリームやケーキをごちそうするという話である。……

フェイヤーは「中年の独身男であれほど子供と一緒にいることを喜ぶ人はいなかった」と言っ

ている。オルガ王女はヒトラーをベルリンに訪ねた時、話が子供の件に及ぶと彼の目には涙があふれたと伝えている。ナチの新聞はこれを最大限に利用し、いくつもの写真には無数の逸話がそえてあった。

オルガ王女やフェイヤーのような発言は、今なお生きているらしい。マルチン・ボルマンとナチの逃亡者について書いたラディスラス・ファラゴの『追及』(寺村誠一訳・早川書房・一九七七年刊)の中にも、その例がある。ディートリッヒ・クラッゲスの娘の回想である。

「あのかたは子供が好きでした」

「あのかたは子供が好きでした。そしてそのころ、まだ小さな女の子だった私は、あのかたのお気に入りでした」と彼女はいい、秘められた思い出に目を輝かしながらつけたした。「なんてすてきだったんでしょう。私たちの総統——世界史上最も偉大な人が、私を膝にのせて、かわいがってくださったんです」。

山荘生活の伝説化

ここに、ヒットラーが、人間くさく思われるまま、神でもありうることの秘密がある。こういう発想は、女性特有のものであり、ナチスは、人口の半分を占める女性を狙いうち、残りの半分の男性をも、女性化することによって、征服していったのである。

ランガーの指摘するベルヒテスガーデンには、ヒットラーの別荘があった。この山岳の地で、質素な思索生活にヒットラーがひたっているというのは、すでに伝説化されていたが、この場所を利用しての子供との交歓風景の写真も大量にばらまかれた。

アイスクリームやケーキをご馳走したとランガーは報告しているが、この別荘へやってきたゲッベルスが、にこにこしながら、少年少女にケーキをくばっているのを、そばでヒットラーがにんまりと見ている写真を知っている。また、近所の農家の子をヒットラーがあやしている写真も見たことがある。この実態は、どうだったのだろうか。

写真は、きわめて噓くさいが、つまり演出たっぷりだが、ヒットラーは、宣伝のために時間を割いていたのだろうか。子供たちは、サクラではなかったのか。

ネーリン・E・グリーンの『エヴァ・ブラウン』(村社伸訳・リーダーズダイジェスト社・一九七三年刊)を読むと、この別荘を訪れたのは、子供たちより、はるかに女性たちが多く、彼女たちもケーキを貰ったかに見える。

別荘の聖山化巡礼もどきの群衆

若い女の子たちは……ねり粉菓子を試食し、ヒトラーに手をなでられるとそれだけで聖ミヒャエルや英雄ジークフリートにでも会ったように、ただぼうっとなり、雲上の恍惚にひたりながら家路についた。……

毎日、五千人を越える巡礼もどきの群衆が〝聖なる山〟の一角に住む彼らの総統を、一目でも見ようとオーバーザルツブルクを登ってきた。……女たちは日が暮れてもなかなか立去らなかった。

……ヒトラーは一番若く、一番美しい女性に対してだけ一言、二言声をかけるほかは、じきじきに何人かに向かって署名してやるにすぎなかった。彼はこれらの午後の崇拝者たちに対して、つねに一分の隙もない挙措で応待した。たとえそれが彼自身の流儀にかなったものにせよ、いやおうなしにそうせざるをえなかった。なぜなら当時の彼はガラス張りの中で暮らしていたからである。

女性にとって、ヒットラーは神というよりエロチックなスターである

ヒットラーに権力をあたえたのは女性にほかならぬ

別荘巡礼にやってくる者が、五千人というのは、真実かどうかは知らない。そのうち女性の比率は、どのくらいであったかは知らぬが、宣伝写真のほうは、もっぱら子供とヒットラーの交歓風景で、幼女はともかく、女性の場合は、あまり見ていない。しかしわざわざ山に登ってくる崇拝者たちのためのホテルを作ったりもした。ヒットラー・ユーゲントの宿舎もあった。

女性との山荘での交歓風景は、宣伝にならぬと見なしていたのかもしれぬ。女性は、まさにナチスの標的ではあったが、熱狂的にすぎた。ネーリン・E・グリーンの報告によれば、「薄いコートかBDM（ナチ党女子青年部）の制服の下に何もつけない裸同様の格好でベルヒテスガーデンに現われ、処女を総統に捧げようとする女たちもいた。かと思えば、ヒトラーが通りかかると、ブラウスの前をびりびりに引裂く女もいた」となる。

「オルガスムに達するや、〈ハイル・ヒットラー〉とうめく女」「男と愛を交わす時にはかならずシーツの下にヒトラーの写真をしのばせ」る女もいたともグリーンは回想しているが、女性たちがヒットラーを神として崇拝したというよりも、こうなるとスターであり、エロチックなスターになっている。

ヘルマン・ラウシュニングは『永遠なるヒトラー』の中で、「彼を甘やかし、分不相応な月桂冠の前渡しによって、彼の自惚れを高めたのは彼女たちである」「権力への闘争において、投票によってヒトラーをついにこのような高い地位まで持ちあげたのは、婦人たちである」とまで断言している。

ヒットラーは、宣伝におけるエロチシズムの役割を重視し、大管区指揮官に女性への宣伝工作を十分にするよう指示した。演説では、内容よりも声の調子やメロディによるエロチックな効果を考慮したと、ラウシュニングは言っているが、ドイツの女性たちは、ヒステリックなまでにファン化してしまった。

幼い子供と女性は、どうちがうのだろうか。エロチックな宣伝術を幼児にも適用したとは思えぬが、それこそ赤子の手をひねるように簡単だったかもしれない。催眠術などかける必要もなかっただろう。『君はヒトラーを見たか』の証言の中から、ヒットラー・ユーゲントにはいる前の年齢で目撃した者の言葉をすこしきいてみよう。当時、十才以前だった者の声である。


「私はヒトラーと握手して、勲章をさずけてもらいたかった。それが、私の小さい子どものころの夢でした」(1)

「われわれは小僧の時代、しばしば人垣を作るために動員をかけられました」(2)

「小さな女の子が花束を彼にわたしていました。私は館内にすわっていて、泣けてしょうがありませんでした」(3)

「ヒトラーが来る、ヒトラーが来るというので、私たちは路上を行ったり来たりしました」(4)

---

(1)は勲章と握手が夢になっている。(2)は人垣用の動員で、意識はないが、熱狂しているようには見える。(3)は、映画にすぎず、小さい女の子が花束を渡すだけで泣いている。彼女も女の子である。(4)ヒットラーが来るという噂に捲きこまれている。ヒットラーに夢を抱いている子もいるが、多くは、ただ騒ぎの中に捲きこまれていると言ったほうが正しい。もうすこし見よう。

「叫びながら、かけ出す群衆、一九三三年より前のことでした。私がいまでも知っているのは、これだけです」(5)

人は子供に弱い――大衆を籠絡するには子供に近づけ!――

ヒットラーは手にケチしない

ヒットラーのあるところ、ナチス宣伝部の手配になるカメラが、狙いつづけていた。ヒットラーが子供に近づけば、すかさずパチリ。子供がヒットラーに近づけば、アイモはまわった。「子供好きのヒットラー」のイメージは、たちまちニュース映画や写真となって、全国にまかれた。ヒットラーのいくところ、つねに子供は動員されていた。ヒットラーは、自らを神格化したが、同時に大衆へ気楽に手をさしのべた。ヒットラーは「神のスキンシップ」というべきものを大衆にあたえた。

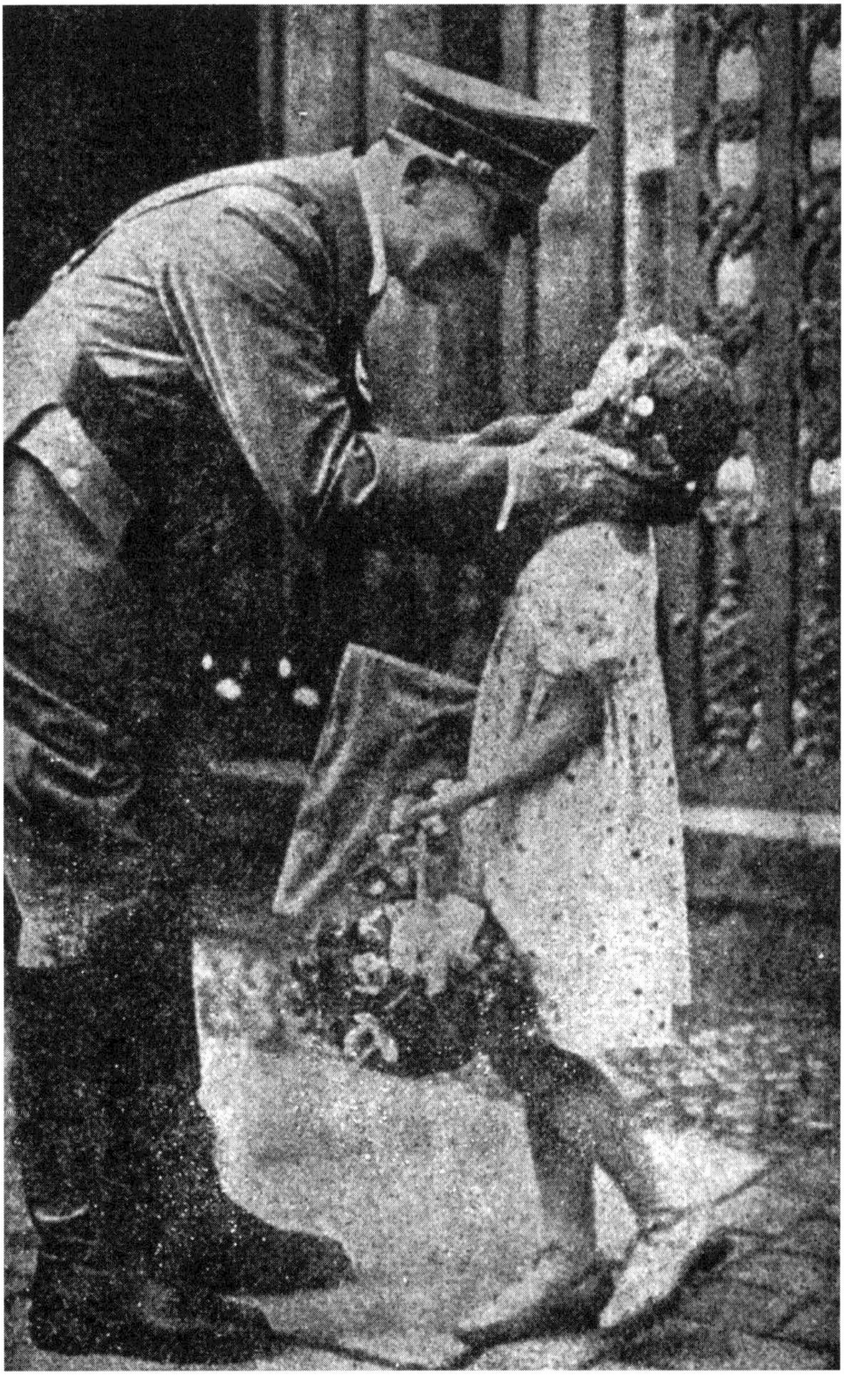

子供たちと三人の統領

むかし政治家は、子供のご機嫌などをとったであろうか。このような宣伝行為は、世の中が大衆の時代に変ったからである。ムッソリーニは、ヒットラーよりも早く、子供の頰を撫でてみせることの大衆効果を知っていた。いかめしい、老いたヒンデンブルグ大統領でさえも、駈けよってくる子供たちを抱きとめた。

思わず兵士も破顔した

子供たちの顔よりも、兵士たちの顔をとっくり見るがよい。子供は、あたかも不機嫌を癒す特効薬ででもあるかのように、兵士たちの口は綻び、目は細くなっている。ここに嘘はない。

戦場にあって子供が兵士の殺伐とした心をやわらげる役割を果したことはたしかであり、この慰安力は、いわば陣中宣伝になった。

子供に罪なしとばかり、ナチスは、敵地の子供を大事にするよう指令したらしい。それは占領地宣伝になるばかりではない。その自然のほとばしる交歓風景は意図的に写真に撮られ、ドイツ本国へ、世界各国へばらまかれた。

エヴァ・ブラウンは、子供好きで、子供を欲したが、ヒットラーは自らの子を欲しなかった。「私のような人間は、有能な息子をもつ見込みはない。これはもうジンクスみたいなものだ」と言った。ベルヒテスガーデンには高官の子供たちが、たえずたむろして、まるで遊戯場の感があった。エヴァ・ブラウンをなだめるためもあったろうが、その交歓風景は、もちろん宣伝写真として全ドイツに流された。写真は上がゲッベルス夫人とその五人の子供。下はエヴァの親友ヘルタ・オスターマイヤーの娘を囲んで。次頁はヘルタの娘ウシーを抱きあげるヒットラー。

ゲッベルスは、妻のマグダに、毎年のように子供を生ませた。ヒットラーは代父を引き受けていた。

まさにゲッベルス一家は、ナチスの多産奨励政策に見合った模範家庭であり、全ドイツにも宣伝されていた。だから女優の尻を追っかけまわしていたゲッベルスが、離婚を申し出た時、ヒットラーは許さなかった。

ゲッベルスの子供たちは、「ヒットラーおじさん」のもとへ遊びにいく時、ケーキやチョコレートを貰えるからと喜んだ。ヒットラーは子供たちにとって、ケーキの代名詞だった。

ヒットラーが自殺後、ゲッベルス夫妻も後を追った。その時、子供たちを毒殺した。

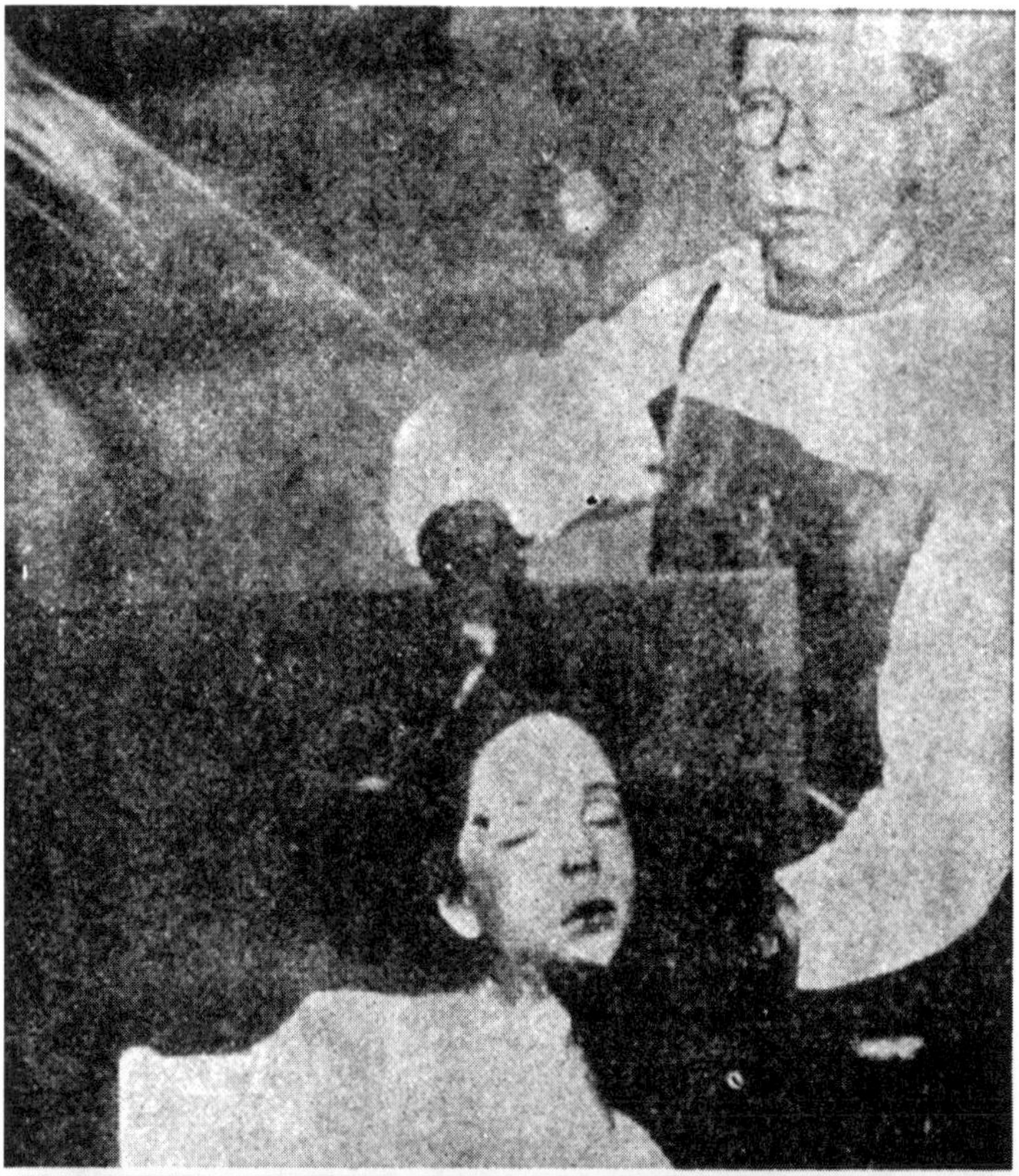

道連れにされたゲッベルスの子ら

有刺鉄線とユダヤ人の子ら

アウシュヴィッツのユダヤ人収容所長のヘスは、子ぼんのうで知られている。しかし、ユダヤ人の子供には、容赦なかった。

この矛盾は、けっして奇妙ではない。ヒットラーが無類の子供好きだったとしても、「政治」で子供を殺すことができる。ユダヤ人絶滅がナチスの命題であるなら、子供こそ悪の種という論理が適用される。

ヒットラーは、遺書で、アーリアン民族たる数百万ヨーロッパ人の子供の飢えのもとは、ユダヤ民族であるとしたためた。

「私は四歳半でした。私はその時、深い感動をおぼえようとしました。彼はわれわれの町を通って行き、花をかかえた子どもたちの人垣によって、車を止められました」(6)
「私は六歳の若僧でしたが、私はこの炊事車の方により大きな印象を受けました」(7)
「私が手を高くあげておらねばならなかったことは、けっして忘れません。私は、父の肩の上にすわっていました。私はごく小さい子どもでした。……気も狂わんばかりに、私を立腹させたことは、手を高くあげておらねばならぬことでした」(8)

宣伝動員されていた心なき子供たち

幼児たちも、つねに動員されていたことがわかる。熱狂する女性たちとちがって、幼児には、ほとんどヒットラーへの自覚がない。だが、幼児たちは、大人の命ずるがままに、ヒットラーの前へ進み、頰ずりされれば、にっこり笑うだろう。

ヒットラーのあるところ、つねにカメラが狙っている。子供がヒットラーに近寄れば、或はヒットラーが子供に近寄れば、たちまち「子供好きのヒットラー」が誕生し、全国にその複製写真は、絵葉書にまでなって、ばらまかれたわけである。

幼児は、いっさいの宣伝的策略なしに、彼が近よりさえすれば、ヒットラーの掌中にはいったのである。そして物心がついてくれば、みなヒットラーに憧れるようになる。かっこのよいものにひとたまりもない少年少女は、制服に憧れて、ヒットラー・ユーゲントに入団するようになる。そのベルト・コンベアは、しっかりと準備されていた。

いったい、ヒットラーは、子供好きだったのだろうか。自分の子供をもつことを、どう考えていたのだろう。アルバート・シュペールは『ナチス狂気の内幕』(品田豊治訳・読売新聞社・一九七〇年刊)の中で、つぎのようなヒットラーの言葉を記している。

「私のような人間は、有能な息子をもつ見込みはない」

「知性の高い人間は、幼稚で愚かな女をめとったほうがよい。私が、私の仕事に口ばしを入れるような女をもっていたら、ねえ君、どうなると思う。私は自分の自由な時間に自分の休息を得たいのだ……」

「結婚なぞ私は絶対にしないだろう。子供なんぞあったら大問題さ。周囲の者は私の息子を後継者にしようとする。しかし私のような人間は、有能な息子をもつ見込みはない。これはもうジンクスみたいなものだ。ゲーテの息子を見たまえ、なんの役にもたたない人間だったよ」

「たくさんの女が私に群がるのは、私が結婚していないからさ。戦争時代はこれが特に重要だ。まあ、映画スターみたいなものだな。結婚したら、彼を崇めたてまつっている女たちにすれば、ある何かがなくなってしまうことになる。もうそんな女たちの偶像ではないのさ」

結婚しない三つの理由が、ここにある。第一は、自由な時間を失うから、ナチスの総統としての使命感から結婚はできないというわけである。ここでは、自分を神の座に近づけている。

第二は、子をもうけても、自分より秀れた子は生まれないという確信である。その秀れていない子が、後継者に仕立てられたら「こと」だという。この理由は、国家的使命感とも結びついている。第三は、ナチスの維持につながる。結婚したら、女性たちが失望するという自信である。女性の人気を獲得することをもって、ナチスの基礎としたヒットラーらしい言葉である。ここには、神の視点はなく、むしろスターの怕れである。

シュペールによれば、ヒットラーのことを「女が素敵だと思うのは〈首相〉としての自分か、それとも〈アドルフ・ヒトラー〉としての自分なのかわからない」と常々言っていたらしい。〈首相〉なら権力、〈アドルフ・ヒトラー〉ならスターとしてということになるだろう。おそらく、その両方が、女性たちにとってヒットラーの魅力になっていたであろう。

まきちらされた「子供好きなヒットラー」の像は、まさにゲッベルスの宣伝にあって、欠くことのできないものであった。その虚像のキャラクターづくりとしても重要であったが、実像のヒットラーにとって「子供」とは、どういうものであったのか。公私のけじめがなくなっていたヒットラーに剝がされるべき私生活があったと思われぬが、それでもなお私生活があったはずだ。自らの子供を拒否しても、そのことと「子供好き」の性向とは、無関係でありうる。側近であったシュペールは、つぎのように観察している。子供は好きだが、自分の子供はいらぬという人はいる。

ヒットラーは子供を見る時、外観、体力、知性を楽しんだ

彼はふだん、知らない子でも知っている子でも、およそ子供と一緒になると、いつももてあましていた。彼はおやじのような親しみで子供を遇しようと努めてはいたが、うまくいったためしがなかった。……

子供とつきあう正しい、無条件の方法を見つけたことはなかった。二言三言やさしい言葉をかけると、さっさと他のほうへ向いてしまった。……

彼は子供を後継者、次の世代の代表と判断しており、従って子供らしさそのものより、子供の見かけ（ブロンド、碧眼）、体位（強く、たくましい）、あるいは知性（新鮮、機敏）のほうを楽しんだのである。

これを見ると、子供のあつかいが苦手であったことがわかる。写真はあてにならぬ。

たとえば、エプロンの少女と背広のヒットラーが仲良く手をつないで歩いている写真がある。親しげにヒットラーは少女を見つめ、少女もまた上機嫌である。

この少女は、いま手をつないで歩いているおじさんが、ヒットラー総統であると思いもしなかったであろう。ヒットラーにしても、いつまでもこの子と手をつないで歩いているつもりはない。少女と手をつなぐことは、きわめて政治的な事柄にすぎなかったからである。

たとえ、少女がもっと遊んでほしいと思っても、写真がとれたころあいをはかって、ヒットラーは手をはなしたであろう。いや、周囲が引き離したであろう。子供のあつかいが下手であっても、このくらいの演技はやってのけられる。

子供＝政治

子供は、かわいいものというより、ヒットラーにとって、まさに政治（＝宣伝）の事柄であった。情として扱うことにもてあますや、子供を物化して見る方向にきりかえている。その物化は、「次の世代の代表」であり、アーリアン人種でありうるかの観念によって、子供を審査する。

物化して子供と対坐する

これは、情に溺れることを以てヒューマニティとする側からすれば、冷たい目だとも言えるが、無視ではないから、頑是ない子供にとって、その目は自分に関心が注がれているということにおいて、コミュニケートは成立しているのであり、にっこり笑ってしまうだろう。そういう意味からすれば、物化して子供と対坐するヒットラーを知って、写真の「子供好きのヒットラー」は、仮面をかぶっているのであり、実は冷たい人だったという論理は、単純を極めている。

そういう単純な、他愛のない論理は、この世を支配している。ステファン・ローラントの『ジークハイル』（中山善之訳・インターナショナル・タイムズ社・一九七五年刊）は、その例である。この本には、「彼は、知り合いの子どもは愛した」という二頁を割いた章がある。

子どもたちは、彼が好きだった。彼らはいつも、彼の家のまわりにいた。ボルマン家の子どもたち（十人）、シュペール家の子どもたち（五人）、ゲッベルス家の子どもたち（六人）、そ

れに近くに住んでいた、ランクが下のナチの幹部たちの子どもたちは、ベルクホーフで選ぶのを歓迎された。

知合いでない子供たちと、ヒットラーは、しばしば宣伝写真をとったのだが、知合いの子たちとも、彼は宣伝写真をとった。ボルマン、シュペール、ゲッベルスの子らと遊んでいる写真は、ずいぶんと私は見ている。彼等は、みな子沢山であったのに驚くというより、生めよ増やせよの国家的奨励を幹部が実行していたからだろうが、ともかく知合いの子と遊ぶ写真も、宣伝になる。

「彼のベルヒテスガーデンの山荘は、ナチの高官の数多くの子どもたちの遊戯場の感があった」とローラントは指摘する。知合いでない子との交歓は、政治的に寸時ですむから、それでいいが、高官の知合いの子たちは、写真に撮れば宣伝になるにしても、寸時にして放逐する、というわけにはいくまい。

子供は自分に関心をもってくれる大人を好きになる

その高官の「子どもたちは、彼が好きだった」とローラントは書くが、それは大いにありうる。子供は自分に関心をもっている大人を識別する動物的な本能をもっている。ヒットラーが子供を好きだと思っていなくても、関心をもっているなら、好きになる。

ヒットラーが、このように山荘を子供たちに解放したのは、宣伝になることの他に、エヴァ・ブラウンが隠された情人の位置のままにあり、子供をほしがっているためもあったかもしれぬ。

また同時に、山荘で彼女が政治の構想を練るには、こうるさい高官たちよりも、物化して対せられる子供たちのほうが、よっぽど邪魔されないですむ、と思っていたのかもしれぬ。人間の行動は、自分にも見えぬいくつもの理由が重層しあっているのが、つねというものであろう。

シュペールは、子供の相手が下手だと証言しているが、山荘を高官の子供たちに解放している以上、見知らぬ人の子供たちの場合とちがって、寸時ではすまされないという側面はもたざるをえない。こうなると物化の手しかないし、気がむけば相手をすることも、心散じになる。

愛人のエヴァ・ブラウンは、カメラを好んだ。ヒットラーと高官の子供たちの情景をたくさん写している。それは、宣伝用写真として、流用されたものではないが、それ故にか、ここに見られるヒットラーの表情には、演技がない。

シュペールのいう固さと疲労が濃厚にでたまま、子供と対しているヒットラーの姿が、写しだされている。子供のひたいにキスし、子供を抱きあげたり、子供に微笑を送っていても、心はあらぬところへいっているか、ぼーっとしているような表情に、心なしか見える。

子供と遊んでいると、食べたいほど可愛いいという動物的感情に襲われるのでもなく、残忍な素朴さに満ちた子供たちの変化の激しさを見ていると倦きない、というより、欲深い高官たちと一緒にいる時よりも、心が休まったのではあるまいか。お義理に微笑を向けるヒットラーの姿には、どこか虚ろなところがある。それらの写真は、見方によっては、シュペールのいうように次の世代の荷い手として物化して観察しているように見える。いずれにしても、人間はどちらか一方ではない。

子供たちは彼が好きだったし、「親しい子どもたちは愛した」と、ローラントはいう。はたして、そうか。親しくつきあった子供たちが、ヒットラーを好きだったのは事実だったとしても、彼が愛したと言うのは、どうかと思われる。したがって、つぎのローラントの反語は無意味である。「ヒトラーは親しい子どもたちは愛したが、個人的に知らない子どもたちに対しては、なんの感情もあわれみも感じなかった。数多くのユダヤ人の子どもが、絶滅キャンプのガス室で死んでいった」。

このような要素は、どのような人間の中にもある残忍性だ。自分の子だけが可愛いいという要素である。そうであるなら、ローラントの正義感は、手前味噌である。こうもローラントに反論することはできる。

人間の普通の問題はともかく、ヒットラーは政治的にはアーリアン人種優越の政治を断行していたのであり、それがいかに幻想的であったとしても、「政治」であった。「悪」があるとすれば、「政治」の中にある。政治はいつでも悪であり、政治がなければ、人間は生きていけない。いや人間の存在が悪である。人間は善と悪を共抱きして生きている。

子供好きはなんのヒューマニズムのあかしにもならぬ。子供好きであっても、「政治」で子供を殺すことができる。つまりアンチ・ヒューマニズムでありうる。

「子供好き」とは、どういうことなのか、結局よくわからぬが、ヒットラーは、ローラントのいうように、知合いの子だけを愛したとはいえぬだろう。誰も彼は愛してなどいなかった。

いずれにしても、子供好きとユダヤ人の子供をガス室で殺すこととは、別問題である。政治の問題からすれば、子供嫌い故にガス室で殺せるのではなく、子供好きでもガス室で殺しうる。

この人間のおちいりやすい混同した錯覚を、ヒットラーは、政治宣伝に利用したとはいえるであろう。「子供好きのヒットラー」というイメージ宣伝が、それである。

「わたしのすべては国家のものだ」

ともかく、ヒットラーは自らの子供を不要とした。しかしヒットラーは独身主義でも、愛人を必要とした。愛人のエヴァ・ブラウンは、子供を欲した。ネーリン・E・グリーンは、子供をほしがるエヴァ・ブラウンに、ヒットラーは「冷酷に幾度も繰返し」こう言ったと記す。「わたしたちは戦争が終ってからでないと結婚できないんだ。その時までは隠し子だか、私生児だかしらんが、ともかく子供はけっこうだ。戦時ではわたしのすべては国家のものだ」。

「わたしのすべては国家のものだ」というのは、不遜だが、この不遜こそがナチスを生みだし、短いながらも持続させたのだともいえる。ヒットラーは、あえて公私の分別を失い、公私を一つに融解させて、生きていたのである。第一次世界大戦中の落し子が出てくる可能性はある。このころは、まだこの不遜の思想を生きていない。

しかし、ヒットラーは、ずいぶんと「代父」の申し出を受けいれている。ヴェルナー・マザーは『ヒトラー自身のヒトラー』（西義之訳・読売新聞社・一九七四年刊）の中で、こう言っている。

アドルフおじさん＝代父

彼のごく側近のヒトラー、ボルマン、ゲーリング、ゲッベルスの子供たちが、代父としてヒトラーを「アドルフおじさん」と呼ぶようになっただけでなく、ついにはヒトラーの知らない数多くの子だくさんの家族の息子や娘まで、ヒトラーを代父とすることになったからである。

しかし、それよりさき、政権獲得以前の一九二八年の時点では、断固として「代父」の役を断っている手紙が残っている。むかしから「代父」を頼まれる運命にあったらしい。

……私の心の奥深き確信に従えば、子供はだれでも、その代父から少なくともある種の心くばりを期待する権利をもっております。私の不確かな生活、私の全生活の不安定さ、とくに私の将来の不安定さを考えますと、このような私のほうからする献身は、疑問というより以上のものがあるようです。このことがまた、なぜ私自身、結婚の決心がつかぬかという理由でもあります。……。

これはミュンヘンの作曲家の奥さんへの返事である。政権を握ってからは、「代父」を拒否した過去の決心をくつがえして、むしろ積極的に「代父」になっている。それは、彼自身「代父」というものを誠実につきつめて考えなくなったからだし、名だけでの「代父」も相手にはよいならば、それは、けっこう総統のイメージづくりに役立つと、政治的に判断したからであろうか。「代父」を断った時代のほうが、はるかに「誠実」に子供にとって父とはなにかを、ヒットラーは自分が子供であったころの体験をバネにして考えている。しかし、「代父」の引受けに対しては、ヒットラーはのちに自由になったが、自らの子供を拒否する独身の決意は、変えぬのである。

ゲッベルスは、もちろん結婚して、妻のマグダに子供を毎年のように生ませている。それは、「彼の妻に対して、よきナチスの一人として多産的であることを要求したからだ」とロージャ・マンヴェルとハインリヒ・フレンケルは、その著『ゲッベルスの生涯』の中で語っている。またこの著者たちは、親しくそばにあったゼムラーの伝記『ゲッベルス』の一文を引いているが、ゲッベルスがわが子に対する態度は、ヒットラーの子供に対する態度と非常に似ているようだ。

いったい彼は自分の子供たちを愛しているのだろうか？　たしかに、世間一般の父親たちがその子供を愛しているようなやり方では愛していない。……

僕はまだ一度も、彼のほうから子供たちに愛情のそぶりを示したのを見たことがない。けれども子供たちはみな彼にたいへんなついている。……

彼は子供たちの心が彼の知的なやり方に反応を示すときだけ、彼らに興味を感じるらしい。ヘルムートと玩具の汽車を走らせて遊ぶために床の上に坐ったりはしない。

かつて、ゲッベルスが、愛人問題で、離婚騒ぎになり、宣伝相をやめるから日本の大使にでもしてくれと言った時、ヒットラーは許さなかった。ヒットラーの調停によって、離婚はとどまり、ク

ゲッベルス一家は「子沢山の模範家庭」。だからゲッベルスは、離婚もできなかった

ルト・リースの『ゲッベルス』が引く看護婦の証言によれば、「表からみると、きちんとした家庭で、健康でしつけのよい子供たちと愛しあっている両親がいるようにうつったでしょう。一歩なかにはいれば、二人の結婚生活はこわれかかっていたのです」となる。こんなことは、一般的にも珍しい風景ではない。

ヒットラーが離婚を思いとどまらせたのは、当然、政治的思惑あってのことであった。ゲッベルス一家は、「子沢山の模範家庭」として世に喧伝されていたからであり、ヒットラーがゲッベルス夫人をひいきしていたこともあるが、なによりもまだナチスにとって、ゲッベルスが必要だったからであろう。恋は、宣伝の鬼をも狂わせる。

ヒットラーとゲッベルス一家を撮った写真がある。ヒットラーは、中央のピアノの前で腰かけて、右端に立っているゲッベルスの子をじろりと見ている。その少女は、右端にいて、階段に坐っている両親と妹を見つめている。この写真には、不思議な息苦しさがある。みな思いつめたように、むっつりしているせいもあるが、左右の距離が遠すぎるし、中央のヒットラーの位置からも左右は遠い。どのような時の写真か知らぬが、そのそらぞらしさそのものが、なまなましい。

しかし、一九四五年、ベルリンの陥落を前にした敗色濃い日の中にあって、ゲッベルスの無邪気な子供たちは、ヒットラーにとって、どこの世の大人でも、そうであるように、その存在そのものが慰安の道具になっている。

一九四五年一月十二日、ヒットラーは、ゲッベルスの家を訪ねている。マンヴェルらの『ゲッベルスの生涯』は、その時の模様をゼムラーの手記を借りて、つぎのように描写している。

子供たちは花束を手にしてホールに出迎えていた。四時半にヒットラーの車が到着した。……子供たちがかわいいお辞儀をするとヒトラーはみんな大きくなってびっくりしたといった。

このヒットラーの言葉は、愛想だがその愛想には嘘がない。彼の思わず開いた本心が見えている。四月二十二日、いよいよゲッベルスは、一家をあげてヒットラーのいる地下壕へ移る。クルト・リースは、この時の模様をつぎのように描写する。

ゲッベルス夫人は女中に言う。「これからフューラーのところへ参りますから、子供たちに仕度させなさい」子供たちはフューラーのところと聞いて大喜びする。ヒットラーからチョコレートやケーキを貰えるかどうかを知りたがる。

子供にとって、ヒットラーはケーキにすぎぬ

ゲッベルスの子たちにとって、「ヒットラーおじさん」が好きだということは、ヒットラー＝ケーキだったからかもしれぬ。クルト・リースは、つぎのような母子の会話も、どのような資料によるか知らぬが、記している。

「どうして、私たちは飛行機で飛んでゆかないの?」と子供たちは叫んだ。「フューラーおじちゃまとここにいるのが嫌なの」と母が聞き返した。フューラーおじちゃまと一緒で楽しいと子供たちは答えた。

四月二十八日、マグダ・ゲッベルス夫人は、戦地にいる息子のハラルドへつぎのような手紙をしたためた。この時は、すでにヒットラーにつづいて殉死する覚悟の中にある。

フューラーとナチ党なき後の世界は住むに値しません。これが私が幼い子供たちを道連れにする理由です。彼らは私たちが死んだ後のドイツで生きていくには、あまりにも善良過ぎます……。

……砲弾の炸裂が壕をゆすぶるようなときは、大きい子が小さい子をかばってやります。子供たちがいるので時々フューラーが無邪気な笑いに誘いこまれるだけでもありがたいことです。

ヒットラーとエヴァ・ブラウンが、総統地下壕で結婚式をあげたのは、四月二十八日の真夜中である。四月三十日の午後、二人は自殺する。しばらくして、ゲッベルス夫妻も、子供たちを毒殺したあと、自殺する。

ネーリン・E・グリーンの一文とヒットラーの遺書を引いて、この章を終えたい。

エヴァは子供たちを心から愛していたがはたしてヒトラーは、犬に対するのに劣らず子供好きだったのだろうか?「たしかにそうでした」とパウラ・ヒトラーは著者に保証した。「兄はつねにチビッ子たちの仲間入りをしようとしていました。子供たちが手を伸ばしてすがってくるのに抵抗できませんでした」。……

長い間ヒットラーに仕えていた秘書の一人は、マグダ・ゲッベルスが最初の結婚でもうけた

「天才の子孫というものは生涯とほうもなく苦労する」

息子ハラルド・クヴァントを、ヒットラーは養子にしたいとさえ願っていたと著者に語った。……

トラウドル・ユンゲは、かなり違った趣きの説明をする。「わたしは父親としてはふさわしくない」と彼女に打明けたらしい。「子供は欲しくない。天才の子孫というものは生涯とほうもなく苦労する。彼らは有名な両親と同等な能力を世間から期待され、そのあげくめったに成功できない。じっさい、彼らはたいていクレチン病患者だ」。……

エヴァ・ブラウンが所蔵していた二十三冊のアルバムには、ヒットラーとエヴァが愛情あふれる態度で少年少女と接しているスナップ写真が何百枚も収まっている。ホフマンは、子供といっしょのヒトラーの写真をしばしば撮った。これは政治的宣伝のうえで確実な処法だったからである。……

しかし、エヴァの撮った、ばらまくためのものでない写真は、彼らがかなりの時間をさいて子供たちと遊んでいたことを証明するものである。

一九四五年四月二十五日、ヒットラーのしたためた「わが政治遺書」には、つぎのような部分がある。彼にとって、アーリア民族の子だけが、「子供」なのである。

……この殺人ゲームの本当の犯人であるその民族は、ともに責任をとらされるであろうということである。その民族とはユダヤ民族である。さらに私はつぎの点でもなんら曖昧な態度をとらなかった。

今度こそアーリア民族たる数百万ヨーロッパ人の子供たちだけが飢えるのではなく、また数百万の男が死の苦しみを味わうだけでなく、町々で幾千万の婦人、子供が焼かれ、焼死するだけでなく、本当に罪ある輩は、たとえもっと人間的な手段によってであれ、その罪をあがなわなければならないだろうということである。

対談

陳列効果と象徴

木村恒久・草森紳一

スキン・シップ政治の限界

草森 いつだったかふとテレビのスイッチをひねると、チリの政情を取材した記録映画をやっていましたので、ついあれあれと見てしまったのですが、中南米というところは、いまでもヒットラーが好きなんですね。チリの軍服はナチスそっくりです。鉄かぶとのかたちからズボンのシルエットまで。市中のパレードの場面もありましたが、例の機械人形のようなグース・ステップスなので、あれあれと思ったんです。中南米は、ナチスの逃亡者の匿れ場所としていつも騒がれ、ナチス的だというのはきいていましたが、映画のおかげで、まざまざと見たわけです。

それともう一つ、この記録映画ではアジェンデがリーダーシップをとった時から、退潮して混乱期にはいっている時までを編集してあるわけですけど、スキン・シップ政治の限界というものを感じました。この大統領だか首相だか忘れましたけど、とても愛敬があって、さかんに微笑と握手を大衆に送るわけですけど、これはやはり大衆を狂わせるんですね。たえず絶やさない微笑とか、気楽にさしだす握手などというものは、なにも人間的である証拠はないわけなのに、大衆にとっては、いかなる政治的論理にまして絶対であるわけです。

一回、大衆にむかって微笑するたびに、マークになる

大衆にとって政治家が人間的であるというのは、アキレス腱のようなものでしょう。政治である以上、政治家の人間性は、つねにまやかしだし、微笑も握手もマークのようなものです。一回、大衆にむかって微笑するたびに、マークになるわけです。そのマークを見るだけで、大衆の血は騒いでしまう。このマークでありうるのは、生れながらに笑った時よい口のかたちをしているかどうかにかかわるわけで、誰もがつくれるマークではないが、笑った時の口のかたちに人気があるからと言って、大衆にスキン・シップすれば、かならず狂わせただけ、反動がきますね。このチリの大統領は、身振りに魅力がありますから、危険だなと思いました。スキン・シップで大衆操作した人は、早く自分を神格化しないと駄目ですね。必ず血を見るのではないか。ケネディなんかはどうだった

ケネディの陳列効果の技術

テレビの狭いブラウン管に放映された瞬間だけ、満員御礼と見えるようにしておけばよい

んでしょうか。生きているうちは、フロンティア・スピリットを一層、神話化したわけだけど、自らを神格化するまではいかなかったと思う。やはり期待の人にとどまっている。死後は、ハリウッド好みの暗い神話の人にはなっているけれど、ヒットラーも、スキン・シップで人気をえていったところがあるけれど、政権を執ってからは、自らを神格化したでしょう。

木村　ケネディは完全にハリウッド・イデオロギーの二番煎じですね。映画の持つスペクタクル的な陳列効果を充分計算に入れている。映画の陳列効果のコツはフレームですね。フレームの持つ陳列効果を如何に政治的映像化へと凝縮させるかの典型ですね。例えば選挙演説の会場でも、決して広い会場をとらずに狭い地下室の密室のような会場を手配している。テレビの狭いブラウン管に放映された瞬間だけ、満員御礼と見えるようにしておけばよいわけで、それには狭い空間の方が人をつめこめますからね。新聞報道は何人動員したかなどは書かない。ただ超満員だったと報道するわけです。それは相対的なもので、動員した観衆も、広い体育館ではまばらになる。ケネディはこの映像の集合効果をあらゆる面に利用していますね。この背景には元広告代理店出身のPR係がいるわけです。日本でも電通などが選挙運動の広報活動に手を出している。普段企業宣伝を担当している者が、年に一回ぐらいしかない政治プロパガンダに動員される。当然にも政党のプロパガンダに日頃担当している企業の広告技術が流れ出す。そういう形で商品言語と政治言語が、ただ陳列効果の技術を境にして結びつく。ケネディはその典型じゃないですか。

ただやり過ぎると逆に脱政治化が起きてきますね。エンツェンスベルガーが言っているんですが、軍隊の行進にみるようなパレードは脱政治化して駄目になるというんです。つまり、そこでは人は密集形態で配達されているだけだから、一発爆弾落されたらおしまいになっちゃう。つまり熱狂的に密集する群衆の集合的な陳列効果は、見た目には非常にプロパガンダ威力は強い。しかしそれは

プラカードを手にもっている人間は現実の全体像は見えない

個々に自主的に動けるプロパガンダの機能を制限していることにもなりますね。

アメリカ大統領の暗殺は、ケネディも弟のロバートも、殊にウォーレスの場合も、必ずテレビニュースの撮影する集合場面をねらってやられている。暗殺は単独ですが、見る方も、熱狂的に集合したプロパガンダの場面をみると破壊したくなるんじゃないですかね。暗殺する方もその心理的影響があったように思う。

しかし現地では、それがブラウン管のフレーム内の密着で、フレーム外はガランとして田舎芝居のようなものだから、フレームの周囲全部が群衆だと思ってきた暗殺者は一瞬ドキリとして、むしろ白昼夢のような心理に陥って、現実と非現実の境がつかめなくなるように思えますね。ねらった目標はスキだらけですからね。しかも、群衆の集合状態とはすでに熱狂後のさめた状態ですから、非現実の状態に暗殺者は飛び込んだとき、初めて非現実的な集合場面は狂乱に陥って現実になるわけですね。ですから暗殺場面はリアルになる。

草森 個人としてのプロパガンダ意識を失っても、政治宣伝本位に言えば、それこそが成果というものではないか、という気がするんですが。

木村 つまり、政治的な集合のデモンストレーション、陳列効果がスペクタクル化すればするほど、それに参加している連中は非現実化していくわけです。公明党が毎年やっている体育祭、あそこでやる人文字、あのプラカードを手にもっている人間は現実の全体像は見えないですね。陳列効果が自分の陳列効果を見ることができないわけです。他者の目じゃないですから、といって現実の場には列席しているわけです。現実と非現実が、プラカードを持つ人間に二重露出しているわけで、それは両方に食いついて、どちらも意味した中立の状態ですね。そこで、プロパガンダの実際の場にありながら中立化し、特定の目標を持った政治形態から、必然的に脱落した中立幻想、ゆえに脱政治化してゆくと思うんです。

草森　ナチスのスペクタクルな党大会での示威の模様を見ていて思うことは、まず参列者の意識が、零になるだろうということです。陳列効果というのは操作する側の問題ですけれど、その陳列されたものを見る者も、零になるわけですね。だから個人のプロパガンダ意識というものは、その参加にあたって、はじめから意識されていないのではないか。意識させるようでは、失敗なわけではないか。だから個人のプロパガンダ意識を問題にするということは、あくまでも人間本位に考えた視点なわけですね。この前、ナチスものの映画をテレビで見ていましたら、収容所へ捕虜が隊列を組まされて、さらに歌を歌いながらやってくる場面がある。歌声がやむと、ナチスの兵隊は、なんでもよいから歌い続けろと怒鳴りつける。そこで、ロシア兵は、軍歌を歌うのですが、言葉がわからないせいもあってか、捕虜たちが歌っていれば気がすむんですね。歌の内容は、どういうものであれ、歌ってさえいれば、頭の中がカラッポになって、余計なことを考えないということだと思う。行進もそうですね。足並みをとっているうちに、頭がカラッポになっていく。このカラッポになるということが、参加者、つまり陳列される側にもその陳列を見る側にとっても、一種の陶悦であり、それが、陳列する側の思う壺になる。

歌ってさえいれば、頭の中はカラッポになる

木村　陳列効果がそのままイデオロギーと結びついていると思うのは幻影でしょうね。ただ陳列のための陳列、つまり記述のための記述という、科学的な記号のようなもので、意味の必然を記述するコトバではないわけでしょうね。記述のための記述は必然的に量に向うことになりますね。

草森　いくらイデオロギーと結びついていると思っていても、実際は白痴化されているわけで、また白痴になる快楽があるわけで、ここにこわさがあり、この快楽にひきずられてはいけないというのは人間本位の考えですね。幻影といえば、日本でも公害問題を契機として、公共広告の動きが

ありますね。アメリカでは、すでに長い歴史をもっている。これを調べてみてわかったのですが、政治・企業・広告代理店・ジャーナリズムが、四すくみになって「無料奉仕」の名のもとに、大衆に襲いかかっている。その奉仕団体こそが、公害や社会問題の作り手であったのに、恩着せがましく、尻拭いを大衆にさせようとしている。不愉快なものですね、公共広告というのは。その中で、特に不愉快に思われたのは、「善意は人種を越えて」というキャンペーンなんです。全米都市連盟が依頼主、担当責任の企業が、ゼネラル・モータースなんですが、百人以上の各界の名士を一堂に集めて、人種間の調和を訴えたというのですが、その模様が当然、テレビ、新聞に広告されたわけですが、不愉快なものですね。その写真を見ますと、人種いり乱れた有名人たちがサンシャインのロックの聖歌を歌っているわけです。ここまで欺瞞の度が進むと、いったいどうなっているんだろうと思うわけです。

「善意は人種を越えて」公共広告の欺瞞

木村 あのテレビCMは多くの名士が集合して陳列されている。異なる意見の人間が、一堂に会して仲よくやっているというのが、まず「平和」の象徴なんでしょうね。そこには一匹狼的な個性の有名人なのに、意見の相違も対立もない。個別的な意見が集合の量で相殺したって状態だから、合唱でもして和するということが、象徴効果でしょうね。この有名人たちが和した合唱というものは、まるで仲人のようなもんで、アバタもエクボで、両方を引きたてる。いうなれば、その日かぎりの仲人の合唱のようなものだから、見た目には仲人が多く集った不思議さと驚きの陳列効果は充分だけど、内容は実態としての平和とはほど遠い。反戦といってあのアメリカのCMは、アメリカもベトナムも引きたてようと見せかけるだけで、実は仲人は結婚する当事者でもないんだから、形式にすぎないと思いますね。現実に列席しているようで中味はない。中味のない象徴イメージとは一つのニヒリズムでしょうね。ニヒリズムというのだからプロパガンダを象徴的にやればやるほど、

有名人の集合 中味のない象徴イメージ

反面には陳列効果に引きずられて、ニヒリズムが浮上し出すのじゃないでしょうか。むつかしいところで、アメリカの反戦プロパガンダもニヒリズム的要素が強いですね。

プロパガンダだけで勝負すると敵の現実の姿がわかってくる

プロパガンダというのはやればやるほど管理され、つまりプロパガンダだけで勝負すると結果的には敵の現実の姿がわかってくる。これを知るために、自分に向けてやることでしょうね。他人に見せるのは二の次だと思いますね。

草森　まだラウシュニングの『ニヒリズム革命』を読んでいないので、わからないのですが、彼なんかは、ナチスの宣伝をニヒリズムとしてとらえているのかしら。

木村　アメリカは公共広告、意見広告というのは、新聞、雑誌媒体を主に使ってやっていますね。聞くところによると、テレビに広告を取られて、印刷媒体の巻き返しが公共広告という独自なジャンルを創り出したようですね。つまり一般的な広告ではなく、個別的な、たとえば個人の意見広告さえ、金を出せば可能になってきたようですね。朝日新聞でこの間、アメリカなどの意見広告を紹介していましたね。

草森　朝日新聞社は、ここのところずっと、アメリカの広告協議会の年次報告を翻訳して、パンフレットにして配布していますけれど、公共広告の音頭とりをやるつもりかもしれませんね。いやな予感がする。一見「ごもっとも」ですからね。

架空の商品が実体化する

木村　それと日本の商品広告は実体の無い、つまり商品がないのに広告してはいけないというようになっていますね。ところが最近では、広告媒体を独占している者が市場を支配できるようになっている。例えばある媒体に穴があくと、架空の商品でも陳列しておけば、この虚像から実像の商品がでてくる。いわば何々風という架空の商品が実体化するのが、ひとつの象徴作用ですね。いわばだれそれに似ている、浜口庫之助が天皇陛下に似ているというので、前にたしか「拝啓天皇陛下様」

象徴とは送り手ではなく、受け手の"いわば"の意識による

イデオロギーがシンボルには直結している。

に出演したことがありましたね。いわば天皇風ですね。完全に浜口さんは現人神であることを象徴したんですね。だからいわば何々風と陳列していると、それに向って商品を創り出すということが出てきて実体を作る。"いわば"というのが現実と非現実を相互に移行している両向性があるから象徴になるんでしょうね。だから現実の商品は、逆に非現実化して陳列しなければ象徴効果は生みださないと思いますね。結局象徴とは送り手ではなく、受け手の"いわば"の意識によると思いますね。例えば企業広告の場合、会社の象徴はトレード・マークですね。しかし、一たん決まると、逆に拘束され支配されますね。対手に向って効果を意図していますから、対手の嗜好構造が変わった瞬間に対象を見失うことになる。のれんと同じで時代が変わると古くなる。しかし今の企業は普遍性こそが要請ですから、誰でもどこへでも適合させなければやれないわけですよ。守備範囲を固定した象徴的なマークは困るでしょうね。思いきって古くなれば別だが、ということは企業のプレステイジやシンボリズムは分解していますね。松下電器のステレオなど、松下全体のマークは出さないですね。その都度のネーミングでマークを作って、需要が循環すると終りですね。

草森　象徴ということが、宣伝において言われるようになったのは、ナチスの登場以来だと思われるのですが、いったいどういうことだったのだろう。

木村　やはり陳列効果でしょうね。イデオロギーがシンボルには直結していないようですね。まさに展示の技術、手法ばかりです。『クーデターの技術』でマラパルテが、戦略と戦術の分離が命題化したというような事を言っているように、本来象徴を飾るべき戦術的技術、展示効果といったものが、戦略から分裂してしまって、逆に展示の手法が体制を引きずってゆく。万博みたいなもんですね。なんとか陳列の効果をいじくりまわしているうちに、象徴的なイデオロギーが浮上するという幻想があったんだと思います。だから、ヒットラーは自分のことを象徴だとは考えなかったでしょうね。

草森　自分のことを象徴だとは思いあがらなかったかもしれないけど、自分が象徴になっていることは意識したであろうし、そのように見せかけようとはしたと思う。挨拶語に「ハイル・ヒットラー」を強要したことは、その一例でしょう。もっとも、ヒットラーは、象徴とはなにか口で言えるものではないということを言っていたと思うけれども、彼自身、ハーケン・クロイツの旗のことをシンボルという一方、実際もっと広い考えかたをしているのではないかと思う。

木村　ヒットラー自身の象徴とは何だろう。

草森　極端に言うと、オレが一歩歩む、くしゃみをするということが、象徴ということではないですか。第三帝国を気取ったのですから。この場合、個人の人間が、象徴作用をもつことは、たとえばヒンデンブルグのような場合だと、彼の意図とは別に、もさっと立っているだけで、受けとる側が勝手に象徴幻想をおこすところがあるわけで、その抱かれた幻想を利用することが、政治であるわけだけど、ヒットラーの場合は、抱かれた幻想が土台ではなく、はじめから抱かせる幻想ですね。その意味では、きわめてデザイン的です。人間には、無理に思いこもうとしているうちに、本当にその気になってしまうことがあるけれども、ヒットラーはたえず醒めている。うまくいかないと、個人的にはヒットラーとはいえ興奮するけれども、やり口としてはつねに醒めたかたちで出てくる。だから俺がくしゃみをすれば、象徴だと考えていたとしても、その象徴には、愛敬がない。それは醒めているからで、しかし象徴として咎める側は、熱狂するというかたちをとる。

木村　ヒットラー自身はマザー・コンプレックスが象徴になっているわけでしょう。

草森　ナチスは、父権国家だと、ローゼンベルクは言っているけれど、男性優位の思想は、マザー・コンプレックスの裏返しなのかもしれない。

抱かれた幻想と抱かせる幻想

木村　帝に匹敵するような象徴の意味はないですね。やたらにワッペンだとかラベルの陳列で陣取りしておいて、事件、出来事をすぐ陳列効果で象徴化して行こうとすることはあったのじゃないかと思いますね。

デザインは、どうしても権力と結びつく宿命にある

草森　象徴というより、年中、人をお祭り気分にしたということですね。お祭りは、人間が社会をもって以来、権力者の策略でしょう。また人間は、どうもやたら飾りたがるところがある。飾ると、どうしても階級というものがでてしまうでしょう。どうして、こうも人間は飾りたがるのか。それは、衣裳をとれば、裸だからでしょうね。どんな動物でも生れた時は、丸裸のようなところがあるかもしれないが、人間だけでしょう、毛皮をもつことができないのは。裸こそ人間の自然の姿だという言いかたがあるけれど実際はずっとこのことにひけめを感じていたのだと思う。羞恥心というより、ひけめですよ。虎の毛皮や豹の毛皮なんかみると、人間なんか、かなわないでしょう。あの文様の凄さには。ああいうのにくらべると、人間の裸はみすぼらしい、様にならないものです。だから人間は飾ることが好きなんですよ。ヒットラーは、そのへんの人間の弱さというものに特に敏感だった。デザインというものは、どうしても権力と結びつく宿命みたいなものがある。文章にしてもそうですね。文というのは、文様のことですよ。虎豹の文なわけです。文章にしても、そういう飾ることの衝動から発生している。

木村　レヴィ＝ストロースの『悲しき熱帯』に宣教師が全身刺青しているインディオに、お前は何故刺青をしていない、と聞かれる所がありますね。宣教師は、おれは文明人だからしていないと答えるわけです。それで宣教師はお前はなぜ刺青をしているのかと質問すると、おれが刺青をしていなければ、その辺のウサギや豚と変りなくなってしまうからだと答えるんです。動物とは違うという意識がインディオをして刺青をさせているんですね。兎や豚には環境は環境にすぎず、世界に

刺青によって身体を対象化する

ならない。環境を世界に変えるのは人間で、まず刺青によって身体を対象化したんでしょうね。レヴィ＝ストロースはインディアンの刺青の構図や意味操作は、西欧のトランプと似ているともいっていますね。インディアンの刺青は社会構造に対する、こうあってほしい願望の表層作用だというわけですね。例えば、四角のワクの中心に一本線を入れて左右に分割すると異族間との構造の違いを表記していることになり、この図の中心に横線を入れると、それは上下の階層の表層となって、この場合、異なる部族に上下の階級があるという象徴コトバになるといった説明をしていますね。面白いのは、四角のワクに、斜めに対角線を入れた場合には二つの部族が均衡状態にありながら、しかも価値観の異なる文化背景があるという説明だというのです。ちょうどトランプのキングがそうですね。原始社会といいながら表層行為は同じだというわけですね。先程のアメリカ有名人の均質化した集合の中での意見差とは違うようですね。ケジメはつけて仲よくしようというのが斜線という意味らしい。この斜線の入った図を三等分した場合は、異なる二部族が三つの階級をもって、それらは異った価値観を持ちながら競合している、という構造を現わす、ということを説明しています。

ナチスは悪夢だと言っても、免罪符にならない

草森　ちかごろ洋書店を覗くと、ナチスの服飾関係の本が、ずいぶんとでていますね。売れるらしいです。ナチスのバッヂとか勲章とか、かたちがいいですからね。魅《ひ》かれるんだと思う。もっとも、解説とか出版説明を読むと、必ずこれらは、二十世紀の悪夢であると、言いわけがましいことを書いているんですが。ナチスは悪夢だと言えば、一種の免罪符になるとでも、言わんばかりです。こういう本が、今どんどん売れるのは、純粋に文様として魅力を感じるからなのか、ナチスへの魅力からなのか。あのハーケン・クロイツにしても、赤い色にしても、人間の装飾コンプレックスに触ってきますね。だから今、ナチスのこわさを考えるには、こわさよりも魅力をまず語ることによって、こわさを考える必要がある。ぼくのような政治オンチの人間の発言も、かえって必要だという気がしている。

木村 ヒットラーは、俺たちがポスターに赤色を選んだのは、これで左翼を刺激して、怒らせて、逆に彼等が俺たちの集会の場所にくるように誘惑してから、あいつらを徹底的にやっつけるために、その目的で赤を使ったといっていますね。左右のイデオロギーに関係なく、ただ戦術技術的な効果だけで赤を使ったということでしょうね。

敵の宣伝術をすべて自分の手口にするもどきの戦法

草森 そうですね。あの赤はマルキシズムから奪取したものですね。模倣というより奪取に近い。ナチスは、マルキシズムを最大の敵としていたから、わざと敵の色を用いるという戦闘的な「もどき」をやるんです。声帯模写みたいなものです。やられた側は嫌なものでしょうね。ポスターなんかでも、共産党のに負けないほど、どぎつく赤いポスターにしたりした。単に赤が、注目惹起の心理的な色彩だからというだけではないんですね。こういう「もどき」の精神は、すべてのナチスの宣伝に言えることであって、当面の敵の宣伝術をすべて自分の手口にしてしまう。ナチスの宣伝は絶対独立しているように思っている向きがあるけれども、そういうことなのです。

木村 結局ナチの後面に現われたのはヨーロッパの原理的ニヒリズムですね。西欧文明の良し悪しもアウシュヴィッツを反面教師にして西欧のヒューマニズムが合わせ鏡で照らし出されたように思えますね。ヨーロッパ文明の象徴はナチであるということから離脱できないんじゃないかと思う。

ナチスの中の「ワイマール」

草森 過去のヨーロッパ文明が、すべてナチスに、ある意味で、集中したのではないですか。あのナチス第三帝国がもっている緊張というものをみていると、どうもそんな気がするんです。ナチスの中には、ヒットラーの打倒したワイマール文化の匂いだって、ぷんぷんとする。なんといいましたか、そうだ、ホフマンという御用写真師がいましたけれど、数年前、彼のカラー写真が「ライフ」で発表されたのを見ました。あの写真から受ける感じは、まったくワイマールですね。

木村 あのカラー写真は「地獄に堕ちた勇者ども」を制作する発想の下敷になったんじゃないですか。カラーの微妙な効果はすごいですね。エロチシズムの色彩の肌合いは、ちょっと類がない。初期のアグファ・カラーですが、今の量産カラー・フィルムとちがって発明者の怨念が伝わってくる。

ヒットラーの疲労感とアグファ・カラーの発色

草森 ムッソリーニとヒットラーが、どこかの海岸の別荘で会見している写真がありましたね。海の見える芝生の上で、雑談しているのですが、そのバックの青空がすごい色しているんですよ。そして、そのヒットラーの表情には疲労の色がにじんでいる。一九二二年の党結成以来、あんなに突っ走ってきたのですから、疲れがでていて当然ですね。その疲労感、倦怠感というものが、青空の青と映えあって、余計エロチックですね。このごろ、どういうわけか、ヒットラーの写真を見ていても、彼の疲労感というものが気になってならない。大集会の中を、ヒットラーが一人で歩いていくというフィルムを見ていると、ナチスの巨大な整列群の中を、たった一人だけ歩くというデザインの計算に感心するより、その背中の疲労感みたいなものに目がいってしまいますね。ヒットラーをどうしても人間として見てしまうんですね、この私はそう言えば、最近きたソ連の宣伝映画でベルリン陥落を扱ったものがあったが、そこにでてくるヒットラーの顔は似ていなかったけれど、疲労感はよく似ていましたよ。

木村 ベルリン市内にソビエト軍が進攻している最中に、ヒットラーの防空壕の中で将官たちが女たちと乱痴気騒ぎをやっている場面がありましたね。それを防空壕に休戦交渉にきたソビエトの連絡将校が驚きの目で見ている。まさにワイマール時代の乱痴気騒ぎをベルリン陥落寸前で再現していましてね。非常に印象的なシーンだ。

頽廃のデザインは滅びにつながる

草森　ソヴィエットの軍服は、憧れるようにはできていないですね。実質的で馬糞の匂いがする。あの軍装では、乱痴気騒ぎも、たとえやっても酒乱になるわけで、頽廃性をもたない。アメリカのも土方でしょう。頽廃のデザインは、滅びにつながる。そのデザインを身にするものは、零になるわけだから、一時的には昇天の勢いをもつけど、持続しないですね。

GI服

「日常化した明るい色の作業服でもって、軍隊の規律化を巧妙に管理」

木村　ぼくが戦後デザイン屋にでもなろうかと思ったのは、GI服の影響だと思うんです。GI服には巧みに労働者の作業衣のイメージが転用されているでしょう。日常化した明るい色の作業服でもって、軍隊の規律化を巧妙に管理していますね。まさに管理された民主主義の見本がGI服ですね。これに憧れたのは、今考えれば、デザインの操作的グリッドのことで、デザインとは民主化の管理環境を意味していたわけですよ。

草森　ほんとうですね。アメリカの戦争映画を見ていて、思うのは、規律と無規律の関係ですね。煙草を喫いながら、鉄砲を打っているでしょう。そのくせ鬼軍曹のような存在がいる。しかしその鬼軍曹だって、煙草を吸うなとは言わない。アメリカのプロ野球の選手が、チューインガムを嚙みながらプレーしているのにも驚いたものだけど、これが「自由」というものの考えかたなのですかね。アメリカが勝てたのは、物質ということもありますが、結局は戦闘中に煙草が喫えたということでしょう。この自由感には、まんまとやられるでしょうね。しかし、もうこの操作には、だまされないでしょう。

人民戦線なら、ポケットは不用

木村　ベトナムの解放戦線の兵士が、GI服をさしてあんなポケットの沢山ついた服を着込んでいるから、米兵は弱いんだといった記事を読みましたが、なるほどと思いましたね。軍隊ではポケットは私箱です。アメリカ人の考える自由がいっぱい入っていて利用者負担の自由で戦わされているわけでいまの消費者構造の象徴ですね。お代は見てのお帰りというわけで、管理された分だけのツ

迷彩服そのものに自然に対する近代合理主義の矛盾が浮彫りにされる

ヒットラーのデザイン統制。軍装一つ、バッジ一つにも容喙する

ケがポケットいっぱいたまっている。人民戦線なら、前衛も後衛もないわけだから、ポケットは不用ということでしょうね。しかもベトナムでは迷彩服で、あれはナチの発明ですね。しかし、ＧＩがベトナムで迷彩服でジャングルの自然に模倣しようとしても、枯葉作戦でジャングルが人工化したんだから全く意味がない。目立つだけですね。かえって自動車の廃品を図案にした方が合うわけで、迷彩服そのものに自然に対する近代合理主義の矛盾が鮮明に浮彫りされてしまっていますね。ナチのつくりだした化学染料の迷彩服は、農薬公害の象徴かな。

草森　忍者などには、そういう迷彩の技術は高度に発達していたはずだが、日本帝国軍隊の迷彩は、お粗末だったような気がしますね。鉄カブトに草をさすなんていうのは。はたしてアメリカ兵は、これでだまされたんでしょうか。白壁を黒いスミで塗ったのも迷彩のうちでしょうが、どこまで効果があったか。迷彩の技術は自然観と結びついていると思うのですが、日本とドイツの自然観の相違は、どういうものなのでしょう。アメリカでも、ベトナム戦争では、迷彩の技術を学ばねばならなくなった。物量作戦は、有効であるとはかぎらなくなったから。レインジャー部隊などは、迷彩部隊でしょう。おそらくナチスから学ぶところが多かっただろうし、南方で日本軍と戦った時の経験も役立っているかもしれないですね。ところで、ヒットラーは、デザイン統制をしたわけですけれど、ちょっとした小さなことでも、ワンマン社長みたいに、彼自身口をだしていますね。部下を信じていない。デザインの場合、他人のデザイン感覚を信じていない。ワンマン社長というものは、限界があるものですが、ヒットラーにあっては限界にはなっていない。なにもかも自分で作るというわけではないが、たくさん配下のものに案をださして、その中から選んだものに自分が手を加えて、デザインを決定する。軍装一つ、バッジ一つにも容喙する。あれでは、忙しいですよ。疲れるわけで、ムッソリーニやゲーリングのように太るわけにはいかない。

田中角栄の「オレ一級建築士」

木村　ヒットラーは第一次大戦後の悲惨な時期にクリスマス用のローソクのレッテル図案などで食っていた図案屋さんだったわけですね。日本でいえば、芸大のようなアカデミーを希望したが試験に失敗している。だから、アカデミー出身の芸術家や建築家にコンプレックスが強いですね。田中角栄も発明工夫家のような面があって、〃オレ一級建築士〃というのが自慢で、これもコンプレックスの裏返しで、建築家に対してのコンプレックスでは、ヒットラーと共通している。

草森　毛沢東の場合は、どうなんでしょうね。毛沢東の学識の深さというものは、彼が非難するインテリたちとは、ちがうでしょう。プチブルな学問をしていないでしょう。いわゆる教条的な学問体系に毒されていない。だがこの毒されていない毛沢東の学識は、へたな学者が近よれない深さでしょう。こういう人が、国家の首席に立った時、両方に睨みがきくんですね。

抽象化された数字の上に、オレと威勢よく号令をつけていけば、何となく人間くさくなる

木村　田中角栄の〃オレ一級建築士〃のキャッチフレーズ、万里の長城でも言ってましたね。これほど上部、下部の階級構造をいいあてたことはないですね。〃一級建築士〃というのは国家検定でしょう。〃オレ〃というのは庶民的な生まの言葉です。これが上級建築を意味する場を点点に融合接着しているわけで、出世主義的民主主義の見本のようなレッテル効果があって、一級という上昇構造と、オレという観念的に下降した情念が入り混じって、大衆という抽象概念を創り出すことばですね。これが国民背番号という、メンバーシステム化を一面情念化させる手法でしょうね。抽象化された数字の上に、オレと威勢よく号令をつけていけば、何となく人間くさくなる。情念・怨念もこのシステムで下取りセールされていますね。

「楚辞集註」と角栄

草森　田中角栄の訪中は、いろいろな意味で考えさせられたけど、田中角栄が毛首席の部屋で会見した写真が、いっとう興味深かった。角栄は、朱子の楚辞集註という書物を贈呈されるでしょう。角栄も、中国人が見たらおかしいにちがいない和臭ぷんぷんの漢詩を作って贈っている。妙な感じ

でしたね。楚辞集註という本にしても、文化革命後の出版物の停止とか、楚辞の屈原と毛沢東とが同じ南方の出身であるとか、文人の本を贈る習慣とか、いろいろからみあっていると思うのですが、それよりも、彼の書斎にずらりと並んでいる書物群ですね。あれをみていると、毛沢東が書斎人をプチブルとして断裁するさいの自信のようなものが、逆にうかがわれましたね。でも、これまでも、毛沢東は、書斎を撮影させたのでしょうか。ぼくは、見ていないですけれど、ある意味では、事件だと思うのです。

象徴と身代り

木村　毛沢東は軟禁されているのかな。象徴ということで思うのは、身代りですね。誰かのために身代りになる。つまり、身代り的な要素が「印」化していくと象徴になっていく。「印」の機能性や合理性が強まると象徴は抽象となるでしょうね。

草森　だから、記号に転化された象徴は、機能性故に、いつしか行き詰るのではないですか。行き詰らないためには、できるだけ絶対性、ヌエ性、カリスマ性をその象徴はもっていなければならない。だから、その場合、どうしても人間が象徴にならざるをえないでしょう。あくまでも象徴ということにこだわるならば。象徴を利用しようとするならば。このカリスマも、戦争に敗けはじめると、すぐに化けの皮が剝がれるでしょう。カリスマは、受け手によって記号化された幻想のかたちだから、敗ければ、棄てられるんですね。群衆が敗戦後ヒットラーの肖像を壁からとりはずすというのは、その証左でしょう。

木村　記号といった場合は、すでに身代り性にあった、意味の写し作用が抽象化されすぎて、象徴の本来の意味を喪失しているのでしょうね。単に類見本として分類されて、任意に抽出できる科学記号にまで純化されますね。それは数字と同じで、原点を離れ、自由に交換する操作性を持ち出しますね。時間や場所に縛られず、いつどこにでも身代りの意味を陳列してゆくわけですね。

ヒットラーは、全体即、技術の表意と錯視した

草森　象徴というのは、本来、記号とかサイン性を包括しているものでしょう。その象徴が、内なる記号性にのっとられるという現象がおこってくる。本来は「身代り」の「身」そのものが、象徴であったのに、「代り」のほうが露顕してくる。全体主義とは、うまく言ったものだと思いますよ。象徴というのは、本来、「全体」ということですよ。象徴論が、現代ではさかんであるけれど、これは、現代人が全体性を失って、コマギレに心身が分断されている証拠でしょうね。ヒットラーは、コマギレにならなかったけれど、コマギレの前ぶれのようなやりかたを奇跡的に行ったのだと思う。事実、コマギレは、ナチス以前に発生していたわけで、それを救おうとしたのが、ヒットラーでしょう。だが、その全体性の獲得は、操作した全体性であって、やはり手で触れてしまっているところに限界がある。

木村　全体、即、技術の表意と錯視したんでしょうね。それは技術化された大衆社会の願望であると、受けとめたからで、しかし大衆なる普遍化した構造は、すでに固有の名詞としての全体の意味を放逐させて成立していますからね。

草森　アメリカ映画では「ハイル・ヒットラー」と叫ぶ儀礼のありかたを、いつも茶化しているでしょう。あれは、挨拶語なんですね。本来の意味は、今日は！　さようなら！　ということでしょう。ナチは、たくさんスローガンを作ったけれど、これが最高傑作ですね。挨拶語にしてしまったというのは。身代りを強要しているのに、日常の挨拶にまぎれこませて、さらに空無化を計っている。

木村　天気予報と同じような命令コトバですね。命令コトバというのは固有の特定を意図していますが、それが「明日天気になるでしょう」という使い方に転嫁されると、天気予報という普遍的な抽象コトバが、強制力をもって、未来を予想し、確定してしまう。「明日身代りになるでしょう」

写真の注釈によって意味を変更させて何回も再生する

と脅迫されるのと同じだ。言葉自体の中に予測とか予感に対する規制があり、体制とはこのことでしょう。これは写真に対してのコメントや注釈の関係と同じですね。写真という写し作用とはある意味では対象を身代りにしたものですね。しかし付けられる説明文によって自由自在に、一方的に身代りの犠牲を強いることが可能になりますね。本人が気付かない間に、他人の身代りになって身売りされる証文のような契約的な印の魔力が、写真の注釈だと思う。特定の場を写した一面性の行為は、印刷の複製以上に言葉の注釈によるものだと思う。注釈によって意味を変更させて何回も再生するからです。この関係を見抜いてナチは独自な報道を世界中にバラまいてしまったね。例えばヒットラーがムッソリーニと握手する時に、ヒットラーの方の角度から撮すと、遠近法に従ってムッソリーニは一回り縮少する。そこに見る行為のヒエラルキーは自動装置化してしまう。しかし、言葉の註釈では、両者は平等なんですね。テレビのニュースはこれの最たるものですね。

記録と権力

草森　首相に任命されてヒンデンブルグ大統領と握手する写真も、何種類もありますね。角度を変えて。角度の魔術というものに、ナチスは敏感だった。バウハウス仕込みのデザインの魔術が、応用されている気がしますね。フルトヴェングラーの場合もそうですね。亡命しなかったわけだけど、戦争が終るまで、彼は連合国側からは、ナチス協力者と思いこまれていた。これは、写真の力というものが大きいと思いますよ。彼は協力を拒否するわけだけど、利用価値ありとみなしているゲッベルスは、あの手この手をつかう。懐柔したり演奏の妨害したりするが、最後には折れたように自由に演奏を許す。ところが、終演間際に、ヒットラーが一党をひきいれて入ってくる。演奏が終るや、すかさずヒットラーは、舞台へ飛びだしていって握手を求める。謀略があるとは思わないから笑って握手を返す。待機していたカメラマンが、バシャッと撮してしまう。その写真が、世界中にばらまかれる。写真はかけがえのない記録であると言っても、解釈は自在であるし、提出のありかたでは、つまりレイアウトひとつでいかなる解釈をも押しつけることができる。記録というものは権力の手に握られたら、こわいものですね。

木村　例のドイツで発行した週刊グラフ雑誌「ベルリーナ・イルストリーテル・ツァイトゥンク」がありましたね。名取洋之助さんが「ベルリーナ・ツァイトゥンク」で仕込まれて、グラフ・マガジンの手法を日本に報道写真として紹介したんですが、この報道写真という言葉が一時日本で流行しましたね。子供の時、これを耳にして、ドキュメントとは写真と文章の組み合せで構成されるという事を初めて知らされましたね。今では何でもないけど、昔は写真というのは一枚限りで、コメント不要ですからね。組写真によって一つの事実が浮上する。映画と違って静止したバラバラに撮影された不連続な写真が連続した物語を構成する。それは前にもいった註釈による関係ですよね。言語が註釈という形ででてくる。最近ロラン・バルトの文章を読んでいるとモードに対する註釈という事を書いてますね。モードの註釈文集体が実際以上のモードを作る。そうすると組写真における註釈文が実際の記録写真を作っていて、記録写真は逆に註釈やずれ制限を加えて場をつくり出してゆくわけですね。写真ほど中立的なものはないですよ。どこへでも介入して無方向性に、どんな場所も撮れますね。場所や時間に縛られていた秘法を解体させて、写真はその自主独立性が保てるわけですね。お見合写真や結婚写真が典型的な意味は、両者に介入して調停してゆく機能があるからでしょうね。

写真の中立性、無方向性

附録Ⅰ　ヒットラーとレーニンの煽動術

わかりやすさの蜜と毒

「ゲッベルスがロシアの宣伝省から学んだのか、あるいはロシアの宣伝省がゲッベルスから学んだのかと問いたくなるほどである」とその著『プロパガンダ』（本橋正・坂井秀夫訳・紀伊國屋書店・一九六二年刊）でL・フレーザーが言うように、ナチスとロシア・コミュニズムの宣伝術は、多くの類似点を抱き合っているように思われる。

だが、このフレーザーの問いは、正確には悪い問いである。問いの修辞にふりまわされている。ヒットラーの『わが闘争』を読めばわかるように、ナチスこそがマルクス共産主義がもつ宣伝術の恩恵を蒙っているのである。

ナチスこそが共産主義の宣伝術を学んだ

ヒットラー自身、『わが闘争』の中で、つぎのように言っている。「マルクシズムに幾百万の労働者を獲得させたものは、マルクス主義の教父たちのお筆先ではなく、むしろ偉大なる煽動の使徒からはじまって、小さい労働組合員、腹心の友、討論の演説者にいたるまでの幾万の倦むことなき煽動者の、あくことなき実に強力な宣伝活動であり、無数の集会のためである」と。

ヒットラーは、煽動の技術と集会の技術とを、まずマルクシズムから学んでいるのである。また大衆デモ、行列の技術も、マルクシズムから学んだ。「これは小さいあわれむべき人間に、自分は小さな蛆虫であるにもかかわらず大きな龍の一部をなし、その紅蓮の吐息のもとに、憎らしいブルジョワ界がいつか火焔に化し、そしてプロレタリア独裁が最後の勝利を祝うのだ、という誇らしい確信を燃えあがらせたのである」とさえ激賞してやまない。

こと宣伝の技術にたいしては、ヒットラーは、ナチスの敵である共産主義を手離しに激賞して惜しまないのである。新聞の力の用いかたにおいても学んだ。「社会民主主義の新聞を読もうという気になった人びとが出てきた。けれどもこの新聞自体、やはり書かれたものでなく、語られたものである。というのは、ブルジョワ陣営では、あらゆる種類の教授たちや書物を書く学者たち、理論家や文筆家たちが、ときどき演説しようとするのに、マルクシズムにおいては演説家がしばしば書こうとするからである。そしてなおここで特に問題になるのだが、ユダヤ人は一般に、その嘘つきの弁論術を機敏さと抜目なさによって、文筆家としても作家などよりもはるかに煽動的演説家になりうるのである」ともヒットラーは述べている。

新聞の記事は、書かれてあってはならない、というのが彼の主張である。文筆家の文章は、新聞にはふさわしくないというわけだ。宣伝として新聞という媒体を有効に用いようとしているからには、煽動としてこそ用があるのであり、そうであるならば、大多数の相手をまきこむことが企てられているわけであり、大多数の相手を説得する文章でなければならず、しかも文章は文章でも、それは書かれた文章ではなく、語られた文章でなければならぬ、ということである。だから、こういう新聞の原稿は、演説家によって「語られた文章」がよいのだということを彼は学んでいるのである。

新聞の原稿は演説家によって「語られた文章」がよい

さらにブルジョワ社会にあっては、書かれた文書を書く、知識人が演説などもするから、その演説さえも文章の棒読みであり、やたら眠い難解なものにしかならず、煽動の役割も果さないと非難しているが、ヒットラーは、ブルジョワ新聞からは宣伝として不可なるものを、学んでいるわけだ。

日本の左翼学生の文章は、難解をもってきこえているが、彼等は仲間うちにむかってのみ語りかけるから必然そうなるのかしらないが、そうでないとすれば、不遜にも彼等はマルクス気取りであるわけであり、宣伝の立場からすれば、まったくの不可であり、煽動の用を足さないということになる。いや大衆を相手にせず、知識人に反感をあたえることが目的であったなら、有効であったと

『わが闘争』は読ませるよりも、買って持たせることに最大の宣伝意義がある

見るべきかもしれない。ともかく文章や演説が、大衆に向うかぎり「最近の最大の革命的回転すなわちロシアにおけるボルシェヴィキの革命も同様であり、レーニンの著作の結果ではなく、大小無数の煽動の使徒たちの演説による憎しみにみちた煽動の結果なのである。文盲の民衆は、実際上カール・マルクスの理論的読物によって共産主義革命に熱狂したのではなく、ただすべてのものが一つの理念のために奉仕して民衆にもっともらしく説いた幾万の煽動者という輝ける天空によってである」というヒットラーの弁は、その意味で不滅である。

もっともこの『わが闘争』は、語られた文章にもかかわらず、煽動の目的で書かれたものでないために、かえって、文脈を乱してその乱れが効果にならず難解になるという欠点もあり、大部冊であるため、読書の習慣のないものには、苦行を課すということもあり、ナチスの幹部さえ読んでいなかったというのは、共産党の幹部がマルクスの著作を読んでいないのと同様に、なにも驚くにたらないことだ。しかし、これは超ベストセラーになったのであり、人びとが買ってもっているように仕向けたこと自体に、多大な宣伝効果と煽動性があったのだとはいえる。

ヒットラー・ナチスの宣伝は、共産主義宣伝の模倣であった。当面の敵を叩くためにも、相手の戦術をわがものにするというのが、ナチスの手口でもあったのであり、フレーザーの修辞は、それ故的を射てない。

レーニンは、宣伝と煽動を重視した。重視したというより、共産主義とは、宣伝そのものであると考えてさえいた。その意味では、ナチスも同じであり、その同じであることもマルクシズムのありかたに負っているのである。当然、レーニンが出版物を重視したのは、言うまでもないことであった。一九一八年、J・A・ベルジンへ送った手紙には、出版物が刊行されないことによって、党の前進がはかばかしく行かないことの焦燥感をあらわに示していて、壮観である。不機嫌の迫力というものをその手紙は証明している。

レーニン「出版を十倍にふやしてください。――金はもっともっといくらでも出します」

たったいまスヴェルドロフからあなたの出版物の揃いを受けとった。（私にもこの揃いを送ってくださっても悪くないですよ）

どうにもこうにも数が少ない！

翻訳者団を雇いなさい。そして出版を十倍にふやしてください。ペルーゾは一週間に三冊ずつ書ける（また書くべきだ）（すべてのテーマについて。われわれの新聞の編集については、あなたがテーマと編集すべき論文のリストをあたえなさい）。『ドロワ・デュ・ププル』紙上の彼の論文（『反革命派』）はいいものだ。彼に稿料を十分払い、出版を十倍にふやしてください（フランス・ドイツ・イギリス・イタリアの四ヵ国語で出版するため、翻訳者たちを雇う必要がある。あなたは英語、イタリア語ではなにも出していない。醜態だ！　醜態だ！）

あなたは金をたくさんもっている。（あなたの支出額の報告はかならず送ってください）金はもっともっといくらでも出します。いくらいるのか、知らせてください。四ヵ国語で、四―八―一六―三二頁のリーフレットを今の百倍出版する必要があります。このために人を雇うこと。

……………

この手紙は、この私の稿に含まれる引用すべてがそうだが、大月書店版の『レーニン　宣伝・煽動』（日本共産党中央委員会宣伝部編訳・一九六九年）の中にあるものだ。レーニンはどのような性格の持主であったかしらないが、いらだちわめきちらし、とり乱している。出版物の量にあせっているのである。金に糸目をつけないとさえ言っている。

このいらだちは、革命以前の手紙でもあるわけだから、党の活動とそれに伴う弘報のためにも、最大の必要事であったわけであり、レーニンの宣伝への信頼、出版物が発揮する宣伝性への深い信頼を示すものであった。出発物の涸渇と停沌は、党の危機なりとして、彼は焦燥している。その年の十二月には、つぎのごとき訓令も飛ばしている。

レーニン

「無学の農民にとってもきわめてわかりやすい叙述を」

課題――二週間以内に農民や労働者の読み物を編集すること。そういう本は、単行の独立した、一つひとつがまとまっていて、二ページないし四ページ刷りのリーフレットからなるべきである。

叙述のしかたは、もっとも無学な農民にとってもきわめてわかりやすいものにする。リーフレットの部数は五〇部から二〇〇部、第一刷は五〇部とする。

テーマ――ソヴィエト権力の建設、その対外、対内政策。たとえば、ソヴィエト権力とはなにか。どうやって国を統治するか。土地法。国民経済会議。工場の国有化。労働規律。帝国主義。帝国主義戦争。秘密条約。われわれはどのように平和を提唱したか。いまわれわれはなんのためにたたかっているか。共産主義とはなにか。国家からの教育の分離。等々。

古い優秀なリーフレットを採用しても、古い論文を書きなおしてもよいし、またそうすべきである。

この読み物は、公開の席で読んだり家庭で読むために、また個々のリーフレットを増し刷りするために、他国語へ翻訳(すこしばかり補足をして)するためにも、資料を提供すべきである。

ここに、レーニンの宣伝・煽動にあたっての要領を見ることができよう。農民や労働者用の読み物をつくれという訓令なわけだが、体裁・テーマ・叙述のありかたまでを指定している。体裁は、二ページか四ページの短いリーフレットということである。叙述は、やさしくということである。しかしテーマは、手応えのあるものをということである。

わからなくても、わかったような顔をしたり、逆にわからないことを威張ったりする知識人を相手にしない文章の叙述を要求しているのである。「無学の農民」たちにもわかる叙述を指令しているわけであり、レーニンはきわめて、むずかしいことを願っていると言わないわけにはいかない。

やさしく叙述するということは、難解に叙述するということと同じくらい無限定なものであり、無基準なものである。やさしくと一口に言っても、また「無学な農民」と限定があたえられたとしても、あくまでも言葉の上での限定であって、その「無学な農民」そのものが曖昧なるものである。だがその曖昧さを無視したところから、レーニンは断固として「きわめてわかりやすいものにする」ことを要求しているのである。

しかしそのことがいかに難しいものであるかを、レーニンも知っているわけであり、うまくいかないなら、すでに発表されたものでも、「無学な農民」にもわかるという意味で優秀なものであるなら、それを採用してもよいし、書きなおしてつかえるなら、古い論文でもよい、とまで言っていて、なにも書きおろしをあくまで要求しているわけではない。しかし、それにしても、なにをもって「きわめてわかりやすいもの」なのかは、依然としてわからぬ、という曖昧さはのこるのである。

すなわち、だれにでもわかりやすい文章とは、素人の綱渡りのようなものであり、やってみなければわからないし、やってみても、その効果をどう計量していいかわからぬものである。だが、共産主義をロシアに確立し、革命をおこすには、そんなことは言っておれないのであり、どうしても、農民や労働者を立ち上らせなければ、どうにもならないのであり、そのためにも「きわめてわかりやすいもの」へとその思想が文章化されることを彼はのぞんだのである。基準がない、などゼイタクなことは言っていられないのである。そんなことを言っていられないほど、レーニンは時間にあせっている。

農民や労働者には、長い文章は耐えられない

レーニンが「二ページないし四ページのリーフレット」としたのも、農民や労働者には長いものは耐えられないという配慮を含んでのことなのである。そのすくないページの中に、彼が列挙したテーマ、なんの妥協するところのないテーマを、できるだけやさしく伝えるなどということは、いよいよもって至難のわざである。

言語を用いる以上、やさしく書くことには限度があり、やさしくやさしくと意識しているうちに、なにを言おうとしているのか、ぼけて溶けてしまう危険性もある。それは、難解な文章を書けるなら書いてみろと言われて、自分が否定しているほどには、なかなか書けるものではないのと同じくらいに、なかなか書けるものではない。やさしい言語ばかりを用いて文を綴ることによって、かえって難解になるということもある。だれにでもわかるやさしい文章とは、やさしい言葉を用いればよい、というものではないからだ。

『プロパガンダ』のフレーザーはつぎのようにも言っている。「コミュニズムはひとの心に感動と共鳴とを与えるようなイデオロギーに基礎づけられており、この点がファシズムと相違する点である」と。たしかにナチスは、大衆に感動と共鳴とを与えることができたが、イデオロギーをもって感動と共鳴とをあたえたのではなかった。宣伝がイデオロギーと結びつくという幻想をもっていない。なんとはなしに人びとが魔法にかかって感動と共鳴にまきこまれていくことを図っているよう

ロシアの大衆が、わかりやすい宣伝文と思いこめたのは、その文章が話し言葉であったからである

マスコミ宣伝の力＝短さ→暗誦しやすく口誦しやすい言葉

なところがある。だからヒットラーの『わが闘争』も、ローゼンベルクの『二十世紀の神話』も大衆にわからなくてよいのであった。言葉のもつ意味性でもって、相手を説くことを彼等は、結果的に放棄していたのである。中味としては懸命に説かれてはいるものの、理解されるより本の出版そのものが、宣伝を発揮していたのだ。それに反してコミュニズムは、執拗に言葉のもつ内容でもって説得することを願っていたのである。

「マルクス主義は、そのもっとも粗雑な教義でさえも、理解しやすく、ひとを心服させる力をもつように思われる。階級闘争とかあるいは資本主義の崩潰の必然性といったような簡潔なよびかけによって、社会的に不満を抱き、または経済的にうちひしがれた人びとは、憎むべき具体的な敵にたいして闘う一種の使命感を抱いたりする」とフレーザーは言うのであるが、「言葉」を両者は正と逆に用いあっているだけの話であって、その曖昧性を魔術的にまで高めた点では、同一の地平にあったのだ、と言ってよいのかもしれないのだ。

ロシアの大衆がついにはわかったと思いこむことのできたのは、ただたんにやさしい言語でもって伝えたからだというのではなく、それはやさしく砕かれた文章の力によったというのでもなく、ヒットラーがマルクシズムから学んだように、話し言葉の力であり、それがただ活字に移されたことであり、それが魔術を発揮したのであり、文章の魔というものではなかったのだ。

レーニンは、訓令の中で「この読み物は、公開の席で読んだり家庭で読むため」と言っているが、この「読む」は、目で「読む」ばかりでなく、口に出して読むことのできるということも含めている。また、わかりやすさとともに、短さも要求されたのは、口誦し、暗誦し、他者にも同じように伝えられることを願っているからである。その点、貪欲である。

コミュニズムの宣伝が狙う伝播の方法とは、口コミである。この力は、ラジオ・テレビの時代に

宣伝しながら自分が宣伝していると思わないのが、共産党の宣伝である

レーニン「大衆は政治闘争の思想を理解できないであろうというのは、正しくない」

なっても、なお色褪せない力をもっている。一度、民青の女子大生たちに逢ったことがある。彼女たちは、こちらの質問に判を押したような画一な返事をしてきたのに驚いたことがあった。彼女たちの目つきは、まさに胸をはった信念に輝く目つきであり、見ているうちに私はうそ寒くなってきたし、もっと驚いたのは、私を説得しようとさえしていたことだ。しかもよく観察すれば、説得しようとしているのではなく、彼女たちは知らぬまに説得しているのだった。彼等は人と会話すれば、すべてが説得になってしまっているのである。

レーニンが、共産主義とは、宣伝であると言っているのを知っているか、と彼女たちにきいてみたが、もちろん知っています、と彼女たちは言うはずもなく、狐につままれたような顔をしていたのは、印象深い。時には、いま他者を説得しているのだとは思えることがあっても、その説得が宣伝であると思ってもいない。説得するのは、信念があるからだ、それを他者にもわかちたい、と根っから思いこんでいるのであり、共産党宣伝に手を貸し、自ら宣伝活動をしているとは夢にも考えていないのであり、この無心さこそが、おそるべき共産党宣伝の源泉なのである。

このことから考えて、マルクスやレーニンの著作など、一ページも読んでいなくても「きわめてわかりやすい」煽動さえ上部から受ければ、ねずみ算のように、その主義主張は伝播し、信念の名のもとに均一化されていくのである。レーニンの言をさらにきいてみよう。

『プロフェシオン・ドウ・フォア（信仰告白）について』

社会民主主義派の任務は政治的に無権利な大衆の後尾についてよちよち歩くことではなく、大衆の政治意識を発達させることである。第二に——しかも、これが肝要なことなのだが——大衆は政治闘争の思想を理解できないであろうというのは、正しくない。この思想は、もっと

レーニン
「低い諸層の理解水準にまでおりていこうと志向することは、有害である」

も凡庸な労働者によっても理解されるであろうが、もちろん、そのためには、煽動家または宣伝家が、その労働者に近づいてこの思想を彼に伝えることができ、わかりやすい用語で、またその労働者の知っている日常生活の諸事実に立脚して、この思想を伝達することができるということが条件となる。しかし、こういう条件なら、経済闘争の諸条件を伝えるためにでも必要ではないか。この分野でも、大衆の低い諸層や中位の諸層出身の凡庸な労働者は、経済闘争の一般的思想をわがものにすることはできない。この思想をわがものにするのは、少数の知識的労働者であって、大衆は、本能や直接当面の利益に導かれて、彼らのあとについていくのである。

政治の分野でもこれと同様である。政治闘争の一般的思想をわがものにするものは、もちろん、知識的労働者だけであろうが、大衆は彼らのあとについていくだろう。なぜなら、大衆は自分の政治的無権利をりっぱに感知しており（キエフ委員会の『プロフェシオン・ドウ・フォア』がある箇所で認めているとおりに）、もっとも直接の日常の利害が、たえず大衆を政治的圧制のあらゆる現われに衝突させるからである。どのような政治運動または社会運動でも、どのような国でも、ある一つの階級もしくは国民の大衆と、それの少数の知識的代表者とのあいだの関係が、まさにこういうふうではなかったものは、かつてなかったし、またありえない。だから、労働者のこの先進的な層の利害と要求を無視すること、低い諸層の理解水準にまでおりていこうと志向すること（労働者の意識水準をたえず高めようとしないで）は、かならずきわめて有害な作用をおよぼし、労働者のあいだにあらゆる非社会主義的、非革命的な思想が浸透してくるための地盤を、準備するにちがいない。

宣伝の才において、ヒットラーは知識人を否定し、レーニンは知識人を前提にし、そのありかたを問題とした

ここでレーニンは、「大衆の低い諸層や中位の諸層出身の凡庸な労働者」に政治意識、経済意識を発達させ、それらの闘争に参加させるためには、宣伝と煽動が必要だと主張しているのである。ここでも、「わかりやすい用語で」と言っているのだが、その場合、彼らの意識水準をたえず高めるということが重大なのであって、彼らの理解水準にまでおりていこうとする志向は、不可だと言っているのである。

指導者は、どうしたって知識階級である。しかし指導される者は、知識階級ではない。かといって知識階級だけを相手にしていては、論争に走るだけで、マルクシズムは大衆の間に醸成されない。ここに難題があるのであって、いざその知識階級の指導者たちが、労働者たちにむかって宣伝し煽動しようとする時、わからせてやろうという意識、つまり下へおりていこうという優越の意識があっては、けっして彼らを政治闘争、経済闘争に参加させることはできない、とレーニンは言うのである。

まさにそのとおりであろう。共産党支持者に逢ってみて、まさに感じることのひとつは、彼らが指導者でもないのに、言っていることは、まるで指導者のようであることだ。ここに、共産宣伝の魔術というものを、おそろしいまでに、私は感じる。なにも彼らは、自分を指導者だと思っているのではなく、信念を披瀝しているにすぎないのだが、第三者には、そう見えるというところに、レーニンの期待が、成果となってあらわれている、ともいえないことはない。それは、画一的な信念の披瀝であることが多いのだが、この画一こそが、宣伝・煽動の成果であり、彼らもまたその洗礼を受けることによって、小さな宣伝家、小さな煽動家となっていくのである。

ただナチスとマルクシズムとでは、「知識人」に対する考えかたは、対照的にちがっているということである。ヒットラーは、知識人を役たたずとして呪ったのに対し、レーニンは、知識人を前提にした考えかたをしているということである。だからマルクスの著作が共産党の聖典になったようには、ヒットラーの『わが闘争』がナチスの聖典になりえなかったことは、「知識人」に対する両者の考えかたの相違からもきているのである。それだけに指導者たる「知識人」のありかたに、レーニンは厳正をきわめているのであろうか。

雑誌は宣伝に、新聞は煽動に

レーニンは、リーフレットの配布ばかりでなく、新聞・雑誌の力というものを認めていた。雑誌は宣伝に、新聞は煽動に役だたねばならぬとしていた。しかしそういうふりわけの分別の中で、新聞には、自然発生的な労働運動を直接的密接的にのせ、雑誌には、インテリゲンツィアのための社会主義理論や政治、科学、党組織の問題をのせていく、という内部の指導者の意見にたいしては、彼は否定の態度をしめした。

レーニンは、大衆と知識人の二分法を認めない

かくしてレーニンは一九〇〇年の論文で「労働運動のいっさいの具体的事実と現われを、ここに示した諸問題と結合することが必要であり、一つひとつの部分的事実を理論によって解明することが必要であり、政治と党組織の諸問題を労働者階級のもっとも広範な大衆のあいだに宣伝することが必要であり、これらの問題を煽動のうちにもちこむことが必要である」としたのである。(『イスクラ』および『ザリヤー』編集局の声明草案) 煽動の形態としてのリーフレットでは、地方的な問題、すなわち経済的問題にしか触れえないので、範囲は狭隘であり、高度の煽動形態たりえないとしたのである。

ここにさらに、もうすこし、「大衆」にわからせるとはなにか、ということは、レーニンの文章によって見てみたい。

左記の引用は、一九二六年に発表された「雑誌『スヴォボーダ』について」という小文である。

——小雑誌『スヴォボーダ』はまったく悪い。——

レーニン
「大衆化ということは、俗流化とか卑俗とかいうこととは、非常にちがう」

その筆者——というのは、この雑誌ははじめから終りまで全部ひとりの人間が書いたような印象をあたえるので——は、「労働者むきの」大衆的な書き方をしているようなふりをしている。しかしこれは大衆性ではなくて、下品な卑俗性である。一言も単純な言葉はなくすべてがわざとらしい。

……筆者は、気どった言い方をせずには、「民衆的」なたとえや「あいつらの」といったような「民衆的」な単語をつかわずには、一つの句さえ言わない。

そして、このかたわの用語をつかってわざと俗流化された、使いふるしの社会主義思想をくどくど説明しているが、新しい資料ももたず、新しい実例も示さず、新しい展開もしていない。われわれは筆者に言いたい。大衆化ということとは、俗流化とか卑俗性とかいうこととは、非常にちがう。大衆的な著作家というものは、非常に簡単な、一般によく知られた与件から出発して、こみいっていない推論か、うまく選んだ実例のたすけを借りて、これらの与件から出てくる主要な結論を示し、ものを考える読者をつぎつぎとそのさきの問題につきあたらせながら読者を深い思想へ、深遠な学説へ導いてゆくのである。

大衆的な著作家は、ものを考えない読者、ものを考えようと欲しないか、または考えることのできない読者を目あてにしてはいない。反対に、彼は、未熟の読者のなかにひそむ、頭を働かせようという真剣な意向を目あてにしており、読者がこの真剣で骨のおれる仕事を果たすのをたすけ、読者が第一歩を踏みだすのをたすけながら、それからさきを自主的にすすんでいくようにおしえながら、読者を導くのである。俗流著作家は、ものを考えない、また考える能力のない読者を目あてにする。彼は読者を真剣な科学の初歩的原理に突きあたらせず、一定の学説のあらゆる結論をかたわに、単純化された冗談や洒落で塩かげんした姿で、「お膳だてののできたものとして」、したがって読者のほうでそれを噛みくだく必要さえなく、ただこの雑炊を丸呑みにしさえすればいいようにして、読者に提供するのである。

知識人が、大衆のためにと自分にいいきかせながら、執筆し、編集したのなら、その雑誌はどのような内容のものになるかの見本のごときものが、このレーニンの内部攻撃と非難の中から浮びあがるであろう。

知識人には、永遠に大衆はわからない

言ってみれば、知識人には、永遠に大衆はわからないといえるのだ。わからないが、大衆と言われれば、それがどうやらいるらしい存在で、無視してはどうにもならないものであることは、わかるのである。知識人も曖昧な言葉であるが、たいていの知識人は自分が知識人であると思いこんでいるから、なにが知識人か考えないものが多いが、さて大衆はとなると、雲をつかむようにわからないのである。

そこで知識人と自他とも許しあっているものが、「わかりやすさ」を大衆に向って発する時、どういう態度をとるかと言えば、大衆のふりをすることである。「われわれ大衆は」と言う。大衆はけっして「われわれ大衆」などとは言わないから、大衆のふりである。知識人もやはり大衆なのに、大衆のふりをするという滑稽がおこる。そういう知識人は、かつて自分自身の語彙の中から、排斥したはずの「あいつら」といった野卑な日常用語を文章につかえば、彼らも親しみを感じるだろう、とも安易にも考えてみたりするのである。これにたいしレーニンは、気どりだと言って非難する。

このような傲慢にして浅はかな接近には、大衆は馬鹿にされたような気がして、だれもついてこない。大衆の意識を高める目的をもつ以上、読者がすすんで考えるようにもっていかねばならない、とレーニンは言う。俗流化と大衆化はちがうのだと力説する。このような言いかたは、大衆化のイ

ロハであると思えるのだが、それは知的理解においてイロハなのであって、大衆とは、曖昧なものゆえに、その大衆化をはかりうることは、天才の領域に属することがらではないだろうか。ないものねだりにさえ思えてくるのだが、マルクシズムはこの曖昧さを克服したらしいことだけは、動かしがたい。しかし曖昧さの克服とは、幻想の確立である。

ナチスは、知識人というものを、ある意味では、最初から捨象してしまったところから、大衆を煽動した。即ち大衆を作った。が、レーニンは、捨象せずして、大衆を煽動しようとしていた。故に、マルクシズムの大衆化は、困難をはらんでいたのである。成功したとすれば、やはりナチス同様に大衆を作ったのであろう。

人民をとびこえるわけにはいかない

レーニンの著作を読んでいると、ひんぱんに「宣伝と煽動」という言葉が、かならず「と」継ぎになって、一組として出てくる。「宣伝家と煽動家」という風にも並んで出てくる。これはどういうことなのか。もともと宣伝に煽動はふくまれるのではないか。煽動とは、宣伝の一技術にすぎないのではないか。そういう疑問が沸いてくる。

最初に煽動と宣伝をはっきりわけたのは、プレハーノフであった。「宣伝家は一人または数人の人間に多くの思想をあたえるが、煽動家は、ただ一つの、またはただ数個の思想をあたえるにすぎない。そのかわり、煽動家はそれらを多数の大衆にあたえる」と規定したことにはじまる。「なにをなすべきか?」の論文の中で、レーニンはプレハーノフの定義を発展させて、つぎのように言っている。

レーニン
「宣伝家は、主として印刷された言葉によって、煽動家は生きた言葉によって、活動する」

宣伝家とは、たとえば同じ失業の問題をとりあげるにしても、恐怖の資本主義的な本性を説明し、今日の社会で失業が避けられない原因を示し、この社会が社会主義社会へと改造されていく必然性をえがきだすなどのことを、しなければならないものと、考えていた。一言でいえば、宣伝家は「多くの思想」を、しかも、それらはすべての思想全体をいっぺんにわがものとすることを、少数の（比較的にいって）人びとにしかできないくらいに、多くの思想をあたえなければならないのである。これに反して煽動家は、同じ問題を論じるにしても、自分の聞き手全部にもっともよく知られた、もっともいちじるしい実例――たとえば失業者の家庭の餓死とか乞食の増加などというような――をとりあげ、このだれでもが知っている事実を利用して、ただ一つの思想――富の増大と貧困の増大との矛盾がばかげたものであるという思想――を「大衆」にあたえることに全力をつくし、大衆のなかにこのようなはなはだしい不公平にたいする不満と憤激をかきたてることにつとめるが、他方、この矛盾の完全な説明は、宣伝家にまかせるであろう。だから宣伝家は、主として、印刷された言葉によって、煽動家は生きた言葉によって、活動する。

ナチスにあっては、宣伝家は煽動家であり、煽動家は宣伝家であった。両者の間に区別というものはなかった。マルクシズムにあっては、どうしてこのような区分の隔たりをあたえなければならなかったのか。

マルクシズムにあって、宣伝家は大衆の中にはいっていかなくてもよいのである。文章技術によって思想をわかりやすく伝えればよいのである。しかしそのことは大衆を無視することではないことは、レーニンの読者論を通して、すでにみてきた。宣伝文章による大衆効果も期待しているからである。ただその限界を知っていた。文章では、どのようにたくみに思想を伝えたとしても、人はすべてがすべて尻をあげて動くとはかぎらない。たとえ共感したとしても、共感が行動となるとは、かぎらないのである。

それは、卑近な例で、新聞広告を考えてみるとよい。書物の広告でもよい。その宣伝効果があがったせいか、一万部の本が売れたとする。その広告にひき寄せられて、一万人の人間が動いたのだと、おおまかながら、他にも売れる原因があったのだとしても、この際言っておくことにしよう。

だがその新聞の読者は、三百万人であったとする。その新聞の読者で、広告に目をとめたものが、半分の百五十万だったとする。その百五十万人のうちのたった一万人しか、書店へ行って買うという動きをしめさなかったことになる。

買おうと思って書店まで行ったが、本を手にとって気のかわった人もふくめて、その他の大多数は、尻をあげなかったのである。

私が、ここで言おうとしているのは、「宣伝」が潜在的な滲透力をもち、その場で実数があがらなくても、いつかは効果となってあらわれるだろう、などと悠長に考える。そんな悠長は、なかなかしていられないということである。宣伝は、人を動かすということに関して、いつも間接的である。つまり、したがって運動体としての宣伝力は、いつも不安が伴うということであり、その行動によって現われた実数しか、信じられないということである。

宣伝家がつねに結果へ不安を抱いているのにたいして、煽動家は、人の中にはいっていく。童話の笛吹き商人のように、自分のうしろからぞろぞろついてくる人間の存在をしかと肌で感じることができる。大衆が共感したならば、すべて行動となってあらわれる。それは、レーニンのいうように、印刷された言葉を用いるものと、生きた言葉を用いるものの大きな相違である。

宣伝と煽動の二本立てなのではない。宣伝と煽動とをもって一つだという発想

宣伝家は知識人であり、煽動家は大衆である

印刷の言葉は、人声をもっていない。文章の中にも人声があると言えないこともないが、あくまでも比喩としてであって、文章の人声は、人声そのものでない。間接的な説得であるから、はたして理解されたのか、たとえそうであっても、理解したあと彼等は動くにいたったかという不安が、たえずつきまとうのである。受け手の立場でいえば、たとえ理解したとしても、尻をあげるという段になれば、めんどうなことであるし、かりに尻をあげる気になったとしても、どう尻をあげていいのかわからなかったりする。なにがなんでも動いてみせる、という人は奇特なのである。

政治宣伝にあっては、動員ということが、その思想の伝達以上に眼目なのであるから、文字をもって訴える宣伝だけでは、どうにもならない。だがこの印刷による宣伝力をレーニンが無視しないのは、その宣伝力が、煽動の導管になるという確固たる信念にもとづいている。宣伝と煽動の二本立てでいくのだということではなく、宣伝と煽動とをもって一つだ、という発想なのである。

宣伝は、一般大衆にむかっても発せられるのだが、レーニンにしてみれば、煽動家にむかって発せられることをもっとも強くのぞんでいるのである。レーニンの考えている煽動家の数は、宣伝家の数をはるかに凌駕しているのであって、共産主義を伝播し、大衆を引きこむのは彼等こそだと思っているのである。宣伝家とは、しばしば知識人なのだが、その彼等に「わかりやすさ」をしつこくレーニンが要求するのは、その読み手が大衆であるばかりでなく、煽動家も大衆であり、この大衆である煽動家に、もっともよく大衆を納得させるだけの用意を宣伝家があたえなければならないからである。ゆえに党の方針をわかりやすく、くわしく伝えるのが宣伝家であり、わかりやすくつたえることのできる知識人である必要があるが、その思想をバトン・タッチする煽動家は、かならずしも知識人である必要はないということになる。

レーニンは、マルクシズムとは、宣伝そのものであるとさえ言う。宣伝と煽動とをもってマルクシズムとなるという発想は、たしかに一つにまとまっていくことが望まれているにしろ、けっして一元的ではない。その一つになったものは、宣伝と煽動の間に、継ぎ目がみえるからである。継ぎ目のある一つということになる。一元的でないところが、限界であるともいえる。

マルクシズムは、知識から出発した。マルクスが経済学者であるからには、その聖典とされる著作は難解なものとならざるをえない。その信奉者も、当然ながら知識人であった。そこにはじめから矛盾があったのだし、その矛盾を解決することが、マルクシズムの成果であるならば、どうしても危険な知識人を捨てることはできなかったのだし、むしろ断じて生かさねばならなかったのである。共産党が、しばしば粛清というチェックを行なうのは、大衆の党でありながら知識人を断固として抱えていかなければならない宿命を負っているからである。知識人は、どのようにでも解釈するという想像力の持主であるからで、そこに知識人同志の戦いがおこる。

さらにレーニンの宣伝家と煽動家の論に身を傾けてみよう。

宣伝と煽動の間に継ぎ目がある

宣伝家に要求される資質は、煽動家に要求される資質と同じではない。たとえばわれわれは、カウツキーやラファルグを宣伝家と呼び、ベーベルやゲードを煽動家と呼ぶだろう。しかし、実践活動の第三の分野または第三の機能をべつにとりだして、「大衆にある具体的行動を呼びかけること」をこの第三の機能にかぞえるのは、このうえなく不条理な話である。なぜなら、単独の行為としての「呼びかけ」は、理論的小冊子であれ、宣伝パンフレットであれ、煽動演説であれ、そのどれにとっても自然の、なくてはならない補足物であるが、それも純然たる執行的機能をなすものであるか、どちらであるかであるからだ。事実、今日ドイツの社会民主主義者が穀物関税に反対してやっている闘争を例にとってみよう。理論家は関税政策についての研究を書いて、たとえば、通商条約の締結と通商のためにたたかうように「呼びかける」。宣伝家は雑誌のなかで、煽動家は公開演説のなかで、これと同じことをやる。大衆の「具体的行動」とは、このばあいに、穀物関税を引き上げるなという国会への請願書に署名することである。この行動の呼びかけは、間接には理論家、宣伝家および煽動家によってなされ、直接には、署名用紙を工場や各民衆にくばる労働者たちによってなされる。「マルトノフ式用語」によると、カウツキーもベーベルも宣伝家で、署名用紙のくばり手が煽動家だということになる。そうではないか?

マルクシズムが、知識人をかかえこんでいることの危険性

宣伝家と煽動家との区別の誤謬をレーニンは指弾しているのである。両者が資質のちがうのは当然だが、機能は同じなのだ、というのが彼の主義である。

レーニンのこの二つの区分は、誤解される要素を最初からもっていた。一つの目的を達するために、二つの段どりがあるということにすぎないのに、その段どりを無視して、はっきり二分してしまう考えが、内部におこったからである。

こういう危険性は、やはり党が知識人をかかえて出発しているというところに根を発しているのである。煽動家としての才をもつことが概して少ないであろう知識人は、理論家ないしは宣伝家の道をたどろうとする。知識をくだいて大衆に示すことよりも、知識を発展させたほうが心地よいからで、自分の城にすぐに閉じこもろうとする。煽動家と、究極の目的は同じであるはずなのに、彼等と差をつけようとする態度にもでる。レーニンに言わせれば、資質はちがっていて、したがって段どりがちがっているだけのことで、結局は同じであることが、理論家ないし宣伝家にはわからなくなっているというわけだ。

わからなくなるというより、わかりたがらないのである。手を汚したくないという感情があって、それがいよいよ差別感情をつくりあげるように運んでいく。煽動家は、直接具体的行動をするが、宣伝家はちがうのだ、というふうにしだいに垣根をつくっていく。

なるほど、宣伝家は、活字を武器として、間接的であるとは言える。煽動家は、生の言葉を武器として直接的である。これは、しかし手段上の区分なのであって、「大衆にある具体的行動を呼びかけること」にたいしては、ともに間接的であるにすぎないのである。このことが、知識人の思弁の癖にいったんかかると、「具体的行動」は、煽動家の役目という区別感、もしくは押しつけが、まかり通ってしまう。

宣伝家の煽動家への侮蔑。煽動家の宣伝家への侮蔑

だから共産主義は、知識人集団であるゆえに、思弁の罠にはまると、どのように歪めていくかわからず、そのために「批判」とそれに伴う「粛清」が、つきまとわざるをえないのである。

レーニンが、煽動家というものの存在を、大衆を動かすフィニッシュとして重要視したことはまちがいない。そのためにも、宣伝家の煽動家への侮蔑、あるいはその逆のおこることに、注意深く警戒しなければならなかったのである。「ロシア社会民主主義派のうちの後退的傾向」という論文の中で、すでにレーニンは、煽動家の役割をつぎのように述べている。

> ……労働者の低い諸層のあいだに意識を目ざめさせるための第一歩が、合法的な啓蒙活動によって分担されなければならないことも、大いにありうるのである。党にとって非常に重要なことは、この活動を利用すること、この活動を、まさにそれをもっとも必要としているところへさしむけること、合法的活動家を処女地の開墾へさしむけ、あとで社会民主主義的煽動家が、そこに種を蒔くようにすることである。労働者の低い諸層のあいだでの煽動は、もちろん、煽

カウツキー
「煽動家は聴衆がよく知っていることがらから出発しなければならない」
宣伝家の戦術は単一化を。煽動家の戦術は個性化を

動家の個人的特質や、場所、職業、その他の特殊性をもっとも十分に発揮させるものでなければならない。カウツキーは、ベルンシュタインを反駁した著書のなかで、つぎのように述べている。

「戦術と煽動を混同してはならない。煽動の方法は、個人的・地方的な諸条件に適応させられなければならない。煽動では、煽動家の一人ひとりにその駆使する手段の選択を一任すべきである。すなわち、ある煽動家ではその激励によって、べつの煽動家はその辛辣な風刺によって、さらにべつの煽動家は、数々の実例をあげる能力、等々によって最大の感銘をあたえるのである。煽動は、煽動家に順応させられるとともに、聴衆に順応させられなければならない。煽動家は、自分のいうことが理解されるようにみな話をしなければならない。

煽動家は聴衆がよく知っていることがらから出発しなければならない。こういうことは自明なことであって、農民のあいだでの煽動だけに適用しうることではない。馭者と話をする時には、水夫を相手とする場合とはちがった仕方で、水夫と話をするときには植字工を相手とするばあいとはちがった仕方で、話さなければならない。煽動は個性化されなければならないが、われわれの戦術、われわれの政治活動は、単一でなければならない」。

社会民主主義理論の先進的代表者のこれらの言葉は、党の全般的活動における煽動についてのすぐれた評価をふくんでいる。これらの言葉は、政治闘争をおこなう革命党の結成を妨げるであろうとか、煽動を第二義的な地位へ押しやるであろうとか、煽動家の自由を拘束するであろうとか、考える人々の危惧が、どんなに理由のないものであるかを示している。反対に、組織された党だけが、広範に煽動をおこない、すべての経済問題と政治問題について煽動家のために必要な指針(と資料)をあたえ、地方的な煽動の成功の一つひとつをロシアのすべての労

働者の教訓のために利用し、煽動家を、彼らの活動が最大の成功をおさめることができるような環境または地方へさしむけることができるのである。ただ組織化された党のなかでのみ煽動家の才能をもっている人々は、この仕事に全身を打ちこむことができるであろうが、そのことは、煽動にとっても、社会民主主義活動のその他の側面にとっても、利益である。ここからして明らかとなるのは、経済闘争に心を奪われて政治家的煽動・宣伝を忘れ、労働運動を政党の闘争へ組織する必要を忘れるものは、ほかのことはすべてさしおくとしても、プロレタリアートのもっとも低い諸層を労働者の事業へ引きよせる仕事をしっかり、効果的に組織する可能性をさえ、みずから捨てるものだ、ということである。

このカウツキーの煽動論をひきながらのレーニンの言説を読んでいて、よく響いてくることは、彼が知識人の絶対性を認識していることである。レーニンは、知識人と大衆とをはっきりわけていることが確認できるのである。私は、当初、レーニンは知識人と大衆の二分法を認めていないと感じていたのだが、どうやらそうではないらしいのである。知識人を棄てないが、知識人も大衆であるように指導していくようにつとめているとみたのだが、それは間違いらしい。

ただ知識人の大衆への優越感というものを認めていないということではあるのだ。だから「大衆の一人として」などという知識人の欺瞞を認めないだろう。知識人は知識人であり、大衆は大衆であるだけのことで、だからどうしたということで、そこにいっさいの上下隔差を認めていないのである。軽蔑はしないが、大衆の意識をめざめさせるのが知識人であるという考えに立っているから、知識人を否定しようともしないのである。知識人と大衆とが同等の存在になりうるには、知識人も大衆も必要なのだということであり、これが果されるのには、党と組織が不可欠となる。だから、このことがよく果されるなら、知識人の労働者への高みの意識も、労働者を見くびることになるのではないかという危惧の意識も、いっさい無用になってくる。はたして、そうはうまくいくかというところに、マルクシズムは、ユートピア思想である、という批判の余地があるというものであろうか。

語り口が個性的であっても、その内容に個性があってはならぬ

この論文では、レーニンは、宣伝家カウツキーの論を通して、煽動技術にまで及んでいる。煽動家には、自分の個性を生かしつつ場所の分別、相手の職業によって臨機応変に対処する能力を要求している。宣伝家は、個性的であってはいけないが、煽動家は、個性的でよいということである。しかしこの個性は、なにも、党の戦略を歪曲してもよい、個人的に解釈してもよい、ということではなく、あくまでも政治活動としては一つであり、煽動しようとしている内容の語りかたにおいて個性的であってよいということなのである。内容に個性があってはならないのであって、語り口が個性的であるのはよいということである。

人は、理論では動かない。この原則をマルクシズムはよく知っていたに違いない。だが理論を棄てずに、かつその理論を押しつけることも排除するとしたなら、いったいそれならどうしたらよいのか。宣伝家から直接大衆へ向って理論だけを通すことはせずに、煽動家へバトンタッチさせたのである。

宣伝家と大衆の間に煽動家をいれるリレー方式

たとえどのようにわかりやすく書かれていたとしても、印刷された言葉では限界をもっているというレーニンの考えは、正しいとは言える。またたとえ知識人たる宣伝家が、街頭にでたとしても、よほどの才能がないかぎり煽動家の才も併せもつことは難しい。そういう両方の才をもつものを開発するよりも、マルクシズムは、リレー方式を編みだしたのである。宣伝家と大衆の間に煽動家をいれたのであった。

煽動家の個性とは、スキンシップのこと

スキンシップは、下手をすると下手になる

なによりも煽動家はスキンシップの存在である。ナチスのように、ヒットラーの如き絶対主をもたないのだとすれば、スキンシップをもってする煽動家の跳梁が必要になってくる。そうでなければ、大衆を動員することはできない。煽動の個性を許したのも、それはスキンシップが、理論をこえて人を説得するものであることを知っていたからであろう。

だが、そのスキンシップは留保つきのものであった。「煽動は、煽動家に順応させられるとともに、聴衆にも順応させられなければならない。煽動家は聴衆がよく知っていることがらから出発しなければならない。こういうことは自明なことであって、農民のあいだでの煽動だけに適用しうることではない」などと留保をつけなければならなかったのである。

スキンシップによって発揮される力は、理論などというものを吹きとばしてしまう。このスキンシップは、下手をすると下手になるのであり、党の方針などは、吹きとんでしまうような力を発揮しうるのである。だからレーニンが煽動の技術までに立ちいるのは、その暴走を制肘するためでもあったのである。知識人というものを、否定しきらなかったレーニンの理想への邁進は、苛酷な試練にたたされていたともいえる。あるいは苛斂なまでの理想主義者であった。ルイス・フィッシャーがその著『レーニン』（猪木正道・進藤栄一訳・筑摩書房・一九六七年刊）でいうように、彼の心の中には、二つの魂が、理論的宣伝家としての魂と、政治家としての魂が共存していた。そしてこの二つの魂は永遠に交わることがないものであったかもしれない。

しかし、いちはやく彼の理想が、ロシア革命によって成立したかに見えるのは、その制肘の好結果というより、この煽動の一手段として「暴露を組織した」ことにもよるのではないだろうか。「なにをなすべきか」の中で、レーニンはつぎのように言う。

レーニン
「暴露を組織する」

大衆に行動を呼びかけるには、「なまなましい暴動を労働者大衆の中に投げこむ」

ロシアの労働者が、人民にたいする警察の野蛮な取扱いについて、異宗派征伐や、農民の笞打ちについて、検閲当局の不法行為や、兵士の拷問や、まったく罪のない文化的企画の迫害などについて、まだあまりその革命的積極性を示していないのは、なぜであろうか？　それは「経済闘争」が彼らをこれらの問題に「突きあたらせ」ないためではあるまいか、これらの問題があまり「目に見える成果」を「約束」せず、あまり「明確なもの」をあたえないためではあるまいか？　そうではない。くりかえして言うが、そのような見解は、自分の罪を人になすりつけ、自分自身の俗物根性を労働者大衆になすりつけようとすることにほかならない。われわれは、これらすべていまわしい行為の十分に広範な、あざやかな、すみやかな暴露をまだ組織できなかったことについて、自分自身を、大衆の運動に自分がたちおくれていることを、責めなければならない。われわれがそういう暴露を組織するなら（そしてわれわれはそれを組織しなければならないし、また組織できるのだが）どんなにおくれた労働者でも、学生や異宗派、百姓や著作家を罵倒し、これに暴力をくわえているのは、彼、労働者自身を、その生活の一歩ごとにあのようにひどく抑圧し、重圧している、まさにその同一の暗黒の勢力であるということを、理解するか、でなければ感じるであろう。だが、それを感じた以上は労働者は、自分でもこれに反応したいという願望、しかもおさえきれない願望をいだくであろう。そのときには彼は、きょうは検閲官にやじをとばし、あすは農民一揆を鎮圧した知事の家のまえでデモをおこない、あさっては異端糾問の仕事をしている法衣を着た憲兵どもに思いしらせる、等々のことをやれるようになろう。われわれは、全面的な、なまなましい暴露を労働者大衆のなかになげこむために、まだきわめてわずかのことしかやっていない。いな、ほとんどなにもやっていない。われわれのあいだには、まだ自分のこういう義務を自覚しないで、工場生活のせまい枠のなかで自然発生的なやり方で、「平凡な日常闘争」のあとを追いかけまわしているものが多い。

また大衆に行動を呼びかけるということについて言えば、これは、精力的な政治的煽動がありさえすれば生きいきとした、あざやかな暴露がありさえすれば、ひとりでに生じることがらである。だれかを現行犯でとっつかまえ、これを即座に万人のまえでまたいたるところで糾弾するということは、それだけでどんな「呼びかけ」よりも有効であり、ときにはだれがいったい群衆に「呼びかけた」のか、まただれがいったいあれこれのデモンストレーションの計画等々を提出したのか、あとになって決めかねるくらいに、その効果は大きい呼びかけ――一般的な意味ではなくて、具体的意味での――は、行動の現場でしかできないことであり、また自分自身、即座にその場へ出ていくものにしかできないことである。だが、われわれの仕事、社会民主主義的評論家の仕事は、政治的暴露と政治的煽動をふかめひろめ強めることである。


政治的暴露とは、言ってみればつるし上げである。中共の文化大革命では、ふんだんにそのつるし上げを私たちは見ることができた。この暴露は革命のさなかにしばしば行われたものだが、革命後にも行われたということは、暴露というものが、マルクシズムの伝統の中にあるからである。

暴露は、多くの効果をもっている。レーニン自らが言うように、暴露は、なまなましいものである。相手が公衆の面前でやりこめられることによって、そこになまなましい痛快さとも残酷味とも言うべきものが凄惨にたちのぼる。大衆は血なまぐさいものに興奮する。可哀想にと言いながら、南無阿弥陀仏と言いながら、処刑場へ赴いて見物する残酷性をもっている。

この残酷劇に大衆を参加させるようにもっていくのが、煽動家の役目となる。「だれかを現行犯でとっつかまえ、これを即座に万人のまえで、またいたるところで糾弾するということは、それだけでどんな『呼びかけ』よりも有効であり、ときにはだれがいったい群衆に『呼びかけた』のか、またださだれがいったいあれこれのデモンストレーションの計画等々を提出したのか、あとになって、決めかねるくらいに、その効果が大きい」とレーニンは言うように、大衆はただの見物人であることをやめて、時には執行者になってしまうのである。

暴露は、大衆の血を呼ぶ

暴露は、大衆の血を呼ぶのである。血を呼ばせる状況をあたえ、つくらせることによって、レーニンは、主義の徹底をはかろうとしている。暴露には、それなりの根拠がなければならない。つるし上げには、根拠がいる。この際、根拠とは、マルクス主義にほかならないわけであり、煽動を徹底させるには、これほど絶好の機会はないわけである。この暴露のたびごとに、その主義主張は、大衆の頭の中に復誦されることになる。

その暴露に参加を欲する大衆は、その思弁と術を学ぼうとさえするだろう。暴露は、マルクス主義の敵を圧伏するばかりでなく、大衆の獲得につながっていたのである。

しかも、この暴露の手段は、知識人の存在を棄てなくてもよいことにつながっていた。党――理論家――宣伝家――煽動家――大衆の一直線の系統が、一応なんの破綻もなくつながっていくことに、この「暴露」の戦術が役立っているように思えるのである。

煽動家は、暴露戦術によって、ねずみ算式に増える

党が、煽動家が、この暴露の手綱をしっかり握ることによって、そこに生じる「なまぐささ」は、計画された「なまぐささ」、冷えた「なまぐささ」になった。

またもう一つ、この暴露の戦術がはたしたと思えることは、派遣された煽動家ばかりでなく、その煽動を受けいれた者さえも、すべて小さな煽動家になっていくというねずみ算式の成果をあげたということであろう。

このような成果の自信の上にたって、レーニンは、口をすっぱくして「われわれの宣伝は全世界

にわたって、いつでも労働者と農民に真実を語ってきたし、また語っているが、他のあらゆる宣伝は、彼らにうそを語っているからである。われわれはわれわれの宣伝をこんどははるかに困難なものへ――仕事場の労働者の日常活動に関係することがらへ、移さなければならない」（第八回全ロシア・ソヴエト大会）と主張できたのである。一九一七年の「ペトログラード組織の集会におけるロシア社会民主労働党第七回全国協議会の結果にかんする報告」でレーニンがつぎのごとく信念をもって告げることのできたのもそういう自信の上に立っている。

> 人民をとびこえるわけにはいかない。少数者が多数者に自分の意志を押しつけることができると考えたのは、空想家、陰謀家だけである。フランスの革命家ブランキはそういうように考えたが、彼はまちがっていた。人民の大多数が、まだ理解していないために、権力をその手ににぎることを望んでいないときには、少数者がどんなに革命的で、賢明であっても、自分の意図を人民の多数者に押しつけることはできない。
>
> 　われわれの行動は、まさにここから生じているのである。
>
> 　われわれボリシェヴィキは、われわれの見解を労働者と農民に辛抱づよく、だが執拗に説明してやらなければならない。われわれ各人は、われわれの活動についてのこれまでの考え方を忘れなければならない。
>
> 　煽動者や宣伝者やものを知っている同志がやってきてなにもかも説明してくれるのを待つというのではなく、各人がこの全部を兼ねる。つまり、煽動者にも、宣伝者にも、わが党の建設者にもならなければならない。
>
> 　こうしてはじめてわれわれは、人民がわれわれの学説を理解し、自分の経験をよく考えるこ

とで、実際に権力を自分の手ににぎるようにさせることができるのである。

ここにレーニンの、言うところのすべての者が、煽動者であり、宣伝者であり建設者であるという発想が示されているわけであるが、説得されえない者にとっては、それはまやかしの甘言とも受けとれるものである。大衆は、つねに建設者でありえないことは、目に見えているからである。しかし宗教の信者のように、マルクシズムを心から信じることができるとしたなら、彼等は、自らも建設者の一人だと思いこむこともできるだろう。

なぜなら彼等は、自らも煽動家の一人であり、宣伝者の一人であると思いこむことができるからである。しかも事実彼等は、煽動家であり、宣伝家の役割を果していたのである。しかし、フィッシャーの説によれば、建設者だと彼が思っていたのではないらしい。「これはあなたの工場、あなたの鉱山、あなたの鉄道です。だからあなたのすべてを捧げなさい、とソヴェトの宣伝は絶え間なく繰り返していた。しかしレーニンは、彼らが所有者であると信じていなかった」。「労働者は、その所有権を国家にあたえている、したがってもはや所有者ではない」と考えていた。

『政治宣伝』(小出峻訳・白水社・一九五七年刊)のジャン・マリー・ドムナックは共産主義の宣伝のありかたとして、不景気になった美容院の例をあげながら、つぎのごとく説明する。

不景気になった美容院

共産主義者の宣伝家は顧客にたいし、美容院がどこもがら空きだとすればそれは世の中の人たちがギリギリの要求をみたすために必要な金をもっていないためだということを造作なくうなずかせることができようし、ひいては俸給生活者全体の給与が不十分であること、給与が不十分だとすれば、それはかれらのふところにはいるべき金が税金をつうじて国家予算の方へそれて行ってしまうためであるし、この予算が北大西洋条約に忠実な政策ゆえにフランスが背負いこまされた軍備にものすごく食われてしまうためであるが、そもそもこの政策たるや国際資本主義の利益擁護のためのものにほかならないのだという考察にみちびいていくことだろう。

ドムナックは、この説明ぶりを「レーニン主義の方法によっておしえこまれた宣伝家が、資本主義体制のひきおこす不正を細大もらさず摘発しながら、部分を全体にむすびつけていくあの系統だった論証」だと皮肉まじりにのべている。この論証は、なにもマルクシズムの宣伝家や煽動家ばかりがするのではなく、共産主義の信奉者の一人一人が、時には宣伝煽動の意識すらなくやってのけるのだ、ということだ。このことが達成されるならば、曖昧なる知識人の存在を否定することもないことに、一応はなったと言える。しかしヒットラーは知識人の利用を考えても、知識人の存在をけっして肯定しなかった。

附録II

ムッソリーニのスキンシップ

「英雄」は、英雄と大衆との共同のでっちあげ作業である

英雄は、英雄のふりをしなければならない。英雄なのだから、英雄のふりをする必要もないようだが、そうはいかない。英雄とは、つねに他者の評価である。評価とは、幻想であるから、もともと英雄でありえない人間が英雄あつかいされるわけであり、しかし、生きた人間を必要とするからその英雄にふりあてられた人は、好むと好まざると、「英雄」に生きなければならない。

ムッソリーニは、この「英雄に生きる」こと、すなわち英雄を演技して生きることを好んだ人である。好まないのに、英雄に祭られ、演技を要求されるのは、一つの悲劇であるが、ムッソリーニには、なにかしら人間くさい喜劇の匂いがするのは、彼がはじめから「英雄」を演じることに積極的であったという事情もからんでいる。

「人類史上しばしば大衆は、英雄を創造し、その創造した英雄に超人的性格を与えなければならないと感じてきた」とローラ・フェルミは、その著『ムッソリーニ』（柴田敏夫訳・紀伊國屋書店・一九六七年刊）の中で言う。「感じてきた」と言っても、大衆の意志というよりも、きわめて官能的要求なわけであり、超人的性格を発揮し、つまり超人を演技できる人間が、その官能的要求を受けとめる力がなければ、「英雄」は、存在しないわけだ。英雄を作るのは、大衆であっても、でっちあげられるべき英雄的素材は、この世にそうはいないということになる。いなければ大衆の官能は渇きつづけることになる。

「ムッソリーニにとって、この英雄の創造とは、英雄たる彼自身とファシスト大衆との共同作業であり、彼ら大衆は、惜しみなく忠誠と愛情を捧げたいとする彼ら自身の神秘的な願望の対象として一人の英雄を求めるのである」と、フェルミは言う。

つまり共同作業であると、英雄の像が、失墜した時、きまって大衆は、彼を悪罵する。共同作業なのだから、いわば共犯関係にあるはずだが、そんなことを忘れて、だまされたとして、その虚飾を剥ぎに剥ぐ。これを、英雄の伝記を描く作家のやり口を観察すると、その英雄演技が万々歳に進行中は、虚飾をべたべたに張りつけるが、演技に失敗した時は、その虚飾をごっそりと剥ぎとるのである。

伝記のむなしさは、ここにある。英雄とは、虚飾なのだから、いまさらその死後、これでもかこれでもかと剥いだところで、それはそうでしょう、そういうこともあったでしょう、というものなのだ。しかし、大衆としては、英雄演技の失敗者として指弾するのだとも言えるし、そのかつての英雄崇拝ぶりも、意識的なふりではなく、ふりをふりとも思わぬふりであったとも言え、そうだとすれば、私はだまされていたと、大声で利己的に言えるものだ、というものであるかもしれない。

ムッソリーニという独裁者は、このあたりのことをよく摑んで、英雄の座に生きていたとも思われる。一九三二年、彼は、ドイツの伝記作家エミール・ルードウィッヒと一問一答したのだが、その中で、彼はこう語っているからである。(『甦るファシズム』中の「ムッソリーニの素顔」永淵一郎訳・経済往来社・一九七四年刊)。

蠟のようにみずからの手にある大衆

大衆が蠟のようにみずからの手にあるとき、みずからが彼らの信仰の灯をかきたてるとき、みずからが彼らと混然と一緒になり彼らにつぶされてしまいそうなとき――私は、彼ら大衆の一部分だということを痛感する。

ここで言っていることは、大衆の一人としてなどという、おためごかしではない。あくまでも、大衆を煽動すべき「蠟」と見なしているのである。すなわち、素材である。「彼らにつぶされてしまいそうなとき」という言葉には、とくに注意したい。素材につぶされると言うのである。大衆を

大衆にとって英雄は、英雄という素材にすぎない

素材として、うまく用いている時、自分が大衆と一体となっていると感じるのは、煽動の極致とも言えるから、不思議ではない。素材たる大衆に圧倒されそうになる時に、自分がつくづく大衆だと痛感するとは、どういうことか。大衆にとって、彼もただの英雄という素材にすぎない、そのことを知らされたということだ。大衆を扱いかねる時は、英雄として拒否されている、ということをムッソリーニは、体感しているのだ。うまくだませと、催促されているわけであり、お前も大衆と同じ人間にすぎないが、大衆になってもらっては困るのであり、もっとうまく英雄を演技しろと催促されているようなものだ、ということを彼はよく知っていた。つづいて、ムッソリーニが述べている左の言葉をきけば、もっとそれは明瞭になる。

しかし、私のなかには、ちょうど彫刻家がそのこねている粘土に感じるような一種の嫌悪感がある。彫刻家は、大理石のかたまりを自分の幻想どおり造れないので、ときどき粉々に打ち砕いてしまう。大衆というなまの素材は、ときに創造者に反逆する！　すべては芸術家の力量次第なのだ。

大衆という素材が、英雄たる創造者に反逆するのは、なぜか。大衆と英雄の共犯の関係からすれば、大衆が英雄の素材であるとするならば、英雄もまた大衆にとって素材にすぎないわけで、しばしば大衆が反逆するのは、その素材をつかいこなしていないからである。英雄が、大衆をだます演技をするのだとすれば、大衆もまただまされる演技をしているのである。「芸術家の力量次第なのだ」というのは、そのことで、演技がへたなら、大衆はついていきようもないのである。「英雄」は、大衆がつけた名称だとすれば、大衆は、権力者がつけた名称であり、この共犯関係が成立しなけれ

大衆にとってもっとも困るのは英雄が大衆になることである

ば、「大衆」も英雄も消滅してしまう。英雄に生きる人間にとって、一番危険なのは、自分が大衆になってしまうことであり、大衆にとっても、それが一番困ることである。ここで、ふたたびフェルミの言葉に戻ると、つぎのようになる。

ムッソリーニの言葉がどうして群衆に魔術的効果を与えたかというと、彼と群衆のいずれもが、こうした魔術的意味を彼の言葉に期待したからであった。したがって、そのことは、あたかも群衆が彼ら自身の意見をムッソリーニに押しつけたかのように思わせたし、また大衆たちがムッソリーニをしっかりつかんで離さず、ムッソリーニの考え方や言葉さえも作ってやり、その狂言的な愛情で彼を駆りたてたように思わせた。大群衆にどう反応を示すかが、彼にとって必要になってきた。そこで彼は、声の調子、身振り、そして眼の表情でそれをあらわした。

彼女の言葉は、ムッソリーニとイタリア大衆との共同犯罪関係を解いてあまりあるが、ヒットラーのナチズムにあっては、この古典的な関係は欠如していた。儀式を重んじ、身ぶりを重んじたことでは同じでも、この共同犯罪の演技関係を、もう一つ大きな輪をかけて冷やかに眺め、そして再演出するナチスの手さばきがあり、そこには、いっさいの人間くささが抜けている。虚飾を剝ぐことは、ヒットラーの場合でも、同じように可能だが、その無意味さは、ムッソリーニの場合と、はるかに次元をこえたところにあり、その答えは、むしろ幻想の大衆を幻想の大衆でさえなくしてしまう「二十世紀の文明」の特質の中に見いださなければならぬしろものである。その特質をヒットラーは見抜いていた。

ヒットラーが、ムッソリーニの宣伝術を盗みとったのは事実である。だがムッソリーニが「ファ

英雄演技——ムッソリーニの宣伝的限界——

ムッソリーニはプロパガンダの魔法によって、自らを英雄に祭りあげるのに成功したともいえるが、人間くさすぎるところが、彼の限界でもあった。英雄人間にはなっても英雄神にはならなかった。ヒットラーはスキンシップの神だったが、ムッソリーニはスキンシップの英雄にすぎなかった。ムッソリーニは、「小麦戦争」という政策を打ち出した時、彼自ら農場へ出むき労働に従事した。自分の肉体に自信のあったムッソリーニは、上半身裸になって働いたりした。このようなスキンシップは、人気は生んでも、自らを神格化することからはずれていくので、いずれ反動がやってくる。

ムッソリーニは、どんどん大衆の中に入っていった。自らの肉体の魅力を見せびらかした。ヒットラーは、大衆の歓呼の中を車でよく疾駆したが、まさに風のごとくであり、自らの肉体を長時間さらしたりしなかった。大衆の前に姿を現わす時でも、自らをグラフィック化し、同時に大衆をもグラフィック化しつくした。

黒シャツ青年党の行進

古代戦斧少女団（八歳—十七歳）の行進

ムッソリーニも、ナチスと同様に、少年少女を組織し、女性もファシストに仕立てた。ナチスは十歳以上を組織したが、ムッソリーニは、わずか六歳で入団させている。

ナチスの制服の魅力は、ドイツの精巧な機械のような、メタリックな冷たさにあるが、黒シャツ党の場合、きわめてファッショナブルである。総じて人間くさく、女性ファシストの制服などは、むんむんと色気のほとばしるようなデザインである。この人間くささは持続性に乏しく、倦きやすい欠点をもっている。

六歳になると狼幼年団に入団。

ローマ式敬礼をもって閲兵する得意満面のムッソリーニ

ムッソリーニのミュンヘン訪問

ムッソリーニは、ヒットラーを見くびっていた。俺の模倣者、ヘボな猿真似役者として見くびっていた。

事実、ヒットラーは、ムッソリーニから多くのものを盗んだが、完全に消化して、彼独自の近代的な宣伝体系を完成させつつあった。ムッソリーニが、一九三七年ドイツを訪問した時ヒットラーは圧倒的な軍事力を見せつけるとともに、大スペクタクルの式典をもって彼を歓迎した。

ムッソリーニは大いにあせった。

古代ローマ衣裳で歓迎。ムッソリーニは、うまくいかんなという顔。

ファシスト青年党の集団体操。ヒットラー歓迎のデモである。夜の効果を狙った。

ヒットラーのローマ訪問

ムッソリーニは、大いにあせった。ムッソリーニは、翌一九三八年、ローマにヒットラーを迎えた。鉄路の沿線から見える家々に水漆喰で塗装するように命じたり、大デモンストレーションの用意をととのえ、俺が先輩だというところを見せようとした。

そもそも、イタリアの国民は、この訪問に乗ってこなかった。それまで、ドイツの悪口ばかり言っていたのだから、急に歓迎しろと言ってもむりであった。写真を見ると、訪問先のドイツでも、国内でも、ともにムッソリーニは、憂かぬ顔をしていて、虚勢だけが目立ち、ヒットラーのほうが、余裕に満ちている。

ヒットラーの幹部とムッソリーニのお偉方とを交互に立たせている。ナポリでイタリア海軍は大観艦式をくりひろげた。

ヴァチカンの高僧も演技過剰であった

ムッソリーニは、ローマカソリックに不信の念をいだいていた。ついに一九二九年、ヴァチカンと手を結んだが、聖ピエトロ大寺院内の墓の前でひざまずかねばならなくなった時は、カメラマンを追い払ったという。

どうやら演技過剰は、ムッソリーニだけの個人性ではないらしい。イタリア人の特性であり、ヴァチカンの坊主たちでさえも、かなりオーヴァなしぐさをすることが、写真をみるとわかる。わざわざマンガにしなくても、マンガ的な表情の豊かさをもっている。このかけがえのない「人間くささ」こそイタリアの衰退につながっている。

熱狂にかりたてる装置＝ローマ式敬礼。歌と儀式。記念祭

シズムの教義ややり方を模倣する軽輩」と高を括っているうちに、自らがヒットラーの真似をしなければならなくなったし、それはかたちだけで、ヒットラーの宣伝は、もっとその先を進んでいて、ムッソリーニの追いつかぬところへまで行ってしまっていたことに気がつかなかった。

ルードウィッヒが、大衆を動かすにあたっての象徴的アクションの数々について質問した時、「そんなことはみんなショー的なものだ。音楽と女性は、群衆をうっとりさせ、ひときわ柔げてくれている。ローマ式敬礼、歌と儀式、記念祭といったものは、すべて運動を推進する根源だし、熱狂にかり立てる装置なのだ。古代ローマだって同じだった」とムッソリーニは、「熱狂にかり立てる装置」説を述べたてているのだが、彼はこの「装置」の仕立て人として、全きに冷静であったわけでなく、友人のニコラ・ポンバッチにつぎのような告白をしたりしていた。（『黒シャツの独裁者』クリストファー・ヒッバート・加藤俊平訳・サンケイ新聞出版局・一九七三年刊）。「ヒトラー・ドイツは、ファシストであった。大集会、目のくらむような行進、活力と、軍事的栄光の叙事詩的な雰囲気。これらはすべて、わたしを盲目にした。わたしはそれをみとめざるをえない。わたしはまた神秘的で、英雄的な生活や、征服、栄光を愛した」。

この言葉は、一九三七年、ミュンヘンを訪問した時の、ナチスの宣伝舞台装置への驚嘆を言っている。もともとムッソリーニには、この装置を利用する感覚は、ヒットラーを先駆していたのだが、ドイツ訪問によって、後輩に抜かれていることを思い知らされたのである。だが、ムッソリーニは、この装置の彼方にあるものを、理解できなかった。装置の外観のみに圧倒された。

ムッソリーニの装置は、大衆の眼を晦ますばかりでなく、自らもその装置の力に酔うことにある。「神秘的で、英雄的な生活や、征服、栄光を愛した」という率直な告白は、その酔う力を証左している。

ムッソリーニの大衆＝大衆と共犯的に同化する

もちろん、この装置の主宰者なのだから、醒めたところがあるのだが、しかしこの装置をもっともよく運転するには、自らも大衆と一体になったほうがよいという古典的な発想がムッソリーニにはある。自分が酔わなければ、大衆も酔わないという論法であり、酔ったふりは、すぐに見破られるものだが、彼には、物の中へ同化する才能があり、この資質こそ「神秘的で、英雄的な生活や、征服、栄光を愛する」ことにつながる。

ヒットラーの大衆＝共犯を思わせて大衆を疎外する

これは、彼の限界であった。ヒットラーやゲッベルスは、けっして同化しなかった。彼等も酔ったが、ほとんど同時に醒めてもいた。もし大衆を前に同化したように見えても、けっして見抜かれないような同化の仮面をかぶるだけで、つねに醒めていた。よりよく醒めるために、酔うというところがあった。その振りに酔って大衆は共犯意識で行動するが、彼等は大衆を疎外していた。ムッソリーニは、おそらく、酔ったあとその同化の余韻から、しばらくは抜けられなかったであろう。彼は、あくまでも英雄を演技していたのだからだ。

ナチスの装置は、人々を興奮させたあと、ことごとく機械人間にしてしまう。ムッソリーニの場合は、熱狂させるが、醒めたあとは、やはりなまなましい人間は残りつづける。あくまでもその装置は大衆と共犯のものだったからである。

ムッソリーニのスキンシップ

ムッソリーニは、あまりにも人間くさすぎるのである。ポンティーネ沼沢地での演説の写真が残っている（一九三八年）。なんとこの写真は、上半身裸である。

人間くさい宣伝の限界

いくら演説がたくみであっても、そのうちだすものがあって、はじめて英雄を演技することができる。彼は、つぎつぎと政策をうちだした。それ故、国内でたとえば、一九二五年の「小麦戦争」がそれである。イタリアは、小麦の不足を外国から補っていた。その増産をはかったのだが、ムッソリーニは、これを「戦争」と呼んだ。その政策には、つねに大仕掛けな宣伝を伴わせ、小麦耕作の優秀者には古代ローマの香りをつけて「小麦のヴェリーテス（野装歩兵隊）」と呼んで表彰した。そして得意のスキン・シップをもって大衆に接近し、かつ演技した。フェルミの説明を引けば、こうである。

ときどきムッソリーニは政務の合間をみて脱け出し、ロマーニャやローマ近郊の農民の仲間入りをし、小麦の播種、収穫、脱穀の手助けをした。そして帰りには作男としての賃金を受け取ったといわれている。……

容赦なく照りつける太陽の下でつばの広い帽子をかぶり、褐色の胸を露わにして、金色の穂波に埋もれて金色の小麦をさばいている彼を写した写真が幾枚かある。また、黒いトルコ帽子をかぶり、地に引きずるような長い黒い制服を着て、ぎこちない手つきで種子を蒔いている。何かしっくりしない写真もある。そのムッソリーニのうしろでは、ファシストの制服に身を固めた大勢の男が熊手で掻いており、またそのうしろでは、顔の長い、本当の農民たちが面白くもなさそうな顔をして眺めている。

ムッソリーニのケレンというより、むしろここには、彼の神話づくりの自らの肉体への過信を見るべきだろう。彼は、過去の自分の貧乏を語り、労働者であったことを自慢にし、先祖は百姓であったことを、好んで強調した。一つの出世譚になるばかりでなく、大衆が親密な感情を抱くことを、彼は見抜いていたからである。

古くさいながら、永遠の効果をもつ手段であり、これは、まあ、よい。ヒットラーも、ムッソリーニを真似て、しきりと強調したこともあった。観念よりも行動を！と言ったのも、彼であり、追

裸になって畑の中に飛びこむわが肉体を過信するムッソリーニの神話操作術

従してヒットラーもそう語ったのは同じであったが、自分の肉体に自信のあるムッソリーニは、実際に裸となって、畑の中に飛びこむのである。青白いヒットラーは、口でしか言わなかった。

あきらかに神話操作なのだが、彼の肉体への自信の部分だけ、演技から逸脱して、人間くさくはみでていて、非常に危険なものを感じるのである。危険というのは、操作からはみでるということにたいしてである。もちろん、一日中労働するというのではなく、短時間であったろうが、操作本位に言えば、写真をとる間だけの労働でよかったはずである。フェルミが観察するように、うさんくさく農民がみているような、あやういインチキな手つきであったにしろ、彼は自分の肉体=労働力を誇示する部分だけ、宣伝の立場からすれば、過剰であったと言えるのだ。たとえ三分の一もの増収を見たにしてもだ。

ポンティーネ沼沢地での写真に戻ろう。古代ローマ以来、なんども統治者が埋立てを試みて成功しなかったローマ近郊の沼沢地を緑にかえるという国土開発計画は、十五年かけて成功し、その間、失業対策にもなったという成果をあげている。われわれの好む戦争とは、このような戦争であると、一九三二年、この地に新都市リットリアが生まれた時、鼻高々に宣言したものだが、たしかにムッソリーニの声名をあげるにふさわしい大事業であった。

この沼沢地での写真が、一九三八年だとすれば、彼は五十五才にはなっているはずで、得意の筋肉にも弛みが生まれているころだが、写真で見るかぎり、一応、胸はうず高く盛りあがり、腕の筋肉も張っているかに見える。彼は、積みあげられた牧草の上に梯子をかけて昇り、白いスラックスに白い靴をはき、つるつる頭に上半身は裸体といういでたちで、ぐっと胸をそらし、頭を上げて顎を前につきだす、という例のポーズで演説している。

乾し草のまわりの群衆は、太陽のせいか、まぶしげな視線で見上げているが、一九三八年という

肉体を謳歌しても、自ら立派な肉体をもつ必要はない

ムッソリーニはナチスの宣伝をスケールにおいて負けたとしか考えられなかった

ムッソリーニを歓迎するナチスの宣伝

時点のせいか、感激の色はなく、いぶかしげな表情にさえ思われる。すでに、裸体を曝して、国民の中へ入っていくという演技は、同じスキンシップでも、他の方法を用いてもよかったであろうに、あえて続けている風にも思え、それは一九三七年のドイツ訪問以来のヒットラーへのあせる対抗心をまざまざと見るようでもある。

肉体の謳歌は、ナチズムもやったことであるが、統領たるムッソリーニそのものが率先して示すべきかどうかは、疑問であり、彼の政治宣伝の限界だったと言ってよい。国民へ向けて肉体を謳歌したヒットラーもゲッベルスも、ぎすぎすに痩せるか、ぶよぶよに太るかしていて、自らの肉体をもって範とする発想をもたなかった。肉体で迫ったものは、個人的に衰えという時間で裏切られるばかりでなく、大衆にも裏切られるのである。そこには、演技のずれが生じるからだ。ヒットラーは頬紅を塗っているとムッソリーニは嘲笑したことがあるが、むしろ政治宣伝にあっては、このていどのことこそ真似すべきで、自らの肉体を曝す宣伝は、古い。

彼は、自分の人くさい英雄演技によって、宣伝操作はしたが、複製技術などによって操作することを嫌い、自らの肉体によってたしかめたい誘惑に勝てなかった。それは、そのままイタリア・ファシズムの特長をなすとともに、その限界となる。ナチスは、制服ひとつにしても、儀式にしても、公共事業による失業対策にしても、ムッソリーニ方式に範を仰いでいながら、それをはるかに凌駕し、次元と質を変えていた。ムッソリーニは、それを規模の大きさに負けたとしか見抜けずに、先輩としてあせったのである。

フェルミは、一九三七年、ドゥーチェ・ムッソリーニが、ミュンヘンを訪れた時の歓迎と、その翌年、ヒットラーがイタリアを訪れた時の歓迎をともに活写している。その違いを見るのに、都合がよい。まず、ムッソリーニのドイツ訪問の例を見る。

軍事力を見せつける

ヒトラーは駅まで出迎えて、ムッソリーニと握手をかわし、両側にローマ皇帝の胸像が立ちならぶ道路を通って、大群衆のひしめく広場に案内した。広場の中央に立てられた円柱のてっぺんには巨大なM字がかざられ、ヒトラー親衛隊は両独裁者の面前を行進した。彼らがはじめて言葉をかわしたとき、ドゥーチェは、彼自身保持していた称号〈ファシスト義勇軍名誉伍長〉にフューラーを任じた。……

翌日、ムッソリーニ一行は、メクレンブルクで行なわれた陸軍演習を観察し、ここで新型の砲その他の兵器や航空機などドイツの軍事力を目のあたりにみせつけられた。九月二十七日にはエッセンのクルップ鉄工場を訪問し、ムッソリーニは各種の砲の莫大な生産量に眼をみはった。一行は、夕刻ベルリンに到着した。駅に入る前十五分ほどムッソリーニの列車とヒトラーのそれは、機関車をならべ並行して同じ速力で進んだ。……

（ベルリンでは）独伊の国旗が屋根から歩道までひるがえり束桿斧《ファッショ》の標式とローマの金色のわしが夜空にきらめき、道路の両側につめかけた群衆は声を限りに歓呼してイタリアの独裁者を迎えた。二人が同乗した車中でムッソリーニが、群衆を前にして立ちあがると、あらかじめ十分に準備された大喝采が起った。客人がこの光栄を満喫できるように気をつかったフューラーは、やや身をそらせて腰かけていた。……

翌日の午後……群衆を前に二人が演説したときであった。降りしきる雨の中で式典は行なわれた。……ムッソリーニが演台にのぼって、まさに口を開こうとすると、群衆はいっせいにローマ風に腕を差しのべて敬礼した。

これらを読むと、ナチスの歓迎のメニュは、完全にムッソリーニを幻惑するような示威に充ちて

歓迎の方法を見せつける

いたことがわかる。ムッソリーニという人間の資料が、ほとんど完璧なまでにコンピューターにいれられて、その性格がはじかれているのを感じる。帰国後、まもなくイタリアは国際連盟を脱退する。それは、ドイツと手を結ばねばならぬ、という脅迫感もあったが、イタリア人への彼のかずかずの不満がもとにもなっていた。イタリアを強くせねばならぬと。

握手の廃止、ローマ式敬礼の命令、ナチス・グース・ステップスとほとんど同じな「ローマ式歩調」と呼ぶ歩調の採用。一九三八年二月一日の国防義勇軍創設十五周年記念日に行われたエチオピア遠征から凱旋した義勇軍の分列式で、はじめて「ローマ式歩調」が採用された。彼はその閲兵の演説でこう叫んでいる。(『ムッソリーニ全集』第八巻・下位春吉訳・改造社・一九四一年刊)

ムッソリーニのローマ式歩調論

…………(略)

義勇軍の将兵よ。

間もなく、僅か数日の訓練を経て、諸君の諸旅団中の十一ヶ旅団は、分列行進の新なるローマ式歩調を以て、勝利の大道指して分列行進をなすであらう。

若干の形に現はれたる例外は暫く措くとも、分列行進の歩調は、ファッショ・リットリオを戴く熱誠溢るる若き時代人の力と意志と精氣との象徴である。

これこそ、困難且つ辛苦の様式を有する歩調であり、準備と訓練を必要とする歩調である。我等が之を欲する所似は實に茲にある。

これこそ、不精者の、出っ腹の血のめぐりの悪い、所謂「半薬莢」の輩が、到底成し得ざる歩調である。この故に我等の好む所である。

我等の仇敵どもは、分列行進の歩調が、コチコチの軍国主義精神の最も自然なる表現である……と宣うてゐる。それを我等は幸福とする。
この故に、我等はこの歩調を採用したのである。時を経ずして、我等はこれを完璧なるものに造り上げるであらう。何となればイタリア国民は、一たび欲すれば、何事をも成し得るからだ。
………（略）
判ったか、諸君？
（全部隊の将士は異口同音に「然り」と絶叫して之に応える）全部隊！　国王陛下に対し奉り……敬禮！

ヒットラーを歓迎するムッソリーニの宣伝術

この演説に見られるのは、性急にして、ヒステリックなまでのムッソリーニの姿である。軍備においても、その訓練においても、イタリアは弱体であったのであり、いまさら「ローマ式歩調」で精神をひきしめてみたところで、どうにもならなかったのだが、ドイツ訪問で受けた焦慮は、このような糊塗策でとどまらず、戦争へと深いりしていくのである。元首をどう迎えるかは、たった一人の人間を迎えるにしても、いかに宣伝的効果をもたらすものであるかを示したのである。

翌年こんどは、イタリアへヒットラーを迎えることになったのだが、ムッソリーニは、どのようにメニュしたか。フェルミの著書によって見てみよう。

街の家の壁は「列車から見渡せる限りすべて水漆喰で塗装」

ブレンネル峠からナポリに通ずる鉄道沿線の家という家は、列車から見渡せる限りすべて水漆喰で塗装され、その上にファシストのスローガンと歓迎の言葉がくっきりと黒い文字で書かれた。……

駅の周辺には青々とした木々と草花が植えられた。賓客を迎えるためローマには駅が新築された。ローマ、フィレンツェ、ナポリでは、照明が強化され、商店の正面は近代的に改装され、束桿斧やかぎ十字章の入った旗がたくさん作られ、大通りと広場を飾った。海軍と空軍は、大規模なデモンストレーションの用意をととのえ、義勇軍と青年団は訓練に励んだ。……

フューラーの一行は、五月三日ローマに到着した。四台の特別列車はいっぱいであった。……ローマ市民の歓迎の気持はなかなか盛り上らなかった。どちらかといえば、敵意ともいえる冷たい気持でドイツ人を迎えた。……

ヒトラーは、ローマからナポリに向かい、ここでイタリア艦隊を観て深く感動した。巡洋艦と戦艦が完璧な編成で出港し、各艦が玉座を過ぎるつど、乗組員は高らかにひびき渡る声で、「国王万歳」といっせいに唱えた。潜水艦は、子いるかのように、水面に顔を出しては、またもぐった。砲声がとどろき、艦隊の頭上、紺碧の空には航空機が低いうなり声をあげて飛んだ。……

旅程の最後はフィレンツェであった。かつての失意の画家は、気乗りのしないブレッダピオの鍛冶屋の息子を促して画廊を巡り、数々の名作を鑑賞した。画廊巡りに熱中したことなど一度もなかったドゥーチェは、うんざりした顔でフューラーの後について回ったが、画を見るのは退屈だと、あとで人に洩らしたという。

ほとんど、ムッソリーニは、ヒットラーの歓迎宣伝に対抗しがたかったことがわかる。「列車から見渡せる限りすべて水漆喰で塗装」するというのも、稚拙にすぎるレイアウトだし、「潜水艦は、子いるかの群れのように、水面に顔を出しては、またもぐった」というのも、愛敬にすぎる。二人の元首をのせた特別列車がホームへ二列で入るナチスの演出にはかなわない。ムッソリーニらしいと言えば言えるにしろ、スケールと技術においてもヒットラーの歓迎の巧みさには、抗しがたく、やたら人間たっぷりになるだけであった。ローマの市民が湧かなかったのも、むしろこれまでムッソリーニがナチスを無視してきたそのたたりでもあった。イタリア国民のドイツへの反感は、ムッソリーニがそのように仕向けてきたからだとも言え、「人類史上もっとも光輝ある土地」であるとヒットラーにかえって助け舟をだされる始末であった。

そもそも、イタリアの大衆は、ムッソリーニとの間のスキンシップを主体にした、「英雄と大衆」という共犯共同の関係の中で成立していたのだから、とつぜん彼がナチスのヒットラーを歓迎しろと言われても、「ドゥーチェのために」そうするかと、あっさり気分転換するわけにはいかなかった。

このころのナチスの力からすれば、イタリアの軍事力などは、見ぬ前から見通しであったろうから、イタリア艦隊の編成を見て、ヒットラーが唸ったとしても、あくまでお世辞であって、フェルミの言うように「深く感動」したとは言えない。四倍以上の随行員を伴ってイタリアへやってきたヒットラーは、まさに観光の気分であり、悠々と画廊めぐりなどをして、ムッソリーニをくさらせるのである。むしろムッソリーニは、このはかばかしくいかない歓迎によって、ヒットラーへの従属関係を決定づけたとも言えるほどである。いっさいの示威の効果をもたなかった。

たとえ、ムッソリーニが、ヒットラーに匹敵するデモンストレーションを打てたとしても、それはあくまでもムッソリーニと大衆との相互関係の上に立つ古典的な煽動の成果にすぎない。ナチスは、一見そのような関係に見せかけながらも、実際は、ヒットラーと大衆の関係は、一方的なものになっていた。熱狂する大衆は、人形化され、一方的な素材になっていることに気づかなかった。見かけの壮大に酔ったムッソリーニは、このナチスの宣伝の内質に気づくはずもなかった。

「余は自分のために何も求めない」

「余は自分のために何も求めない。家族のためにも何も求めない。富も、名誉も、感謝状も、余を飾らうとする賛成の決議も求めない。余の目的は単純である。余はイタリーを偉大ならしめ、尊敬され、恐れられるやうにしたい」と『ムッソリーニ自叙傳』（木村毅訳・非凡閣・一九三七年刊）の中で述べている。

この自叙伝は、いかがわしいところが、ずいぶんとあることは、すでに知られているが、彼の売り物にした人間臭は、それでもなおたっぷり残っている。この何もいらないという彼の言葉も、赤子のごとき支配欲が彼にあったから、それこそが彼の求めていたもののすべてであり、他はなにもいらなかったとも言える。だが、彼がストイックな私生活を送っていたことは、たしかであり、イタリアをかつてのローマ帝国のように強国にしようとしたのも、事実であっただろう。いにしえのローマ帝国を意識するかぎり、いくら「小麦戦争」のごときが「余の戦争である」と言っても、いずれ領土戦争に向わざるをえなかっただろう。「英雄」の演技をなおも持続させていくには、あとは戦争しかなかったとも言える。

「ローマ帝国再興」という幻想

かつて、一九二五年の下院にて、ムッソリーニはつぎのような演説をしたことがあった。「もし、すべての暴力が、歴史的、政治的、精神的に決定された風土の結果であったとしたら、その責任は余にある。なぜなら、この歴史的、政治的、精神的風土なるものは、余が介入して以来今日まで、もっぱらプロパガンダ（宣伝）によって作り上げたものだからである」（『甦るファシズム』）。ここで、彼は、歴史も政治も精神も、幻想にすぎないということを述べてしまっている。それらは、プロパガンダが作りだした幻想だからというわけだが、ということは、即ちそのプロパガンダも幻想であり、それを用いるムッソリーニも、煽動される大衆も、幻想であるという直観に立っている。

イタリアの大衆は、「ローマ帝国再興」という幻想に酔い、ムッソリーニも、またその幻想に酔い、

ムッソリーニは大衆の幻想の中に酔い、大衆もまたムッソリーニの幻想の中に酔う

かつ煽ったのである。ムッソリーニは、大衆の幻想の中に酔い、大衆もまたムッソリーニの幻想の中に酔ったのである。それ故にこそ大衆側から言えば、ムッソリーニは、よい英雄の素材だったと言えるのだ。だが、この幻想ごっこは、独裁者ムッソリーニをして、あくまでも大衆の中に片足をいれさせておくのであり、その狂った分だけ、イタリア・ファシズムを滅亡へと導いていくのである。

ルードウィッヒにむかって、ムッソリーニは、こんなことも語っている。「言葉の力は、政治家にとって無限の価値だ。しかし絶えずトーンを変えなくてはならない。大衆に対しては〝力強く〟集会においては〝論理的に〟小さな集りでは〝親しく〟話すんだ」。この演説のコツは、あまりにも人間くさく、大衆の段階的レベルを自ら作り、その中に自分を近寄らせすぎている。このコツは、ほとんど大衆の皮膚とすりあわせすぎている。彼の得意とした演説をここでもう一度吟味しておく価値がある。一九三六年、イルピニア地方で陸軍大演習が行われたが、八月三十日、アベルリーノに参集した陸軍の全部隊と住民に向って行った演説である（前掲『ムッソリーニ全集』第八巻）。これはラジオで放送された。

将校よ！
下士官よ！
伍長及び兵士よ！
イルピニヤの黒シャツ及び住民よ！
予の言を傾聴せよ。予は諸君に告げ、同時に全イタリア国民に告ぐる。
ファッショ紀元第十四年度の大演説は終りを告げた。

群衆は之に答へて、一斉に「シ！　シ！」（然り、然り）と絶叫する

バルコニーと演説

……（略）

黒シャツよ！

去ンぬる大演説から、今にして十二ケ月の時が経過した。僅かに十二ケ月、しかしいかに多くの事件、いかに伸展せる歴史の十二ケ月であった事よ！　最近の十二ケ月が出来事に富み、今日において明確にその結果を感ぜしむる如く、歳月を經るに従って、ますます之を感得せしめるであらう。

この報告を終るに先立って、予は諸君に問ふ。古き支拂勘定は、悉く決濟せられたか。

群衆は之に答へて、一斉に「シ！　シ！」（然り、然り）と絶叫する。

まだある。今日までは、我等は「一直線に邁進」してきたか。

群衆は再び声を合せて、「シ！　シ！」（然り、然り）と答へる。

よし、然らば予は諸君に告げ、諸君に誓ふ。なほ一直線に邁進しよう、明日も、否、永久に！

演説内容は、いたって空虚であるが、ここには独特の形式が編みだされているのに気づくであろう。それは、対話の形式である。これは、もちろんムッソリーニの考案になるものではない。彼が、ローマ進軍をなす前の最大のライバル――それはムッソリーニだけがそう思いこんでいる一方的ライバルなのだが――であった詩人ダヌンツィオの編みだしたものであった。

この行動の文学者は、軍をひきつれフューメを占領したことがある。彼は、バルコニーに立って、下の群衆に向って演説した際、この対話体の演説でもって煽った。ダヌンツィオの呼びかけにたいし、「エヤーエヤーアララ」と群衆は答えかえしたらしいのだが、これは、共犯の煽動形式であり、用意された返答であるにしろ、英雄と大衆との間に一体感を生ませるのに効力がある。ムッソリーニは、バルコニーから演説する形式とともに、模倣したのである。

ムッソリーニは、この一体感の魅惑からついぞ脱けだすことができなかった。一体感とは、いわば交合であり、官能に属する。大衆は、烏合の衆であるとか、ヒットラーを真似て、大衆とは女であると言ったりしながら、自らも烏となり女となることから、叛き返ることができなかった。

一九二五年から六年にかけて四度、ムッソリーニに、暗殺が企てられた。四度目は、ファシストのお膳立てくさいと言われているが、フェルミは、つぎのようにその場面を描写している。

突然ピストルの銃声が疾走する車の上の空気をつんざいた。座席の上に直立したムッソリーニは、自分の手をまず自分の頭に、次に頸にもっていった。だが彼は負傷していなかった。ほんのしばらく停車すると、「命中しなかったぞ!」と彼は大声で叫んだ。そして車が走りはじめると——当日の記録によると——彼は穏やかさと、微笑をとり戻した。

「命中しなかったぞ!」の肉体の神話

ここに、一つの「神話」づくりを見る。それは、肉体を張った神話づくりである。偶然の事件を神話化するのではなく、最初からつくりあげた神話なのだが、そこには、肉体が賭けられており、暗殺未遂をさえ身をもって彼は演技しているのである。

この肉体自慢のムッソリーニは、健康が悪いという評判が立つと、新聞記者やカメラマンを呼びよせて、その強健を見せつけたと言われる。ルッジェロ・ザングランディの『長い旅』(上村忠男訳・サイマル出版会・一九七三年刊)は、ファシスト少年から、そのむなしいからくりを知った政治的失恋が反ファシズム運動へ変っていく青年たちの姿を記したものだが、著者は青年のころ、その息子ヴィットリオ・ムッソリーニと友だちであり、二人で大学の資格試験の準備中のコッテージで、ムッソリーニを見ているが、その話は興味深い。

総統はかなづちであった。その代わりひじょうによく走った。水を浴びた後はたいてい素晴らしい跳躍力を示して海岸線をひと走りするのである。……ヴィットリオも私も走るほうはあまり得手ではなかったものだから、総統が走るときには具合が悪かった。ともあれ、走り終ると総統は一時間たっぷり太陽のもとで身体を焼いた。

これは一九三五年のことだが、ザングランディはこれを見て失望したらしい。だが、ここには、肉体（大衆）を信じたムッソリーニの走る姿が、裏のエピソードをこえて、なまなましいまでにあるのを見ないわけにはいかない。これは、愛人ペタッチとともに処刑されて、群衆によってロレート広場にあるガソリンスタンドの鉄の梁に、逆さ吊りされる運命につながる肉体でもあった。

跋章　知識と官能の無力

『スターウォーズ』という前宣伝の華々しかった映画を見た。超満員かと思って入ったが、案外、空席は目立った。

現代人は、宣伝には、相当にすれっからしになっているな、と思った。理屈抜きに面白いという前評判がたっていた。この「理屈抜き」は、宣伝の決り文句のようでいて、すこし綾がある。それは、ひところの騒がしかった理屈時代の反動の言葉で、他愛なく楽しがることを好む風潮に乗じているからである。

ところが、『スターウォーズ』は、「理屈抜き」で見ると、どうも物足りなかったのである。「スペースオペラ」では、どうも映画を見ている満足感をえられなかったのではないか、と思える。

空席が目立ったのは、宣伝過剰にへきえきして敬遠したというよりも、一度見たものたちの口こみ宣伝が、悪い目にでて、人々を尻込みさせたのではないだろうか。意外につまらぬぞという口こみである。『未知との遭遇』には、戦慄があった。『スターウォーズ』は、他愛なく楽しむものでよいにしても、あまりにも玩具的であった。現代人は、他愛ない中に、もうすこし現実感がほしかったのではないか。

現代人は、宣伝にすれっからしだというのは、宣伝の口車へ本当に乗じたり、宣伝の口車に乗ったと見せかけて実は拒否したり、下手な宣伝だといっさい無視したりするそういうテクニックを日常のものとしつつあるように思えるからである。

日常のファシズムが、資本主義社会に進行しているというのは、常識になっているが、これだけしたたかであれば十分、と安心することはできない。

『スターウォーズ』は、私に言わせれば、理屈をつけて見なければ、どうにもならぬ映画に思えたからである。

このスペースオペラの道具立ては、すべてパロディになっている。パロディは、前承知で動くシビアな世界だから、なんのパロディかがわからなければ、その楽しさは減じる。パロディは、記号の美学だから、その発せられた信号を傍受できなかったら、なにがなにやらわからないということになる。『スターウォーズ』は、このパロディ記号の集積でできあがったモザイクであり、わかった分だけ喜びは増えるが、わからなくても、まあ楽しめるような作りになっている。他愛ないといっても、きわめてソフィスティケートな映画であったとも言えるのだ。ソフィスティケーションは、日本人のもっとも苦手とするところであり、満員になるはずもない。

うがちすぎだよと友人に言われたのだが、私はそのパロディ記号を解読しながら、ああ、つまらない、ツマラナイと呟きつづけているうちに、ふと合点したのは、これは、日本人とドイツ人が、ふたたび世界のイケニエになることを暗示しているのではないか、ということである。道具立てに、あまりにも日本とナチスを指示しているものが多いからであった。

これは、深読み乞食と呼ばれても、しかたのないような作業であり、理屈にすぎるともいえるが、こうでもしなければ、じっと見てなどいられなかったというより、やはり、かなりおそるべき信号を送っているのである。もちろん、製作者たちには、その意図が露骨にあったとは思えない。日本人が他愛なく他人ごとのように楽しんだ『猿の惑星』が、黄色人種の日本人に世界が征服された場合を想定していたというのにくらべれば、『スターウォーズ』はほとんど意識されてなかったと思われるが、そのパロディ記号の数々を集合し、それをストーリーに照合させる時、アメリカおよびヨーロッパ人の意識の底が見えてくる。つまり、日本人やドイツ人への意識が多すぎることが気になってくる。このスペースオペラは空想奔放のようにみえて現実そのもの、製作者本人さえ知らない本音が覗いてしまっている世界である。無意識はこわい。

私は、アメリカを旅行した時、すれちがう彼等の目が、「ジャップ!」と呼んでいるようにきこえてしかたがなかった。日本人とすれちがう時、こんどは私自身「ジャップ!」と呟いていた。その声の集合が、この映画の道具立ての背後にうごめいている。世界がいよいよ匹塞した時、ふたたび日本とドイツがスケープゴートになるようなところまで追いこまれる気がする。

日本人は、『スターウォーズ』の宣伝にのらなかったし、観たものは観たもので、他愛なく処理してしまったらしく見えるが、これでは、宣伝にすれっからしになっているといっても、まだまだ腹背を衝かれる可能性がある。宣伝が、生活の栄養になるのは、すれっからしが、うまく事を運んでいる時だけで、いつでも足をさらわれればひっくりがえる綱渡りである。

宣伝的人間像の点検として、第一巻でゲッベルスを、第二巻でヒットラーを中心にまとめたが、その際、彼等の著作の読書記のスタイルをとったのは、日本人としてどう反応したか、それにわが身を供するということもあったが、ほとんど、人々はそれらの飜訳書を読まないであろうということも念頭にあった。

ヒットラーの『わが闘争』は今も邦訳があり文庫本にもはいっているが、その最後までを読みきった人はいったい、どれだけいるだろうか。いずれも版を重ねているが、たとえ購入したとしても、読みきった人はどれだけいるだろうか。

その理解のしかたまでは問わないまでも、まず、読みきった人はいないだろう。せいぜい史家や評論家やごく一部のインテリにとどまる。

こんなことは、当時のドイツでも同じで、とつぜん大部数が売れだした政権獲得以後でも同じことである。ナチスの幹部でさえ読みきった人は、ほとんどいなかった。それは、それでよかったのだ。ヒットラーにとっては、それでよかった。しかし印税がヒットラーにはいったから、売れれば読んでくれなくてもよい、というのではない。

ヒットラーは、『わが闘争』という本そのものをナチスの聖書のように人が手にもち、家の書棚に飾りおくことに、意義を感じていたのである。本の内容を大衆がどう理解するかなど、どうでもよかった。「本」そのものに宣伝の意義を見出していたのである。

第二次世界大戦以後、三十数年、その間ヒットラーに匹敵する宣伝政治家は、ケネディと毛沢東である。この二人は、ヒットラーの子だといってよい。ケネディは、テレビ時代の新しい宣伝政治家だったが、毛沢東は大衆にテレビをあたえなかった。というよりその体制と政策からして、テレビを利用しえなかった、ということだが、彼は『毛沢東語録』を大衆にもたせた。

この『毛沢東語録』は、ヒットラーの『わが闘争』に匹敵する聖書である。手にもたせることに宣伝的意義を感じていたことでは二人は同じだが、ヒットラーは、その内容が大衆に理解されることをいっさい期待しなかったのにたいし、毛沢東は、暗誦を強要している。

語録というのは、毛沢東の著作の節録をこえて、むしろスローガン化し、そのスローガンの数々を集めて一冊の本にしたという感じで、内容が読まれ理解されることを期待したというわけでもない。頭の中へスローガンを、叩きこむには、暗誦して貰わねばならぬ。スローガンなら、大衆も頭を使う苦労はすくない。

ナチスも、スローガンを果敢に利用し、その効果を認めたが、さすがのゲッベルスも『ヒットラー語録』の発想をしなかった。

そもそも、『わが闘争』は、人を喰った本なのである。もしヒットラーに熱狂する大衆が、この本を読み、理解したとしたなら、顔を朱に染めて怒りだすというしろものなのである。

ここには、ヒットラーの志がかかれているにしても、大衆の心をどう摑むかを書いた本であり、どうだまして彼等をひきつけ、そのエネルギーを吸収すべきかを書いた本でもあり、それを読めば、あけすけな大衆侮蔑のもとにその操作が論じられていることを知るだろう。

そのような内容をもちながら、なぜヒットラーは、政権獲得を目指している時代はともかく、独裁なってからも、人を喰った内容をもつ『わが闘争』を売ったのか。この不敵さは大衆が、本などという面倒なものを読まない、ということをよく知り抜いていたからである。

彼は、その上、書き言葉の弱さを知っていた。だから、この『わが闘争』も、口述筆記しているくらいだが、根本的には大衆に読まれることを期待していなかった。どうせ読むのは、少数の知識人である。そういう文字人間の知識人を、その著書の中で罵倒している。ヒットラーの危険な思想を知識人が感取しても、書き言葉しかもたず、たとえ演説をしても書き言葉の延長でしかない彼等の無力を、とことんまで知りつくしていたといえるだろう。

ヒットラーは、大衆も知識人も馬鹿にしつくしたこの本を、のちにナチス下の大衆にむかって半強制的に売りつけたのは、どうせ彼等が読みもしないことの他に、「本をもつこと」の呪術的な意味をよく知っていたからでもあった。そういったん考えると、そもそも、この私の大部な『ナチス・プロパガンダ　絶対の宣伝』なる書とは、いかなるものであろうか。ヒットラーのいう通り『わが闘争』など読まない読者になりかわり、宣伝の角度に絞って私が読むという身代りも、むなしいのではないか。私もまたヒットラーの侮辱するクソインテリにすぎないからである。そういう人間の書いた書物の限界を、ジレンマをもって感じないわけにはいかぬ。

私は、この本のこの巻をとくに女性と少年に読んでもらいたいという気持をもっている。それを言うと、「なにを言うんですか、それは、無理ですよ」と大野編集長は言った。

もちろん、それはそうなのだ。ヒットラーの宣伝的成功は、ひいてはナチス第三帝国の成立は、女性と少年を狙いうちにしたところにある。この世の中の半分は女性であり、男性の三分の一は、純粋にして頑是ない少年であることをヒットラーはよく知っていた。

その意味からもケネディと毛沢東は、ヒットラーの子である。毛沢東は、中国の奥深い伝統的な人心掌握術を身につけているが、さらにレーニンとナチスから学んだこともたしかであろう。彼もまた女性と少年の利用にたけていた。

ヒットラーに勢力をあたえたのは、理屈嫌いで触覚的な女性と子供たちであると思っており、それを仕上げしたのは、仲間割ればかりしている理屈屋の、彼を見くびっていたインテリたちだと思っている。

私は、この本の作りにおいて、二つの試みをした。一つは、文章の上欄に小見出しを無数に立てたことである。私の文章を読むのが、めんどうな人間でも、本屋で立ち読みする人間にも、そこへ目がいくことを期待したからである。

この小見出しは、文章であって文章でない。しかし、惹句であった惹句でもないが、すくなくとも私の文章よりは、私の言いたいことを代言し、人々の肉体に対して開かれている。この小見出しを読むだけでも、私の意が伝わるようにと計略した。ナチス宣伝語録であるとともに、私のナチス宣伝論でもある。

このヒントは、明治時代に刊行された本を見ている時にえた。新たな大衆時代を迎えていた明治ジャーナリズムは、この小見出し群を、文章の上欄に羅列することによって、大衆とのコンタクトをはかっていた。ジャーナリストの宣伝感覚を模倣したともいえるが、小見出しに見せかけた私の意そのものでもあるし、私の意そのものを超えた働きをすることを期待している。

もう一つは、写真である。写真もまた私と一体になっている。写真は、私が撮影したものではないが、選ぶということにおいて、私の文脈になってくるよう志向した。だから、挿絵としての機能よりも、写真を通して、私のナチス宣伝論になるように意志した。ネームも当然、自分で書かなければならぬ破目になった。

つまり、私はこの本で、文章・見出し・写真でもって、三位一体をはかったのである。しかも、どの一つかに、読者が連続的に集中しようとも、それなりに対応できるようにした。写真だけしか見なくても、この私の意が果たされるようにと試みた。

写真で強調したかったのは、「アドルフおじさん」の章での子供とヒットラーの関係、「ヒットラー青年団」で少年、「平和の倦怠」での女性である。この三篇は、文章の枚数はすくないが、写真は、グーンと多いという構成をとった。逆に『わが闘争』の読書記である「民衆の孤独を撃つ」の章は、文章の枚数は全体の三分の一をしめるが、写真はすくない。この時期の写真はすくなく、また一般に流布されているという面も考慮しているが、それ以上に、ナチスの宣伝における幼児、少年、そして女性への作用を強調したかったからである。

この本は、しかし、少年、幼児、女性が見る可能性は、絶望的にない。私は、インテリたちよりも、幼児、少年、女性に、特に写真だけでも、あとで泣きを見ないためにも、眺めてほしいという欲望があるのだが、それは矛盾というものであろう。

写真は、現実的で即時的なインパクト力をもっているが、それを写すカメラは、一つの限界をもっている。構造的に外界がフレーミングされてしまうからだ。

ナマに触覚的に働きかける力をもっているが、フレーミングされることにおいて、無限の欺瞞の働きをする。満員でもない会場を超満員に見せることだってできる。いっさい被写体を動かさないでだ。

ナチスが、写真を宣伝に有効に利用したのは、この両面の働きに対してである。大衆はイチコロになってしまった。さらに組み写真、さらにネーム解説がくわわり、写真は、たちまち修辞をもちだす。私が、写真をもって、一つの論を立てることができると信じるのも、この欺瞞性の作用を逆転させたからである。

幼児、少年、女性は、文章や理屈に弱いが、写真の触覚的なコンタクトには強い。だからこそ、ここだけでも見てほしいという気があって、紙芝居的なつくりかたをしたのだが、それは無理というものだろう。

私が資料として用いた写真は、結局、ナチスの宣伝部によって撮影されたものである。つまり、ナチスの宣伝の目でもって撮影されたものである。そのことをよく承知して、写真を扱わないと、ナチスを見誤るおそれがある。ナチスの宣伝書になってしまうことにもなりかねない。写真のインパクト力は、そのことを忘れさせやすいが、逆に言えば、写真は多義体であり、曖昧体でもあるから、意味を反転させることもできる。写真は、「毒も薬」の原則に生きている。しかし、私の本は、本であることによって、いくら大衆論を語っても大衆に背を向けているという矛盾に逢着している。大衆は、分析や理屈を好まない。

ナチスの本は、ぞくぞくと出ている。なにがでてきても、驚かないぞと言ったインテリがいる。それは、そうだとも言える。第三帝国の遺産は、私たちの日常生活の中で、すでにそのファシズムを完了しているとも、言われている。現代人は、すべからく幼稚化され、女性化しているとも言ってよい。

まさに、その通りであるが、それはインテリのたわごとにすぎぬという側面をもたざるをえない。なにもかも、ナチスのことが、学者や研究家や評論家によって、発掘され、その正体が堂破されても、それは、いっさい大衆に働きかけるところがない、というもろさをもっている。

しかも、現代人の官能は、着実に渇いている。官能の渇きは、生命の衰弱につながる。しかしその衰弱よりも、問題なのは、それを打開しようとした時なのである。その時、待ち構えているものが、人間を天国に導く可能性は、絶対にないと言ってよい。

大衆は、したたかであり、現代人は、すれっからしになっていると言っても、弱点だらけであり、理屈に疲れて、人生を楽しく生きなくちゃと思っている現代人は、もっとも危険なところにさしかかっているといえるだろう。『スターウォーズ』の宣伝口車にのらなかった大衆を思う時、（もっとも興業収入は本年度第一位だそうだが）かえってその危険性を私は感じる。インテリたちの理屈と知識は、無力であり、理屈を誇っているだけヒットラーの言う通り、どうしようもない滑稽な存在だが、「理屈抜き」の感性主義もまた泣きを見やすい精神状況である。しかし現代人の官能は、どうしようもなく渇いていることだけは、確実なのである。

この本の書名を『絶対の宣伝』とした。それは、「宣伝会議」に連載した時のものであり、その踏襲でもある。「絶対」という言葉は、抵抗のある語感だ。それは押しつけがましい響きがあるだけでなく、この世の中に、「絶対」などというものがあるはずのないことを、生きていて、誰でも知っているからである。

私にとっては、青春を想いだす言葉である。友人に、口癖のように「絶対」を言う男がいた。「それは絶対だって！」「絶対、そうにきまっているよ！」。その友人の顔が微笑ましく思い浮ぶほどだが、この彼にすごく反撥するもう一人の友人がいた。「おい、絶対、絶対言うなよ。人間のやることには、絶対なんかないんだ！」。まさしく彼の言う通りで、絶対などありえないのだが、それは分別くさい物の言いかただったとも言える。

なぜなら、「絶対」を口癖に言う彼にとっても、絶対の意識をもって言っているのではなかったからである。信念として自分に言いきかせているにすぎないからである。彼にとって、「絶対」は、行動の原理であった。絶対の概念は、宗教で最高の境地として用いられることが多いが、それは信仰の世界だからである。信じる世界には、絶対がついてまわる。

私が「宣伝会議」に連載しはじめた昭和四十五年前後は、乱世の気味のあったころで、「絶対」の観念が生きえた時代である。それは、「絶対」を自分にいいきかせなければ、行動することはできなかったからで、私は、それに傲慢を感じていた。

広告界なども、反体制の学生と同じで、「絶対」の信念で、世の中にはびこっていた。だから私が「絶対の宣伝」という題をつけた時、反語の問いかけを包含させたつもりであった。

これは状況論だが、ナチスは、全体国家であるから、絶対の観念がある。ファシズムは、どうしても、宗教に似てくるが、宗教のように形而上にのみ住まないから、その信念が力を発した時は、人を一束にする絶対力をもつ。が、いつか現実的にひっくりかえされる脆さもかかえている。ナチスの宣伝も同じで、永遠の絶対性をもちえない。だが、「絶対」の観念には、信念の行動原理を超えて、つきまとわれているのがファシズムである。ナチスは、宣伝=国家と考えたわけだから、「絶対の宣伝」とは、副題の「ナチス・プロパガンダ」と同義でもある。

この意味では、問題ないにしても、「絶対」という言葉は、それ自体、独立した力をもっている。価値観の混乱を通りすぎ、価値観喪失の時代にはいっている今、「絶対」の語は、行動の激励にもならぬズレた不信をかきたてるだけの言葉であろう。だが私は、今こそ「反語」として生きる可能性をもっている言葉だと思っている。ただ、私はそっとこの題をさしだすのみである。

一巻目のあとがきを書いたのは、一九七七年の九月三十日である。それから一年以上もたっているのにまだ本がでないでいる。すべて責任は、私にある。全巻の原稿が揃わなければ、刊行が不可能であり、私の作業は遅々として進まず、それが延期につながった。

装幀の和田誠氏には、非常な迷惑をかけた。一九七七年のうちに装幀は終っていたからである。いくら陳謝しても、そらぞらしくなるだけ、それほど、遅れてしまった。この一冊は、たんに表紙の装幀のみならず、本文組から図版ページまで、すべてすみずみまで彼の手になる。彼のデザインによって、もう一つ新たなナチス論が静かに参加していると言ってよい。

私がもたもたしているうちに編集担当も変った。担当だった山田繁氏が、途中、同社の他の編集部に移ってしまったからである。ここで、また私はひとあわてしたわけだが、代った野沢透氏の好リードによって、こんどこそは全巻を四十一才になる誕生日前に出版できるという予感の中にいる。どうやら私の人運は、まだ逃げていないようだ。

また対談の再録にあたって木村恒久氏の承諾をえた。氏は二十世紀の政治と宣伝のかかわりにおいて、私がもっとも鋭い感覚と分析力で喝破している人として尊敬しているグラフィック・デザイナーである。

なお引用文中の傍点は、すべて筆者による。最近の日本の本は、ヒトラーと表記するのが習いである。あえて私はかつて日本人が用い慣れていた「ヒットラー」を使った。

一九七八年十月二十四日　草森紳一

解説

色男と制服

池内紀

ヒトラーが政権についたのは一九三三年、「第三帝国」と称したナチス体制の崩壊は一九四五年、たかだか十二年間である。その間にアウシュヴィッツをはじめとする、狂気の沙汰のようなおぞましい現実があった。その体制の中核のように機能したのが、ここでは「絶対の宣伝」の名で要約してある。ゲッベルスをはじめとする「宣伝的人間」集団が、まんまと国民を手玉にとった。それにしても「思想家《デンカー》と詩人《ディヒター》」の国の民であったはずが、どうして「死刑執行人《ヘンカー》と裁判官《リヒター》」の国民になり下がったのだろう？　いかにしてやすやすとナチスの信仰システムに組みこまれたのか。

心理的にも社会的にも微妙な問題を含んでおり、ナチス研究では個々のケースはともかく、総体としての宣伝をめぐっては、ほとんど手のつけられなかった分野である。草森紳一は三十台の後半にとりくみ、当時、手に入るかぎりの資料をあつめ、精緻な分析の一方で大胆な仮説をまじえ、全四巻にまとめ上げた。1のゲッベルスにつづくのが2のヒトラー。「宣伝的人間」のランクでみるとき、おのずとこの順になった。研究書でありながら興味がつきないのは、ナチスの卓抜な宣伝戦略とレトリックに立ち会える一方で、ごく身近な人間認識ともかさなり合ってくるからだろう。時代と国をちがえても、誰もが小ゲッベルス、小ヒトラーと遭遇する——あるいは、現に対面している。ひとたび体制がととのうやいなや、人はなんといそいそと変質していくことだろう！

「私の中のナチスとは、もちろんイメージとしてのナチス体験でしかない、という限界をもっている」

草森紳一は第一巻の末尾に「跋章　官能の防衛として」をつけた。イメージの中に浮かぶ「第三帝国」が、「なにか奇蹟の世界のできごとのように遠く思える」というのだ。その「第三帝国」の下では、とうてい生きられなかっただろうという恐怖を覚えるが、それはあとから自分にみまったこと。自分の「ナチス体験」は、何よりもまず「ゾクゾクと肌の騒ぐ生理の興奮」を感じることから始まった。

すこぶるユニークなナチス研究を生み出したとっておきの理由である。「生理の興奮」は後世の研究者にみまうにとどまらない。まさしくナチスが大衆をとらえていった当のもの。

ヒトラーを語るにあたり、ゲッベルスの場合と同じく入念に準備した。それは掲げられた研究書や引用された文書からも見てとれる。いかにも謎にみちた人物である。ヘンな少年、ヘンな青年であり、本来なら、ほんの一握りの人に奇妙な印象をのこして消え去ったはずのタイプである。それが時代の大波のなかで弁舌を武器にのし上がり、政権についてしばらくの間、神がかり的な明察と決断力を発揮した。そして独裁の地位をかためてのちの妄執と権力欲のすさまじさ。

だが、やはりヘンな人物であって、権力の絶頂のころに最初の遺言を書き、遺体の安置の仕方からはじめて、姉や異母兄、さらには召使にいたるまで、年金の額から支払い方法までも指示した。敗戦前夜、ソ連軍の総攻撃にさらされたベルリンの官邸地下壕で、いずれ建設するはずだった帝国首都の模型とたわむれ、自殺の前夜に年来の恋人と結婚式をあげた。

この「ヘンな男」を語るにあたって草森紳一は——なんともみごとな着想だろう——ヒトラーの髪型、目つきに目をとめた。髪を五分五分にわけるか、六四にするか、七三に変えるか。長髪がハラリと落ちかかるのを撫であげる手つき。そして人の心をつかむヒトラーの「眼力」にわたるくだり。「写真などを見ると、それは相手の目をじっと見て、そらさないという技術である。言ってみれば、色男の手管であり、日々闘争している動物たちのごく常識的な目の使いかたである」

こういう叙述に眉をひそめる学者がいるかもしれないが、きわめて的確な論じ方である。その「目の使い方」は、ヒトラーが民衆の支持をとりつけた言葉の使い方と一致する。一九三〇年代のドイツにおいて、ヒトラーの言葉は圧倒的な力で大衆に働きかけた。その典型的な語り口は、きわめて単純な定式にもとづいていた。簡明に断言すること、それをあきもせずくり返すこと。

こまかい議論はまじえず、「悪の枢軸との対決」といった単純化した二者択一を迫る。論点を黒白図式で示して、それをくり返し話しつづける。共感を生み出したとわかると、断固とした口調で大胆に断定する——それは、アイツかオレかと女性に問いかけ、せつせつと訴え、心をつかんだとわかると、一刀両断にことをすすめるイロごとの作法とそっくりではないか。ヒトラー自身がたえず政治的基本原理として口にしていたところであって、とりわけナチスがグングン伸びていくプロセスに効果があった。

もとより単純化と、くり返しと、断定化が威力を発揮する土壌があったからだ。第一次大戦の敗北のあと、ドイツはとめどない不況と失業者に苦しんでいた。史上類をみない大インフレによって、ドイツ国民の背骨にあたる中産階級が先祖伝来の貯蓄を失った。年金はパン一つ買うにも足りない。生きがいの喪失と将来への不安。そのような精神状況のなかへ、ナチスは「救済役」としてあらわれた。旧弊を絶ち切って明るい未来を実現する。それをジャマ立てする敵は何か。コミュニズムとユダヤ人を名指しして、くり返し、またくり返し断罪する。その言語と話法が同時にナチスの政治的現実をカモフラージュする。ひたすら宣伝にたけた男が、カリスマ性をおびてくると、どうなるか。討論を拒み、異論に耳を傾けず、まちがいは一切認めない——。

皮肉で、意地悪で、辛辣で、たのしい草森ナチス研究である。同じ歴史的資料でも学者や研究者とちがって、それを通して世間と人間の実態を読みとっていく。破局に向かって突きすすむ全体国家の狂騒は、こんな目でないと描けない。


冒頭に「ヒットラー・ユーゲント写真集」がついている。カーキ色のシャツ、白いスカーフに半ズボン、白い靴下と編み上げ靴、肩から下げた太鼓。両袖をまくり上げて、太鼓のバチを振りかざしている。タイトルにそえて、小さく「少年を狙え！」

1の「ゲッベルス」では指揮者フルトヴェングラーだった。仮に一つをとりあげたケース・スタディにあたり、それまで語ってきた宣伝的人間の手法を、より具体的に提示する。2ではヒトラー・ユーゲントに的をしぼった。

大きな旗を掲げ、太鼓を連打しながら、無数の青少年隊が進んでいく。野山の行進、キャンプ、乗馬、オートバイ、射撃、大集会に整列。ヒトラー総統をはじめ、迎える面々も制服である。ナチ党幹部におなじみのユニフォームだ。

ページをくっていくと、ほかにもさまざまな制服集団が続々と現われる。軍隊の軍服はもとより、ナチ党員、婦人部、少年部、少女部、青少年団、突撃隊、親衛隊、ドクロ軍団、「労働戦線」に統合された全労働者……。それぞれが定められた制服に身をつつんでいる。ニュルンベルグのナチ党大会の写真が告げるとおり、それは壮大な制服の森だった。直立して緊密に密集し、一糸乱れず移動する。ナチス・ドイツは史上まれに見る制服国家だった。『絶対の宣伝』がくり返し語るとおり、ナチス幹部は制服のもつ服従と規律、強力なパブリシティの力を存分に利用した。

帝国軍人が羽ぶりをきかした時代は、第一次世界大戦とともに終り、ヴェルサイユ条約はドイツにおける一切の軍備を禁じたが、在郷軍人は大っぴらに旧来の軍服で集会を開いていた。国粋団体は独自のスタイルで制服をつくり、「ラインの守り」を歌いながら行進した。鉄兜団、赤色戦線闘争団、国家人民党、国旗団……それぞれが制服集団として気勢をあげ、衝突をくり返した。敗戦国ドイツの一九二〇年代は混乱のきわみ。色とりどりの制服が入り乱れた時代だった。

そのなかで褐色の制服集団が日一日とのしてきた。好んで大集会を開き、プログラムを劇的に盛り上げるのがうまいのだ。制服の褐色とコントラストをえがくぐあいに隊旗は色どり華やかで、それを押し立て、音楽隊の行進曲に合わせて整然と入場。高々と片手を上げて、デモンストレーションをくり返す。最後に党首が側近を従えてしずしずと現われる。幹部たちが中央に着席すると、大編成の交響楽団がベートーヴェンの「エグモント」序曲を演奏——。

まさしく「少年を狙え」である。幼い制服集団の加入は、はじめは任意であったものが、しだいに義務化され、一九三六年十二月一日公布の「ヒトラー青少年団法（ヒトラー・ユーゲント法）」によって法令化された。

「第一条　ドイツ国領土内に居住する全ドイツ青少年は、ヒトラー青少年団（広義のヒトラー・ユーゲント）に統括せられる」

第一条第二項以下が、年齢による服従義務を定めていた。

十〜十四歳の少年　ドイツ小国民団（略称、ＤＪ）
十四〜十八歳の青年　ヒトラー青年団（狭義のヒトラー・ユーゲント、ＨＪ）
十〜十四歳の少女　少女団（ＪＭ）
十四〜二十一歳の女子　ドイツ女子青年団（ＢＤＭ）

リーダーたちは利発で、理想に芽ばえた少年だった。それをナチス官僚たちが巧みに「誘導」して方向づけていく。

「少年少女たちは、とりわけ恰好のよい制服をあたえられ、総統誕生日前夜の入団式で、彼らは誇らしげに叫んだ。『私はヒットラー総統に忠実に自分を捨てて仕えることを誓います』」

法令化されたのち、ことわざになるほどの「ドイツ的徹底」でもって組織化されていった。ドイツ国防軍に軍団、師団、大隊、旅団、連隊、中隊、小隊等々の区分があるように、ヒトラー青少年団も軍隊に倣《なら》って細分化されていた。ヒトラー・ユーゲントの場合は次のとおり。

大地方区　5
地方区　22
管区　83
小管区　330

それぞれに、指導者（フューラー）がいて、功績しだいで小管区指導者→管区指導者→地方区少年団部指導者といったぐあいに昇進していく。最終的に「国家の青少年」組織には三十二の階級が存在した。

「ヒットラー・ユーゲントのハイライトは、毎年九月ニュルベルグで開かれる党大会にドイツ全土の代表二千余名が、徒歩で随所で一隊を作りながら集ってくる『アドルフ・ヒットラー行進』である」

地方によっては何百キロにも及ぶ。「写真を見ると、彼等の中の旗手が掲げる国旗はかなりずっしり重そうだ」

草森紳一は、まず団旗が重いことに注意を喚起する。さらに歩いてくるということの「魔力」に言い及ぶ。単調な長い歩行のなかで雑念が消え、ただ一つの使命感だけが支えになる。宗教者がきまって信仰者に長い巡礼の旅をプログラム化したのと同じく、特有の自浄作用、あるいは「空洞作用」こそ政治権力のもくろむところなのだ。

「そこで発揮する空洞の熱情は、正義の美名のもとに、非常な暴力を発揮する」

ヒトラー・ユーゲントという「かたち」、つまりは「宣伝体」がナチス組織のなかでどのような変貌の過程をたどったか。それは別のことも示唆している。ナチス・ドイツの中枢をになった親衛隊（SS）や国家保安本部（RSHA）は、もともとは知的で教養ある青年層から形成されていた。大半が聡明で、理想を抱いた若者たちだった。その「知識人部隊」がまたたくまに変質した。東欧ユダヤ人絶滅という恐るべき企ての実行者になった。ヒトラー・ユーゲントを通して、その上の層の青年たちが、ナチス組織の有能なテクノクラートとして先鋭化していく過程である。そのヒナ型が示されていく。

「少年が、戦争ごっこと機械いじりが好きなことも、ヒットラーはよく知っていた。スポーツで健康を鍛え、闘争心と団体精神を訓練し、遊戯本能を利用したが、それはそっくり知らぬまに軍事訓練にもなっていた」

ヒトラー・ユーゲントが受ける身体訓練は「平和なスポーツ」と称されていたが、そんなポーズをとっただけであることは、キャンプで実施された「指導項目一覧」によってもわかる。それはA・B・Cに分かれ、Aは野外訓練、Bは身体訓練、Cは銃の訓練にあてられていた。ためしに「A　野外訓練」のプログラムは次のとおり。

一　隊列編成訓練。
二　地図の読み方。（縮尺一：二五〇〇〇と一：一〇〇〇〇〇）。
　コンパスによる方位発見の方法、コンパスなしの方位発見の方法。
三　さまざまな種類の地形の描写（土地の状態、景観の判断）。
四　照準訓練、距離の見積り。
五　掩蔽物探し、カムフラージュ、偽装道路建設による敵の誤導。
六　枝道探し、報告活動および地図のスケッチ。
七　隊列解散訓練。
八　行進中の隊列援護。
九　テントの張り方とシャベルの使い方。
一〇　位置確認と方位発見（夜間を含む）。

しめくくりの一つとして、とってつけたように「簡単な野外ゲーム」がつく。ひと目でこれが「平和なスポーツ」などではなく、来るべき戦争のための初歩的訓練であることがわかるのだ。二、四、一〇は、たとえば爆弾投下に欠かせない。Bの身体訓練は「用具を使わないトレーニング」に始まり、ボクシング、器械体操、水泳、クロスカントリー、円盤投げなどが盛りこまれていた。Cの銃の訓練は小口径銃を用いて射撃のためのすべてがたたきこまれた。さらに指導項目では別になっていたが、Dにあたるものがあった。「全装備の行軍」規定である。そこでは一〇歳に始まり、それぞれの年齢層が一日あたり歩く歩行距離、長行軍の場合、背負う荷物の重さまで定められていた。ためしに十五歳から十八歳までは次のとおり。

一五歳	二二km	一八km	五kg
一六歳	二五km	二〇km	五kg
一七歳	二五km	二〇km	七kg
一八歳	三〇km	二五km	一〇kg

歴史はしばしば意地悪なシッペ返しをするもので、一五歳の子どもが一〇ポンドの荷物を背負って一日一八キロの行軍をつづける。数年のうちに結果が出た。徴兵検査で、意外な事実が判明。扁平足、外反足が並外れて多い。ふつう扁平足は、大きな鼻、厚ぼったい唇と並んでユダヤ人揶揄《やゆ》のマンガにされる小道具だが、「ミュンヘン医学週報」は、その扁平足が兵役義務年齢アーリア人の三七ないし三八パーセントの高率に達することの報告をした。ナチス官僚の規範的青少年プログラムが、もっとも正確に、その「制服」の非人間性をバクロしていた。

まあ、それはたまさかのミスであって、ナチス幹部たちは巧妙だった。ヒトラー・ユーゲントの最高指導者に、まだ二十代のバルドゥーア・フォン・シーラッハを据えた。名門気どりの単純な感激屋の青年で、おまけに「ヘボ詩人」だった。手のつけようのないヘボぶりをいうためだろう、草森紳一はわざわざ詩の一つを引用している。「僕らの旗は先頭にひるがえって行く／僕らの旗は新しい時代だ／旗は僕らを不滅に導く／そうだ、旗は死以上のものだ」

むろん、単純な感激屋のヘボ詩人ほど、「平和なスポーツ」を装うのにふさわしい人物はいなかった。

池内紀（ドイツ文学者、エッセイスト）

初出誌一覧

民衆の孤独を撃つ　「宣伝会議」昭和四十五年八月号―四十六年四月号
ヒットラーの柔らかい髪　「芸術生活」昭和四十八年七月号
ヒットラーの妖眼　昭和五十年八月、書きおろし
ヒットラー青少年団《ユーゲント》「サンジャック」昭和五十年一月号
平和《ピンフ》の倦怠《アンニュイ》「流行通信」昭和四十九年四月号
アドルフおじさん　昭和五十三年三月、書きおろし
対談　陳列効果と象徴「読書新聞」昭和四十七年十二月七日号
ヒットラーとレーニンの煽動術「宣伝会議」昭和四十七年三月号
ムッソリーニのスキンシップ　昭和五十一年三月、書きおろし

刊行案内

絶対の宣伝　ナチス・プロパガンダ1　宣伝的人間の研究　ゲッベルス　解説　片山杜秀　**既刊**
絶対の宣伝　ナチス・プロパガンダ3　煽動の方法　近刊
絶対の宣伝　ナチス・プロパガンダ4　文化の利用　近刊

『絶対の宣伝　ナチス・プロパガンダ』（装幀　和田誠）は番町書房より、一九七八年十二月から一九七九年八月にかけて刊行された。

＊本書は『絶対の宣伝　ナチス・プロパガンダ２　宣伝的人間の研究　ヒットラー』（番町書房、1979）に、新たに解説を付したものです。
今日の人権意識に照らして不適切と思われる語句や表現については、時代的背景と作品の価値をかんがみ、そのままとしました。

絶対の宣伝　ナチス・プロパガンダ２
宣伝的人間の研究　ヒットラー
2015年12月10日初版第一刷発行

著者：草森紳一
発行者：山田健一
発行所：株式会社文遊社
東京都文京区本郷4-9-1-402　〒113-0033
TEL: 03-3815-7740　FAX: 03-3815-8716
郵便振替：00170-6-173020
造本：加藤賢策（LABORATORIES）
DTP：大田真一郎
印刷：シナノ印刷

乱丁本、落丁本は、お取り替えいたします。
定価は、カバーに表示してあります。

© Shinichi Kusamori, 2015　Printed in Japan.　ISBN 978-4-89257-122-0